普通高等教育"十四五"系列教材

科技信息检索与论文写作实用教程

主　编　李振华

中国水利水电出版社
www.waterpub.com.cn

·北京·

内 容 提 要

本书以科技论文写作流程为主线，详细介绍了科技论文写作过程中的检索、论文结构与布局、写作技巧等内容，包括中文文献信息检索、英文文献信息检索、科技论文选题、科技论文写作、科技论文投稿等内容，满足新时代科技论文写作与发表方面的需求。

本书结构清晰，内容由浅入深，具有针对性和实用性，可供高校相关专业教师教学使用，也可为高校师生和科研工作者开展文献检索与论文写作提供指引。

图书在版编目（CIP）数据

科技信息检索与论文写作实用教程 / 李振华主编.
北京 ：中国水利水电出版社，2024. 12. --（普通高等教育"十四五"系列教材）. -- ISBN 978-7-5226-3208 -7

Ⅰ. G254.97；G301

中国国家版本馆 CIP 数据核字第 2025E6S709 号

| 策划编辑：陈红华 | 责任编辑：张玉玲 | 加工编辑：陈新利 | 封面设计：苏敏 |

书　名	普通高等教育"十四五"系列教材 科技信息检索与论文写作实用教程 KEJI XINXI JIANSUO YU LUNWEN XIEZUO SHIYONG JIAOCHENG
作　者	主 编 李振华
出版发行	中国水利水电出版社 （北京市海淀区玉渊潭南路 1 号 D 座　100038） 网址：www.waterpub.com.cn E-mail: mchannel@263.net（答疑） 　　　　 sales@mwr.gov.cn 电话：（010）68545888（营销中心）、82562819（组稿）
经　售	北京科水图书销售有限公司 电话：（010）68545874、63202643 全国各地新华书店和相关出版物销售网点
排　版	北京万水电子信息有限公司
印　刷	三河市鑫金马印装有限公司
规　格	184mm×260mm　16 开本　15.25 印张　390 千字
版　次	2024 年 12 月第 1 版　2024 年 12 月第 1 次印刷
印　数	0001—2000 册
定　价	47.00 元

前　　言

党的二十大报告中提出"必须坚持科技是第一生产力、人才是第一资源、创新是第一动力"。科技信息检索与论文写作作为学术研究的基石，在此战略布局下显得尤为重要。随着信息化时代的深入发展，科技信息的获取、整理与利用已经成为衡量一个国家科技创新能力的重要指标。掌握高效的科技信息检索方法，不仅能促进个人学术水平的提升，还能为推动国家科技创新体系的建设贡献力量。当前，智能聊天机器人（如 ChatGPT 等）对信息检索的发展产生了一定的影响，内容创作变得越来越容易。根据方舟投资的《2023 投资趋势报告》，2022 年 ChatGPT 的每个查询推断成本约为 0.01 美元，10 亿个查询的总推断成本约为 1000 万美元。根据莱特法则，到 2030 年，这一成本预计将降至 650 美元。由此可知，科研工作者需要深入研究与熟练掌握信息检索，并有针对性地开展论文写作方面的创造性思考与实践，以减少生成式人工智能对人类创作的冲击，加强检索与写作的联动并提升写作的有效性。

本书旨在满足科研工作者在信息检索与论文写作方面的需求，按照适用与实用的原则，在内容选取上包括中文、英文文献信息检索，论文选题、写作、修改与投稿等涉及文献检索与论文写作的全过程。本书系统介绍文献检索与利用的全过程，应用性较强，以此增强由检索到写作的创造性思考；全面介绍文献检索与论文写作的基础知识，实用性较强，以此增强信息获取意识和持续学习能力；重点说明文献检索与利用的关系及论文写作方式，针对性较强，以此增强应对生成式人工智能冲击的写作能力，为培养新时代科技人才提供有力支持。

本书分为五篇，第一篇中文文献信息检索，主要说明中国知网数据库、万方数据知识服务平台、中国人民大学复印报刊资料数据库、中国专利数据库、百度学术数据库等内容；第二篇英文文献信息检索，主要介绍 Web of Science 数据库、SCI 数据库、SSCI 数据库、EI 数据库、英文专利数据库等内容；第三篇科技论文选题，包括选题方法、文献阅读等内容；第四篇科技论文写作，包括提纲拟定、图表制作、论文写作、论文修改等内容；第五篇科技论文投稿，包括会议投稿、期刊投稿等内容。

本书由浙江商业职业技术学院的李振华策划、设计、统稿与编写。中国计量大学陈贺婉、内蒙古鄂尔多斯应用技术学院李智军、浙江商业职业技术学院陈嘉雷参与部分内容的编写。在编写过程中，参考了诸多文献资料，在此对相关作者表示感谢；在出版过程中得到了中国水利水电出版社的鼓励和帮助，在此一并表示感谢。由于文献信息检索正处于一个发展阶段，论文写作方式也随之更新发展，加上编者水平与经验有限，时间仓促，书中难免存在不足，恳请广大读者批评指正。

编者

2024 年 8 月

目　录

第三篇 科技论文选题

第四篇　科技论文写作

第五篇　科技论文投稿

第一篇　中文文献信息检索

　　作为学术研究的重要基石，中文文献信息检索的重要性不言而喻。在浩如烟海的学术资源中，如何精准高效地定位所需信息是每位学者和研究人员必备的技能。文献信息检索不仅能够帮助我们快速筛选、整理相关文献，还能引导我们深入挖掘学术领域的宝藏，让我们不断发现新的智慧之光。本篇主要介绍5个常用中文文献信息检索数据库的操作方法，为科技论文写作打好基础。

第 1 章 中国知网数据库

1.1 认识中国知网数据库

1.1.1 数据库基本概况

国家知识基础设施（National Knowledge Infrastructure，NKI）这一概念最早在世界银行发布的《1998 年度世界发展报告》中被提出。1999 年，以全面打通知识生产、传播、扩散与利用各环节信息通道，打造支持全国各行业知识创新、学习和应用的交流合作平台为总目标，清华大学与清华同方共同发起中国知识基础设施工程（China National Knowledge Infrastructure，CNKI）。在党和国家领导以及教育部、中宣部、科技部、国家新闻出版署、国家版权局、国家发展改委等部门的大力支持下，在全国学术界、教育界、出版界、图书情报界等社会各界的密切配合下，当年 6 月 CNKI 系统正式建成。

在中国知识基础设施工程开展至今的二十余年时间里，相继经历了两次重大转变。

其一，由文献信息服务向知识服务转型，目标是面向特定行业领域知识需求进行系统化和定制化知识组织，构建基于内容内在关联的"知网节"，并进行基于知识发现的知识元及其关联关系挖掘。根据数据库的用途、信息加工深度和知识信息形态划分，中国知识资源总库分为 3 个层次，即基本信息库、知识仓库、知识元库，基本信息库是构成总库知识资源的基石。2004—2006 年，CNKI 启动中国知识资源总库基础信息库资源建设，三年内完成了对国内 80% 的公共知识资源的数字化和国内馆藏国外知识资源 50% 的数字化改造，主要包括中国期刊全文数据库（Chinese Journal Full-text Database，CJFD）、中国优秀博硕士学位论文全文数据库（China Doctoral Dissertations and Master's Theses Database，CDMD）、中国重要会议论文全文数据库（China Proceedings of Conferences Full-text Database，CPCD）、中国重要报纸全文数据库（China Core Newspaper Database，CCND）等，以及各种涉及自然科学、工程技术、人文与社会科学的源数据库，如各种年鉴、史志、多媒体资源、科普、教参资料、互联网知识信息等。

其二，以大数据和人工智能技术打造知识创新服务业，目标是将原本基于公共知识整合提供的知识服务，深化到与各行业机构知识创新的过程与结果相结合，通过更为精准、系统、完备的显性管理，以及嵌入工作与学习具体过程的隐性知识管理，提供面向问题的知识服务和激发群体智慧的协同研究平台。中国知网目前已与全球 70 多个国家和地区的 2 万多家重要学术出版单位建立合作关系，建成了囊括学术期刊、博硕士学位论文、会议论文、专利、标准、报纸、图书等国内外各类知识资源的"世界学术文献总库"。在此基础之上，CNKI 于 2020 年启动"世界知识大数据（WKBD）"项目，对文献进行全面系统的动态化知识大数据聚合、翻译知识元及其关联关系挖掘、知识评价与整理、知识图谱与知识体系建构等，建成了包含全文层、段落层和知识元层的"世界知识大数据"，全方位服务中国的世界一流科技期刊建设。目前，WKBD 项目全文文献量达 2.8 亿篇、摘要达 3 亿篇、知识元达 82 亿条，融合世界科学、社会、政府三大数据体系于一体，覆盖了基础科学、工程科技、医药卫生科技、农业科技、社会科学、哲学与人文科学等各学科领域。

CNKI 工程建设的主要目标包括：第一，大规模集成整合知识信息资源，整体提高资源的综合和增值利用价值；第二，建设知识资源互联网传播扩散与增值服务平台，为全社会提供资源共享、数字化学习、知识创新信息化条件；第三，建设知识资源的深度开发利用平台，为社会各方面提供知识管理与知识服务的信息化手段；第四，为知识资源生产出版部门创造互联网出版发行的市场环境与商业机制，大力促进文化出版事业、产业的现代化建设与跨越式发展。

CNKI 系统服务内容主要包括文献资源网络出版、文献数据库建构、文献数据评价、分类统计、知识检索等，服务范围辐射至全球 56 个国家和地区的教科研、党政军、立司法、工农卫、社团智库、公图文博等各行各业的 3.3 万家机构用户及超 1.7 亿个人用户，用户使用量屡居全球科教类网站前三名。荣获"国家火炬计划""国家文化出口重点企业""中国出版政府奖""新闻出版'走出去'先进单位"等国家、省部级奖项 100 多项。

1.1.2 数据库资源介绍

中国知识资源总库是中国知网的资源基础平台，该系统已容纳了包括 CNKI 系列数据库和来自国内外的 2600 多个加盟数据库，全文和各类知识信息数据超过了 5000 万条，为全社会知识资源的高效共享提供了丰富的知识信息资源和有效的知识传播与数字化学习服务，现已成为世界上最大的连续动态更新的中国学术文献数据库和全球最大的知识资源全文数据库集群。该库深度集成整合了学术期刊、硕博士学位论文、会议论文、报纸、年鉴、专利、国内外标准、科技成果、图书、学术辑刊、法律法规、政府文件、企业标准、科技报告、政府采购项目等中文资源，以及 *Elsevier Journal*、*Springer Nature Journal*、*Wiley Journal*、*Taylor & Francis Journal*、*SAGE Publications Inc* 等数据库中的外文资源，数据媒体更新 5000～7000 篇。

中国知识资源总库作为一个功能强大的知识传播平台，以开放式资源网络系统的形式，将分布在全球互联网上的知识资源集成整合为内容关联的知识网络，通过中国知识门户网站，实现实时网络出版传播，为用户提供在资源高度共享基础上的网上学习、研究、情报和知识管理等综合性知识增值应用服务。具体而言，中国知识资源总库主要包括以下几种资源类型。

1. 中文学术期刊全文数据库

中文学术期刊全文数据库（Chinese Academic Journal Network Publishing Database，CAJD）是第一部以全文数据库形式大规模集成出版、学术、期刊、文献的电子期刊，是目前世界上最大的连续动态更新的中文期刊全文数据库和目前具有全球影响力的连续动态更新的中文学术期刊全文数据库。CAJD 还是"十一五"国家重大网络出版工程的子项目，是《国家"十一五"时期文化发展规划纲要》中国家"知识资源数据库"出版工程的重要组成部分。CAJD 以学术、工程技术、政策指导、高级科普、行业指导及教育类期刊为主，共收录各类期刊逾 11000 种，其中中文学术期刊 8460 余种，包含北大核心期刊 1970 余种、网络首发期刊 3110 余种，共计 6290 余万篇全文文献，最早可回溯至 1915 年，例如 1915 年创刊的《清华大学学报（自然科学版）》。按照知识内容，CAJD 共分为基础科学、工程科技Ⅰ、工程科技Ⅱ、农业科技、医药卫生科技、哲学与人文科学、社会科学Ⅰ、社会科学Ⅱ、信息科技、经济与管理科学十大专辑，下设 168 个专题。CAJD 主要通过实时发布和月发布两种形式出版期刊文献，运用云租用、云托管、云机构馆托管、本地镜像等方式开展服务。

2. 中国博士学位论文全文数据库

中国博士学位论文全文数据库（Chinese Doctoral Dissertations Full-text Database，CDFD）是一个具有权威性、全面性和时效性的博士学位论文全文数据库，为广大学者、研究人员和师生提供宝贵的学术资源和研究工具。从时间范围看，包括了从1984年至今的博士学位论文。

3. 中国优秀硕士学位论文全文数据库

中国优秀硕士学位论文全文数据库（Chinese Master's Theses Full-text Database，CMFD）是国内内容全面、质量上乘、数据规范、出版迅速、使用便捷的硕士学位论文全文数据库，收录了从1984年至今的优秀硕士学位论文。从学科分类看，覆盖基础科学、工程技术、农业、哲学、医学、哲学、人文、社会科学等各个领域；从收录特色看，重点收录985、211高校、中国科学院、社会科学院等重点院校高校的优秀硕士论文、重要特色学科如通信、军事学、中医药等专业的优秀硕士论文，共计收录800余家培养单位的优秀硕士学位论文597余万篇。

4. 中国重要会议论文全文数据库

中国重要会议论文全文数据库是按照专家指导委员会确定的政府职能部门、高等院校、科研院所、学术机构名单，遵照CNKI信息采集范围规定的信息源，全文收录了国内重要会议主办单位或论文汇编单位书面授权，投稿到"中国知网"进行数字出版的会议论文。重点收录1999年以来，中国科协、社科联系统及省级以上的学会、协会，高校、科研机构，政府机关举办的重要会议上发表的文献。其中，全国性会议文献超过总量的80%，部分连续召开的重要会议论文回溯至1953年。截至2024年6月，已收录出版3万余次国内重要会议投稿的论文，累积文献总量284余万篇。

5. 国际会议论文全文数据库

国际会议论文全文数据库收录了国内外重要会议主办单位或论文汇编单位书面授权并推荐到"中国知网"进行数字出版的重要国际会议论文。重点收录1999年以来，中国科协系统及其他重要会议主办单位举办的在国内或国外召开的国际会议上发表的文献，部分重点会议文献回溯至1981年。截至2024年6月，已收录出版国际学术会议论文集9890余本，累积文献总量96余万篇。

6. 中国重要报纸全文数据库

中国重要报纸全文数据库（Chinese Core Newspapers Database，CCND）是以学术性、资料性报纸文献为出版内容、连续动态更新的全文数据库。自2000年以来收录并持续更新各级重要党报、行业报及综合类报纸近700种，其中中央级166种，地方级498种。

7. 中国年鉴网络出版总库

中国年鉴网络出版总库数据库是目前国内较大的连续更新的动态年鉴资源全文数据库，涵盖1949年至今国内的中央、地方、行业和企业等各类年鉴的全文文献。内容覆盖基本国情、地理历史、政治军事外交、法律、经济、科学技术、教育、文化体育事业、医疗卫生、社会生活、人物、统计资料、文件标准与法律法规等各个领域。年鉴内容按国民经济行业分类可分为农、林、牧、渔业，采矿业，制造业，电力、燃气及水的生产和供应业，建筑业，交通运输、仓储和邮政业，信息传输、计算机服务和软件业，批发和零售业，住宿和餐饮业，金融业，房地产业，租赁和商务服务业，科学研究、技术服务和地质勘查业，水利、环境和公共设施管理业，居民服务和其他服务业，教育，卫生管理，社会保障与社会福利业，文化、体育和娱乐业，公共管理和社会组织，国际组织等二十一类行业，地方年鉴按照行政区划分可分为全国34个省级行政区域。截至 2024 年 6 月，数据库总计收录年鉴 5560 余种，4 万余本，3680 余万篇。

8. 中国专利全文数据库

中国专利全文数据库收录了 1985 年至今的所有中国专利，共 4990 余万项，包含发明公开、发明授权、外观设计和实用新型四个子库，每年新增专利约 250 万项，准确反映中国最新的专利发明。专利相关的文献、成果等信息源于 CNKI 各大数据库。可以通过申请号、申请日、公开号、公开日、专利名称、关键词、分类号、申请人、发明人、优先权等检索项进行检索，并一次性下载专利说明书全文。与通常的专利数据库相比，中国专利全文数据库（知网版）每项专利的知网节集成了与该专利相关的最新文献、科技成果、标准等信息，可以完整地展现该项专利产生的背景、最新发展动态、相关领域的发展趋势，可以浏览发明人与发明机构更多的论述以及在各种出版物上发表的文献。

9. 境外专利数据库

境外专利数据库包含美国、日本、英国、德国、法国、瑞士、俄罗斯、韩国、加拿大、澳大利亚、世界知识产权组织、欧洲专利局、中国香港及中国台湾地区十国两组织两地区的专利，共计收录 1970 年至今境内外专利和少量回溯专利总计 1 亿余项，每年新增专利约 200 万项。专利相关的文献、成果等信息源于 CNKI 各大数据库。可以通过申请号、申请日、公开号、公开日、专利名称、关键词、分类号、申请人、发明人、优先权等检索项进行检索，专利说明书全文链接到欧洲专利局网站。与通常的专利数据库相比，境外专利数据库（知网版）每项专利的知网节直观地展现了该项专利的基本信息及同族专利情况，还可以链接到专利全文及进行法律状态查询。

10. 国家标准全文数据库

国家标准全文数据库收录了 1950 年至今由国家标准化管理委员会发布的、中国标准出版社出版的国家标准，以及中国计划出版社出版的工程建设类国家标准，共计 6 万余条，占国家标准总量的 90%以上。标准的内容源于中国标准出版社和中国计划出版社，相关的文献、专利、科技成果等信息源于 CNKI 各大数据库。实现了国家标准与学术期刊、学位论文、专利、科技成果等数据库在同一平台上的跨库检索，且在每一项标准条目的知网节细览页链接了相关的国内外标准、学术期刊、学位论文、会议论文、报纸、专利和科技成果等，帮助人们了解每项标准的产生背景、最新发展动态和相关领域的发展趋势，为研究每一项标准及其所处技术领域的发展动态提供了完备的信息集成服务。

11. 中国行业标准全文数据库

中国行业标准全文数据库收录了现行、废止、被代替以及即将实施的行业标准，包含电子、轻工、黑色冶金、有色金属、稀土、中医药、卫生、医药、纺织、林业、煤炭、烟草等 40 多个行业标准的数据 3 万余项，全部标准均获得权利人的合法授权。相关的链接文献、专利、科技成果等信息源于 CNKI 各大数据库。

12. 国内外标准题录数据库

国内外标准题录数据库是国内数据量较大、收录相对完整的标准数据库，分为中国标准题录数据库（SCSD）和国外标准题录数据库（SOSD）。其中，中国标准题录数据库收录了所有的中国国家标准（GB）、国家建设标准（GBJ）、中国行业标准的题录摘要数据，共计标准 11 余万项；国外标准题录数据库收录了世界范围内重要标准，如国际标准（ISO）、国际电工标准（IEC）、欧洲标准（EN）、德国标准（DIN）、英国标准（BS）、法国标准（NF）、日本工业标准（JIS）、美国标准（ANSI）、美国部分学协会标准（如 ASTM、IEEE、UL、ASME）等 18 个国家的标准题录摘要数据，共计 38 余万项；标准的内容源于山东省标准化研究院，相关的文献、科技成果等信息源于 CNKI 各大数据库。

13.　中国科技项目创新成果鉴定意见数据库

中国科技项目创新成果鉴定意见数据库收录正式登记的中国科技成果，按行业、成果级别、学科领域分类。每条成果信息包含成果概况、立项、评价、知识产权状况及成果应用，成果完成单位、完成人等基本信息，并包含该成果的鉴定数据（推广应用前景与措施、主要技术文件目录及来源、测试报告和鉴定意见等内容）。目前，共计收录 112 余万项成果，年更新约 4.8 万项，收录年度集中于 1978 年至今，部分回溯至 1920 年。

14.　中国图书全文数据库（心可书馆）

中国图书全文数据库是集图书检索、专业化推荐、在线研学、在线订阅功能于一体，根据读者工作与学习的专业领域等个性化需求，针对性推送相关专业图书。通过参考文献、引证文献等关联关系，实现了图书内容与其他各类文献的深度关联融合。截至 2024 年 6 月，已遴选收录 1949 年以来精品专业图书 28173 本，覆盖人文社科、自然科学、工程技术等各领域，并实时更新。

15.　中国工具书网络出版总库

中国工具书网络出版总库是集精准、权威、可信于一身的超大型中文工具书在线检索平台，主要收录了语言文字类工具书、资料类工具书、检索性工具书三大类书目，涵盖科学、技术、社会、文化、法律等多领域的专业权威词汇和概念解释，既可多方位查询词汇的中英文释义，也可全方位了解相关学科知识。"工具书总库"与上海辞书出版社、商务印书馆、中华书局等 200 余家出版社长期合作，汇集了 1.4 万余部工具书，约 2200 万词条，410 余万张图片，囊括汉语词典、双语词典、专科辞典、百科全书、图谱年表、手册、名录、语录、传记等，内容涵盖哲学、社会科学、文学艺术、文化教育、自然科学、工程技术等各个领域。

16.　中国学术辑刊全文数据库

中国学术辑刊全文数据库收录自 1979 年至今出版的学术辑刊 1200 余种，1 万余辑，文献总量 30 万余篇。所收录辑刊的编辑单位多为高等院校和科研院所，编者的学术素养高、论文质量好、专业特色强，具有较强的学术辐射力和带动效应。

17.　外文期刊数据库

中国知网收录国际期刊 7.3 万余种，覆盖 JCR 期刊的 94%，Scopus 期刊的 80%，文献数量超过 1 亿条。期刊资源分为自然科学、工程技术、医学、农业科学、社会科学、人文学科、哲学等七大专辑。读者可查阅每本期刊的概况（刊名、刊号、出版周期、创刊年/收录年限、出版社/合作商、学科主题、出版地、语种等），并可进入"文献"页面获取题录摘要信息。部分文章提供参考文献引文信息。期刊最早回溯至 1665 年。

中国知识资源总库还包括中国大百科全书数据库、中国党建期刊文献总库、中国特色新型智库知识资源总库、中国高等教育期刊文献总库、中国政报公报期刊文献总库、中国经济信息期刊文献总库、中国经济社会大数据研究平台、中国科技创新知识服务平台、中国精品科普期刊文献库、中国精品文化期刊文献库、中国精品文艺作品期刊文献库、荷兰 Elsevier 期刊数据库、德国 Springer 期刊数据库、美国 Wiley 期刊数据库、英国 Taylor & Francis 期刊数据库、SAGE 出版公司期刊数据库、剑桥大学出版社期刊数据库等数据库资源。

1.2　高级检索中国知网数据库

在中国知网检索平台上，用户可在其系列数据库（学术期刊、学位论文、会议、报纸、年鉴、专利、标准、成果、图书、学术辑刊等）中任选一个进行单独库内检索（如图 1.1），或进入任一数据库主页面进行检索（如图 1.2），也可同时勾选多个类型数据库开展跨库联合检索（如图 1.3）。

图 1.1　勾选任一数据库单独检索

图 1.2　在任一数据库主页进行检索

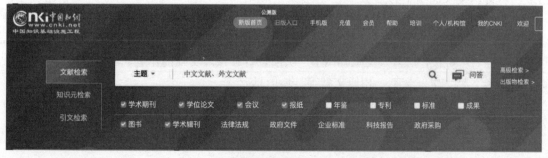

图 1.3　勾选多个数据库跨库联合检索

中国知网为用户主要提供了 3 种文献检索方式，即简单检索、高级检索和出版物检索。简单检索也就是通常意义上的一框式检索，高级检索包括高级检索、专业检索、作者发文检索、句子检索等几种检索方式，出版物检索可通过出版物名称、出版单位、出版者或书刊号（ISSN、CN、ISBN）进行检索。其中，简单检索和高级检索在单库或多库跨库模式下均可应用，用户可根据检索需求和检索技术水平自行选择。此外，还可以通过知识元检索、引文检索等方式获取所需的文献资料。

1．简单检索

中国知网提供的简单检索功能可实现对文献资料的快速边界查询，适用于不善用多条件组合查询的初级用户和对文献精细化要求不高的初步查询。简单检索为用户提供了多类别详细的导航内容，以及最大范围的文献选择空间，检索方式便捷，执行效率较高。但同时，简单检索也存在查询结果过于冗杂，不符合检索者需求的查询结果，此时就需要进行二次检索或使用高级检索，以提高检索结果的利用率。

在简单检索模式下，检索者可通过默认的检索选项，输入需要检索的内容进行检索；也可根据检索需求，选择一个或多个文献库进行检索。简单检索只需在检索内容输入框内输入一个或多个检索词，然后单击"检索"按钮，系统将在默认的全文检索项内进行检索，任意一项与检索条件匹配的条目均会显示。简单检索默认的检索选项为"主题"，检索者可以单击该选项，选择篇摘要、关键词、篇名、全文、作者等选项进行检索（如图1.4）。

图 1.4　中国知网简单检索的使用

下面以"数字孪生"为检索内容，示范在简单检索模式下中国知网平台检索结果和处理使用。首先，在检索内容输入框中输入检索词"数字孪生"，选择"篇名"检索选项，选定"学术期刊"数据库（也可选定多个数据库或在默认数据库中进行检索），单击"检索"按钮，即可获得检索结果（如图1.5）。

结果显示，篇名中含"数字孪生"的学术期刊文献共有3700余篇，每条记录按篇名、作者、刊名、发表时间、被引频次、下载次数等信息依次排列。若要获得某篇文献的详细信息，可单击"篇名"链接，进入"文献知网节"页面，查看该篇文献的作者、作者单位、摘要、关键词、参考文献、引证文献、相似文献等具体信息。

（1）功能按钮的使用。检索结果上方有一排功能按钮，单击它们可分别对检索结果进行勾选、批量下载、导出与分析、排序、下载等（如图1.6）。

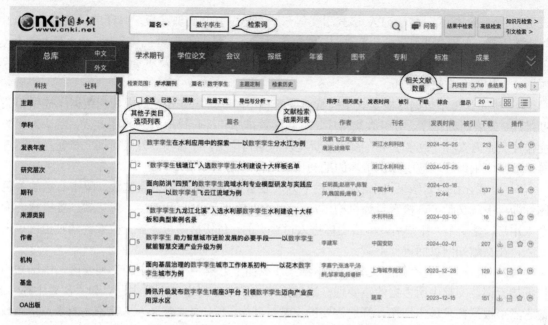

图 1.5　简单检索模式下"数字孪生"的检索结果

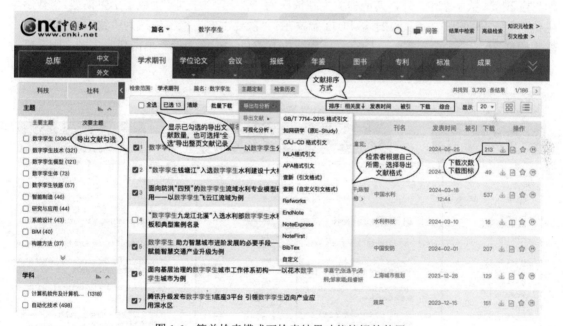

图 1.6　简单检索模式下检索结果功能按钮的使用

1）勾选。检索者根据阅读和研究需求，可勾选多篇文献，也可跨页勾选，以便批量操作。图 1.6 中，共勾选了 13 篇篇名中含有"数字孪生"的期刊论文。

2）批量下载。勾选多篇文献后，单击"批量下载"按钮，可实现对所选文献的同时下载，但此操作须在电脑已安装最新版"知网研学（原 E-Study）"客户端的前提下进行。

3）导出与分析。在"导出与分析"选项下，单击"导出文献"选项，实现一次性导出多篇参考文献，检索者可根据需求以《信息与文献　参考文献著录规则》（GB/T 7714—2015）格式引文、MLA 格式引文、APA 格式引文等形式导出、复制到剪贴板，打印或以 DOC、XLS 等格式下载。单击"可视化分析"选项，可实现对已选文献的计量可视化分析，包括指标分析、总体趋势分析，文献互引、关键词共现与作者合作关系网络，以及对资源类型、学科、来源、作者、机构的分布情况分析。

4）排序。每个数据库根据其不同特点要素有不同的排序方式，其中期刊数据库提供相关度排序、发表时间排序、被引频次排序、下载次数排序和综合排序五种排序方式，默认为相关度排序。如需查看"数字孪生"领域最新发表的期刊论文，即单击"发表时间"按钮；如需查看"数字孪生"领域被引频次最多的期刊论文，即单击"被引"按钮。

5）下载。在检索结果"下载"一栏下方，显示了该篇文献被下载次数，单击右边的黄色图标即可下载文献。若检索者为机构用户，在授权 IP 范围内，可直接下载文献。若检索者为个人用户，登录个人账户后，单击图标进入付费页面，付费后即可下载。检索者同时也可单击文献，在文献知网页面进行下载。

（2）根据"主题"筛选文献。检索结果左页面上方第一栏为"主题"列表区，中国知网依据检索词在文献中所占据的重要性，通过系统大数据分列出"主要主题"和"次要主题"，检索者可根据需求单击切换，筛选需要的文献。其中，"主要主题"为文献论述的重点主题或中心主题，"次要主题"为文献中涉及的其他相关主题。以检索词"数字孪生"为例，"主要主题"栏下除"数字孪生"外，其他相关主题依次为"数字孪生技术""数字孪生模型""数字孪生体"等，分别有 321 篇、121 篇和 73 篇文献；"次要主题"栏下依次为"物理实体""数字孪生模型""智能制造"等，分别有 203 篇、201 篇和 116 篇文献。单击任一主题，则文献检索结果列表中将显示该主题所包含的所有文献（如图 1.7）。

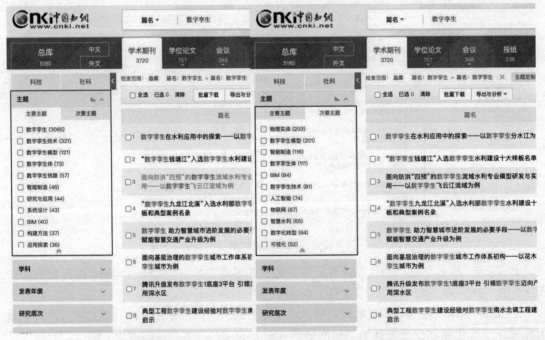

图 1.7 以"数字孪生"为检索词"主要主题"和"次要主题"栏显示内容

（3）根据学科筛选文献。"检索结果"页面上方第二栏为"学科"列表区，中国知网依据检索结果文献所涉及的学科进行排列，检索者可根据需求选择相应学科，筛选需要的文献。以检索词"数字孪生"为例，检索结果文献所对应的学科按数量依次为计算软件及计算机应用、自动化技术、水利水电工程、电力工业等，分别有1319篇、498篇、397篇和377篇文献。单击任一学科，则"文献检索结果"列表中将显示该学科所包含的所有文献（如图1.8）。

图 1.8 以"数字孪生"为检索词"学科"栏显示内容

（4）在结果中检索文献（二次检索）。检索者通过检索词获得检索结果后，若由于所显示文献过多难以筛选，可在检索内容输入框中输入其他检索词，再单击右侧的"结果中检索"按钮，对检索结果进行二次检索，以缩小检索范围，获得更精确的检索结果。在学术期刊数据库中以"数字孪生"为检索词，在"篇名"检索选项下共可获得3720条结果。若输入"人工智能"为检索词进行二次检索，最终显示篇名中同时含"数字孪生"和"人工智能"的文献共13条（如图1.9）。

2. 高级检索

在中国知网首页，单击检索内容输入框右侧的"高级检索"按钮，即进入"高级检索"页面（如图1.10）。此外，高级检索支持使用运算符进行同一检索项内多个检索词的组合运算，检索框内输入的内容不得超过120个字符。输入运算符*（与）、+（或）、-（非）时，前后要空一个字节，优先级需用英文半角括号确定。若检索词本身含空格或*、+、-、()、/、%、=等特殊符号，为避免歧义，进行多词组合运算时须将检索词用英文半角单引号或英文半角双引号引起来。

高级检索页面主要分为三个部分，即检索内容输入区、检索条件控制区和时间范围设定区。其中，检索内容输入区最左侧可设置各检索词之间的关系，包含与（AND）、或（OR）、非（NOT）三类；第二列为检索选项，检索者可根据需求选择"主题""关键词""篇名""作者""作者单位"等；第三列为检索词输入区域；第四列为检索精确程度选项，可选择"精确"或"模糊"；最右侧两列可增加（＋）或减少（－）检索词，至多可输入 10 项。检索条件控制区可勾选"OA 出版""网络首发""增强出版""基金文献""中英文扩展""同义词扩展"等选项。时间范围设定区可设置文献发表起止时间或文献更新时间，包含"不限""最近一周""最近一月"等选项。

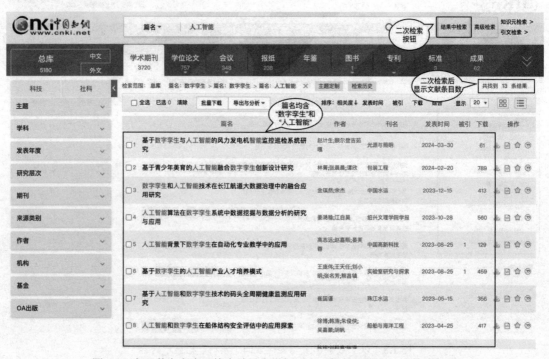

图 1.9　在"数字孪生"检索结果中增加"人工智能"进行二次检索结果

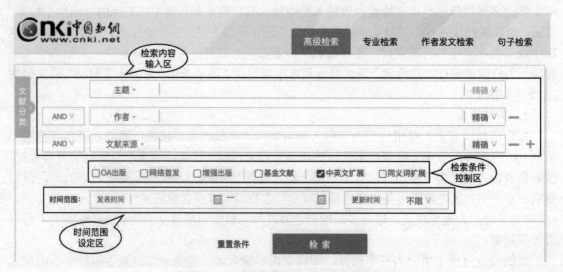

图 1.10　中国知网"高级检索"页面

此外，在"高级检索"页面中，单击"学术期刊"数据库，页面会增加显示期刊"来源类别"一栏，检索者可根据需求选择全部期刊、SCI 期刊、EI 期刊、北大核心期刊、CSSCI 期刊等。在"高级检索"页面中，单击"学位论文"数据库，检索者可根据需求选择一流高校或学科、学位授予年度及各级别优秀论文。

3. 出版物检索

在"高级检索"页面，单击"高级检索"右侧的"专业检索"按钮，可进入"专业检索"页面。专业检索相较高级检索功能更加强大，但对检索者的技能要求也较高，需输入用专门的检索语法编辑的检索式进行检索。检索式可包含主题、篇名、关键词、摘要、作者、作者单位、基金、参考文献、文献来源、被引频次等多类别信息，各检索词之间可用 and 或*、or 或＋、not 或－等逻辑运算符表达两者或多者间与、或、非关系。需要注意的是使用运算符时需前后各空一个字节，所有符号和英文字母均需用英文半角字符输入。

例如检索以数字孪生为主题、关键词包含教育的文献，检索式可写为 SU＝ 数字孪生 and KY＝ 教育（如图 1.11）。

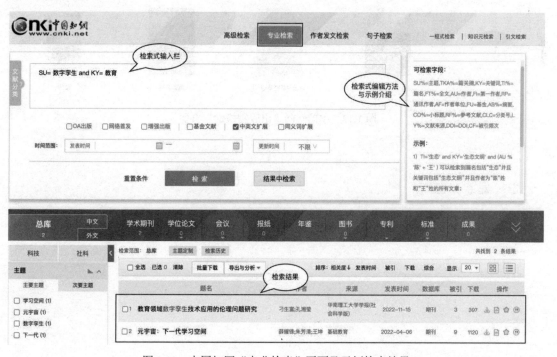

图 1.11　中国知网"专业检索"页面及示例检索结果

在中国知网首页，单击检索内容输入框右侧下方"出版物检索"按钮，即进入"出版物检索"页面（如图 1.12）。出版来源导航主要包括期刊、学术辑刊、学位授予单位、会议、报纸、年鉴和工具书的导航系统，每个产品的导航体系根据各产品独有的特色设置不同的导航系统，每个产品的导航内容基本覆盖学科导航栏所列的基础科学、工程科技、农业科技、医药卫生科技、哲学与人文科学、社会科学、信息科技、经济与管理科学等领域，囊括了基础研究、工程技术、行业指导、党政工作、文化生活、科学普及等各种层次。将光标置于出版物检索页面左上方"出版来源导航"处即可选择上述任一导航系统，单击检索词输入栏左侧的下拉按钮，可在其中选择来源名称、主办单位、出版者或出版物编号（ISSN、CN、ISBN），再输入检索词即可检索。

图 1.12　中国知网"出版物检索"页面

第 2 章 万方数据知识服务平台

2.1 认识万方数据知识服务平台

2.1.1 数据库基本概况

北京万方数据股份有限公司是中华人民共和国科学部直属、中国科学技术信息研究所控股的股份制高新技术企业。公司以信息资源建设为核心，是集信息资源产品、信息增值服务和信息处理方案为一体的综合信息内容服务提供商，为用户提供从数据、信息到知识的全面数字图书馆及内容管理解决方案。万方数据成立于 1993 年，2000 年在原万方数据（集团）公司的基础上，由中国科学技术信息研究所联合多家单位完成股份制改造，正式成立北京万方数据股份有限公司。作为国内较早以信息服务为核心的高新技术企业，万方数据经过三十余年快速稳定发展，已成为一家以提供信息资源产品为基础，同时集信息内容管理解决方案与知识服务为一体的综合信息内容服务提供商，形成了以"资源+软件+硬件+服务"为核心的业务模式。公司在全国设有 5 个负责产品销售和客户服务的全资子公司，30 多个办事处，客户遍布全国，主要集中于高等院校、科研机构、信息机构、公共图书馆、医疗机构、政府机构、企业等共计上万余家，及个人用户千万余名，并与北京大学、武汉大学、南京大学、中国医学科学院等院校建有联合实验室。与此同时，万方数据还积极开拓海外市场，香港设立全资子公司——万方数据（国际）有限公司，公司海外客户遍布世界十几个国家和地区，包括多国国家图书馆和一众世界顶尖高校。

万方数据以客户需求为导向，依托强大的数据采集能力，应用先进的信息处理技术和检索技术，为决策主体、科研主体、创新主体提供高质量的信息资源产品。在精心打造万方数据知识服务平台的基础上，万方数据还基于"数据+工具+专业智慧"的情报工程思路，为用户提供专业化的数据定制、分析管理工具和情报方法，并陆续推出万方医学网、万方数据企业知识服务平台、中小学数字图书馆等一系列信息增值产品，以满足用户对深层次信息和分析的需求，为用户确定技术创新和投资方向提供决策支持。在为用户提供信息内容服务的同时，作为国内较早开展互联网服务的企业，万方数据坚持以信息资源建设为核心，努力发展成为中国优质的信息内容服务提供商，开发独具特色的信息处理方案和信息增值产品，为用户提供从数据、信息到知识的全面解决方案，服务于国民经济信息化建设，推动全民信息素质的提升。

目前，万方数据股份有限公司旗下主要设有八大服务平台和服务系统。

（1）万方数据知识服务平台是万方系统最主要和检索者最常用的万方平台，其整合了海量学术文献，提供万方智搜、灵析、万方选题、刊寻、DOI（Digital Object Identifier，数字化对象识别器）注册与链接、科慧等知识服务，旨在帮助科研工作者、学者或机构学习与探索、科研与创新、决策与管理。

（2）万方数据科研诚信服务平台围绕事前教育培训、事中监测预警及事后调查处理的

"事前—事中—事后"三个维度切入，研发知识资源、教育培训、监测预警、核查鉴证、检测查重五大核心服务，构建科研诚信一站式综合服务平台，并为教育科研、科技管理、成果发表等三大场景提供集成与融合服务，支持建设形成对科研诚信"不敢、不能、不想"的长效治理机制，促进科研诚信建设，服务创新发展。

（3）中国地方志知识服务系统以地方志为核心资源，以知识发现和知识挖掘为设计思想，内容纵贯整个社会发展历史，横及社会各个门类，从历史到当代，从政治到经济，从自然资源到人文遗产，给用户提供数字化、可视化、时空一体化的互动体验。

（4）万方基础教育产品则面向教育行政部门、电化教育部门、教科研部门、中小学校、学前教育机构、公共图书馆，分别提供中小学数字图书馆等资源型产品、针对基础教育科研的文献及工具一体化服务平台。主要产品包括中小学数字图书馆、基础教育科研服务平台、在线组卷系统、少儿数字图书馆、学前教育知识库、云屏数字阅读系统、基础教育科研论文产出统计分析系统、基础教育科研论文提交评审系统等。

（5）万方医学信息服务平台致力为医学科研人员、医护人员、医疗卫生管理者及公众提供专业医学信息服务。万方医学信息服务基于海量优质的医学信息资源与情报学工具方法，凝练专家智慧，目前已形成了全面精准的医学信息资源整合发现服务、中西医结合一体化临床诊疗知识服务、医学科研分析评价管理与科研诚信服务、智能精准学术营销和临床科研数据赋能服务体系。

（6）万方视频知识服务系统是以科技、教育、文化为主要内容的学术视频知识服务系统，长期服务于全国各大高校和公共图书馆，现已推出高校课程、境内高端学术会议、中国名师讲坛、互联网技能实训等适合各层次人群使用的精品视频。

（7）专业内容知识聚合服务平台是以站内应用为支撑，汇聚行业内优质资源、服务、工具，为用户提供一站式、多场景覆盖的综合性学术平台。平台为入驻应用提供自主经营所需要的链条式支撑服务，包括 API 网关接口、通用化服务组件、账务支付体系等，还会对优质应用采取双向流量扶持策略，帮助应用更好更快推广售卖。

（8）万方技术创新知识服务系统包含标准管理服务系统、行业知识服务系统、学科知识服务系统、内部知识构建系统四大模块。标准管理服务系统主要应用于行业标准化场景，目前共收录 67 个行业、162387 个标准。除行业标准检索外，还提供了标准有效性查询、标准预警、标准撰写等功能。行业知识服务系统下设农业、工业、医学、教育、文化、艺术等 43 个行业知识服务平台，每个平台内部又包含若干子类目，以及知识导航和资源导航窗口，为科研工作者提供便捷的行业知识检索服务。学科知识服务系统包含农林牧渔、交通运输、机械装备、航天航空、国防科技、师范教育、医疗卫生、旅游文化、电影艺术等 28 个学科分类，旨在辅助院校师生专业知识的发现与获取，助力院校专业化的学科发展建设，促进院校教育水平与科研工作能力的提升，是一个学科建设、学科服务、学术创新、知识发现和交流共享平台。内部知识构建系统按行业、领域细化梳理，打造了全新的专业细分知识库，是一款整合机构内部、互联网采集、万方数据科技文献等资源，实现站内统一检索、展示、获取全文的"资源+工具"型的数字化文献检索产品。

此外，下属的万方软件公司面向企业创新、产业创新和区域创新，聚焦企业核心竞争力提升、政府科技决策支持场景，围绕人才、机构、技术、区域、产业五大主题域，构建起人才链、技术链、产业链、创新链四大关系链，形成"五域—四链"产业科技创新情报服务体系，通过提供产业科技创新服务平台（创新助手 Plus）、全球智库资讯服务平台、智慧情报综合服务平台（慧报）、中国科技论文统计与分析网等信息服务，面向产业培育及升级、成果产业化、招才引智、招商引资、区域科技决策场景提供科技创新情报支撑服务。

凭借强大的数据采集能力，海量信息资源，多种数据与文献类型，中西文联合资源，各层次资源整合能力形成的资源优势；国内现代化数据加工基地，全套规范化加工生产线，高清晰扫描、OCR 识别、人工智能标引、PDF 制作技术等严格的质量管控体系形成的信息处理加工优势；自主信息检索引擎技术，网络多节点系统运维技术，分布式信息加工与存储技术，知识挖掘分析与科技评价技术，网络资源共享与云服务调度技术形成的技术优势；强大的品牌形象维护，ISO 质量管理体系认证，标准化客户服务体系，良好的企业运营支持，标准的客户培训系统形成的管理优势；数字出版全业务流程支撑，政府项目研究能力，行业知识内容建设，客户行为统计与个性化服务，面向服务的系统架构设计形成的服务优势；深厚的背景依托，成熟的市场营销体系，参与国家基础研究项目经验，与国内外优秀品牌合作形成的市场与合作优势，万方始终致力于以技术创新为驱动，不断提供超越客户期望的产品和服务，力争作知识服务的领跑者。

2.1.2 数据库资源介绍

万方数据知识服务平台整合数亿条全球优质知识资源，覆盖自然科学、工程技术、医药卫生、农业科学、哲学政法、社会科学、科教文艺等全学科领域，实现海量学术文献统一发现及分析，支持多维度组合检索，适合不同用户群研究。从资源类型分布看，万方数据库集成期刊、学位、会议、科技报告、专利、标准、科技成果、法规、地方志、视频等十余种知识资源类型；从数据库分类看，万方数据库系统现已有超过 100 个数据库，包括万方数据公司自建数据库、合作数据库。其中，数据库内容较丰富，使用较频繁的万方自建数据库主要有以下几个。

1. 中国学术期刊数据库

中国学术期刊数据库（China Online Journals，COJ）收录始于 1998 年，包含 8500 余种期刊，其中包含北京大学、中国科学技术信息研究所、中国科学院文献情报中心、南京大学、中国社会科学院历年收录的核心期刊 3300 余种，年增 300 万篇，每天更新，目前共有各类期刊文献 1.59 亿余条，涵盖自然科学、工程技术、医药卫生、农业科学、哲学政法、社会科学、科教文艺等学科。根据检索者的检索习惯和检索需求，数据库提供了按学科分类检索、按期刊名称检索、按文献题目检索、按文献作者检索、按文献内容检索等多种检索方式。

2. 中国学位论文数据库

中国学位论文数据库（China Dissertations Database，CDD）收录始于 1980 年，收录各类硕博士论文 655 万余篇，年增 42 万余篇，根据学位授予时间不定时更新。按学科分类，涵盖基础科学、理学、工业技术、人文科学、社会科学、医药卫生、农业科学、交通运输、航空航天和环境科学等共 22 个学科领域；按专业分类，囊括哲学、经济学、法学、教育学、文学、历史学、理学、工学、农学、医学、军事学、管理学等十二大学科门类下设的近 300 个专业；按学位授予单位分类，该数据库与全国 31 个省级行政区（不包含台湾地区、香港特别行政区、澳门特别行政区）的千余所高校和科研院所建有合作关系，设有专门的院校硕博学位论文资源库链接入口。

3. 中国学术会议文献数据库

中国学术会议文献数据库（China Conference Proceedings Database，CCPD）会议资源包括中文会议和外文会议，中文会议收录始于 1982 年，年收集约 2000 个重要学术会议，收录各类学术会议文献 1580 万余条，年增论文 15 万篇，每月更新。外文会议主要源于国家科技图书文献中心外文文献数据库，收录了 1985 年以来世界各主要学协会、出版机构出版的学术会议论文，共计 1100 万篇（部分文献有少量回溯），每年增加论文约 20 万篇，每月更新。按学科类型分类，共分为社会科学总论、自然科学总论、军事、经济、文学、艺术、农业科学、生物科学医药卫生、工业技术、能源与动力工程等 37 类；按会议发起单位类型分为学会、协会、高等院校、党政机关、科研机构、企业等 12 类；按会议主办地，主要列举了北京、上海、杭州、成都、广州、南京等 30 个举办学术活动较为密集的国内大中城市；按会议级别分为国内会议和国际会议 2 类。

4. 中外专利数据库

中外专利数据库（Wanfang Patent Database，WFPD）涵盖 1.6 亿条国内外专利数据。其中，中国专利收录始于 1985 年，共收录 4700 万余条专利全文，可本地下载专利说明书。数据与国家知识产权局保持同步，包含发明专利、外观设计和实用新型三种类型，准确地反映中国最新的专利申请和授权状况，每年新增 300 万条。国外专利 1.1 亿余条，均提供欧洲专利局网站的专利说明书全文链接，收录范围涉及中国、美国、日本、英国、德国、法国、瑞士、俄罗斯、韩国、加拿大、澳大利亚、世界知识产权组织、欧洲专利局、中国香港、中国台湾十一国两组织及两地区数据，每年新增 300 万余条。该数据库 IPC 国际专利分类，共分为人类生活必需，作业与运输，化学与冶金，纺织与造纸，固定建筑物，机械工程、照明、采暖、武器与爆破，物理，电学等八大类，每个大类下设若干子类目。

5. 中外标准数据库

中外标准数据库（China Standards Database）收录了所有中国国家标准、中国行业标准（HB）以及中外标准题录摘要数据，共计 260 余万条记录。其中，中国国家标准全文数据内容源于中国质检出版社，中国行业标准全文数据收录了机械、建材、地震、通信标准以及由中国质检出版社授权的部分行业标准。按中标分类，该数据库共分为综合，农业、林业，医药、卫生、劳动保护，矿业，石油，能源、核技术，化工，冶金，机械，电工，电子元器件与信息技术，通信、广播，仪器、仪表，工程建设，建材，公路、水路运输，铁路，车辆，船舶，航空、航天，纺织，食品，轻工、文化与生活用品，环境保护等二十四大类，各大类下设若干子类目。

6. 中国科技成果数据库

中国科技成果数据库（China Scientific & Technological Achievements Database）收录了自 1978 年以来国家和地方主要科技计划、科技奖励成果，以及企业、高等院校和科研院所等单位的科技成果信息，涵盖新技术、新产品、新工艺、新材料、新设计等众多学科领域，共计 66 多万项。数据库每两月更新一次，年新增数据 1 万条以上。按行业分类，该数据库分为农、林、牧、渔业，制造业，信息传输、计算机服务和软件业，卫生、社会保障和社会福利业，文化、体育和娱乐业等十九大类，各大类下设若干子类目；按中图分类法，共分为马克思主义、列宁主义、毛泽东思想、邓小平理论，哲学、宗教，社会科学总论，自然科学总论，数理科学和化学，环境科学、安全科学，综合性图书等 22 个类别；按地区分类，共分为除台湾地区、香港特别行政区、澳门特别行政区外的全国 31 个省级行政区。

7. 中外科技报告数据库

中外科技报告数据库包含中文科技报告和外文科技报告。中文科技报告收录始于 1966 年，源于中华人民共和国科学部，共计 10 万余份。按报告来源，分为国家高技术研究发展计划、国家重点基础研究发展计划、国家科技支撑计划、国家重点研发计划、国家科技重大专项、国家重大科学研究计划、国家国际科技合作专项、国家重大科学仪器设备开发专项、国家科学技术奖励项目九大类；按报告类型，分为最终报告、进展报告、专题报告、年度报告、中期报告、立项报告、奖励报告、验收报告和其他；按所属学科，分为医药卫生、生物科学、农业科学、自动化技术和计算机技术、一般工业技术等 29 个学科。外文科技报告收录始于 1958 年，涵盖美国政府四大科技报告，即美国商务部国家技术信息服务局 PB 报告、美国国防部国防技术信息中心 AD 报告、美国国家航空航天局航天航空信息中心 NASA 报告以及美国能源部科学技术信息办公室 DE 报告，共计 110 万余份。

8. 中国法律法规数据库

中国法律法规数据库（China Laws & Regulations Database）收录始于 1949 年，涵盖国家法律法规、行政法规、地方性法规、国际条约及惯例、司法解释、合同范本等，权威、专业。数据库共收录文献 152 万余条，年新增量不低于 8 万条，每月更新。按法律法规效力级别，分为法律、司法解释、行政法规、省级地方性法规、地方政府规章等 12 个等级；按条款内容，分为国家法律、国际条约、行政法规、部门规章、合同范本等 13 个类别。

9. 国内外文献保障服务数据库

国内外文献保障服务数据库是万方数据与国家工程技术图书馆合作开发的文献传递服务数据库，系统收藏工程技术、高技术等各个学科领域的科技文献，包括电子和自动化技术、计算机和网络技术、材料科学、环境科学、航空航天、生物工程、能源动力、交通运输、建筑、水利和一般工业技术等，同时兼有基础科学、农业科学、医药卫生、社会科学领域。该数据库收藏的文献以英文为主，同时兼顾少量的日文、德文、俄文和法文文献。

10. 万方视频数据库

万方视频数据库是以科技、教育、文化为主要内容的学术视频知识服务系统，现已推出高校课程、会议报告、考试辅导、医学实践、管理讲座、科普视频、高清海外纪录片等适合各类人群使用的精品视频。目前，已收录视频 3.5 万余部，近 100 万分钟。检索者可按学科查找视频，共分为哲学与宗教、历史与考古、文学、艺术、经济、管理、法律、政治、社会、教育、天文、地球科学、生物、人文地理、数理科学、工程技术、中国医学、医药卫生、农学与农业和国防军事 20 个学科类别；也可进入互联网技能实训系列、资格考试辅导系列、就业创业指导系列等 18 个系列频道观看视频。

此外，万方数据数据库还建有数个特色数据库。

（1）中国地方志数据库。该库收录了按一定体例，全面记载某一时期、某一地域的自然、社会、政治、经济、文化等方面情况或特定事项的书籍文献，即地方志，简称"方志"。中国地方志数据库按年代分为旧方志和新方志，其中旧方志为新中国成立之前的方志，8600 余种，10 万多卷；新方志为 1949 年之后的方志，共计 5.5 万册。

（2）红色文化专题数据库。该库是万方数据公司研究、探索、整合党建相关文献资源，从期刊论文、学位论文、地方志资源中抽取党建相关的资源，以栏目为单位进行资源整合形成的数据库，共收录红色文化领域相关数据 1 万余条。数据库主要分为六大板块，红色头条栏目主要用于发布最新时政热点、文化热点或红色新闻等新闻类内容；红色基地栏目用地图形式罗列了全国各地的革命遗址、旧址、烈士陵园、爱国主义教育基地、廉政教育基地、国防教育基地及红色旅游景点等数据；红色记忆栏目包含抗战史实、著名战役、红色精神、红色影像、长征日志等内容；红色事迹栏目包括思想启蒙、革命运动、革命故事、红色追忆等内容；红色人物栏目包括领袖故事、英模事迹、革命人物、烈士名录等内容；红色文物栏目包括红色题词、红色信件等内容；红色资料栏目包括红色歌谣、红色文献等内容。

（3）民俗文化专题数据库。该库收录民俗文化领域相关的志书条目和期刊、学位、会议论文，包括民俗新方志条目数据 36000 余条、文献数据（包含期刊论文、会议论文、学位论文等）11000 余条。数据库首页设置了 6 个专题栏，其中时令节日板块包含节日习俗和岁令习俗；衣食住行板块包含服饰习俗、饮食习俗、建筑习俗、交通习俗和居住习俗；婚丧寿诞板块包含婚姻习俗、生育习俗、寿日习俗和丧葬习俗；社交礼仪板块包含礼仪习俗和交际习俗；其他民俗板块包含生产习俗、游艺习俗和家族习俗；民俗研究板块列举了上述各类习俗相关的论文文献。

（4）家风家训专题数据库。该库收集了大量地方志文献资源，整理出散落在各地综合志、宗氏族谱志书中，记载着当地的家训家规、祖训族规。数据库包含家风家训相关的志书条目和学术文献，其中新志条目 4300 余条、文献条目（包含期刊论文、学位论文、会议论文等）3500余条。数据库首页设置了 4 个板块，其中家风文化板块包含家风门风、家庭教育、家庭文化和文明家庭 4 个专题；古今家训板块包含家规家训、家训戏曲和族规族训 3 个专题；家风故事板块包含勤俭节约、廉洁自律、见义勇为、孝顺父母、助人为乐、尊老爱幼和家庭关系 7 个专题；家风研究板块列举了上述各类家风家训相关的论文文献。该数据库的建设旨在传承发扬优良家风家训，推动广大家庭培育和践行社会主义核心价值观，以良好家风带动形成良好社会风气。

2.2　高级检索万方数据知识服务平台

万方数据检索平台——万方智搜的文献检索方式与中国知网平台类似，检索者可通过密码、短信、扫码登录个人账号或机构 IP 登录系统，使用检索与文献下载功能。目前，万方智搜系统主要提供简单检索、高级检索、专业检索和作者发文检索 4 种文献检索方式，检索者可根据自身对文献的掌握程度和资料查询需求自行选择。

2.2.1　简单检索

登录万方数据知识服务平台，即可见"简单检索"页面，也就是我们常说的一框式检索。在检索内容输入框左侧为数据库选择栏，右侧分别为"高级检索"和"检索历史"查询选项。系统默认的检索页面是对万方数据资源库中的"全部"文献进行跨库检索（如图 2.1），检索者也可单击"全部"选项，在弹出的下拉列表中选择期刊、学位、会议、专利、科技报告、成果、标准、法规、地方志、视频中的任一选项，实现对专门单一数据库的文献检索。

下面以"数字孪生"为检索内容，示范在简单检索模式下万方数据知识服务平台的检索结果和处理使用。在检索内容输入框中输入"数字孪生"，单击"检索"按钮后，进入"检索结果"页面。在默认"全部"数据库跨库检索情境下，以"数字孪生"为检索词，在万方数据库中共找到 17069 条文献（如图 2.2）。在"检索结果"界面检索内容输入框上方可再次选择数据库，与首页的数据库选择栏类似，除"全部"选项外，显示有期刊、学位、会议、专利、科技报告、成果、标准、法规、地方志、视频等数据库选项，单击其中任一选项，"检索结果"页面则直接显示该数据库下的文献检索结果。数据库选项最右侧的"更多"→"资源类型"一栏向检索者介绍了万方数据知识服务平台各主要数据库的基本信息和现有文献数量，"数据库"一栏则罗列了包括中文和英文在内的万方自有数据库和万方数据公司合作数据库共 64 个及各数据库链接入口。

图 2.1　万方数据知识服务平台"简单检索"页面

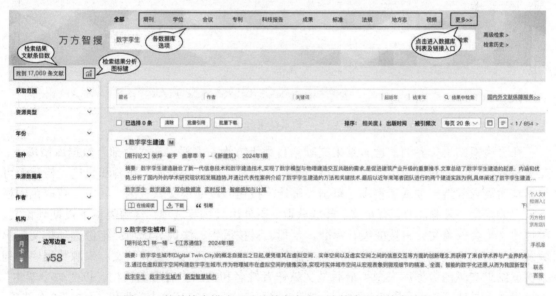

图 2.2　简单检索模式下以"数字孪生"为检索词的检索结果

"检索结果"页面左侧最上方显示检索结果文献条目数，右边为检索结果分析图标键。进入"检索结果分析"页面（如图 2.3），第一栏为选择"数据范围"，检索者可根据分析需求选择"全部检索结果"或"仅学术论文"，其中"仅学术论文"主要包括期刊论文、学位论文和会议论文。第二栏为选择"时间范围"，可选择 1985 年至今的若干年。下方为检索结果分析纬度选项，检索者可根据需求选择年份、关键词、作者、机构、学科、期刊、基金、资源类型中的任意一项，单击即在下方显示结果。分析结果显示栏左侧以表格形式，按占比多少降序排列；右侧为相应的线状、柱状或饼状示意图。以"数字孪生"检索结果为例，万方数据系统检索结果分析显示，对全部的 17000 多篇文献进行发表年份分析，自 2018 年起发文数量呈指数式增长；对文献关键词出现频次分析，"digital twin""数字孪生技术""元宇宙""智能制造""人工智能"位列前五位；对文献所属学科分析，主要在工业技术领域，其他主要涉及经济、交通运输、地球科学、航天航空等学科。

图 2.3 "检索结果分析"界面

在"检索结果"界面，检索结果文献条目数下方为左侧栏，在"全部"数据库情境下，左侧栏依次显示为获取范围、资源类型、年份、语种、来源数据库、作者和机构，检索者可根据检索需求勾选一项或者多项，单击"筛选"按钮，以缩小文献范围。其中，获取范围栏下设已购全文、只看核心、有全文、开放获取、国外出版物等选项；资源类型下设期刊论文、学位论文、会议论文、科技成果、标准、专利、科技报告、法规等选项；年份选项按文献出版发行时间由近及远按年排序；语种为文献写作语言，一般为中文和英文；来源数据库罗列了检索结果文献的数据库来源；最后是文献作者姓名和文献作者署名机构。以"数字孪生"为检索词，同时勾选"只看核心""有全文""期刊论文""2023""中文"和"万方"6 个选项，筛选出 710 篇文献（如图 2.4）。

文献检索结果上方左侧为"清除""批量引用"和"批量下载"按钮。检索者可勾选一篇或多篇文献，单击"批量引用"按钮，复制或以 TXT、XLS、DOC 文件导出选中文献基本信息，包括参考文献格式、查新格式、NoteExpress 格式、RefWorks 格式、NoteFirst 格式、EndNote 格式、Bibtex 格式及自定义格式。单击"批量下载"按钮可一次性下载已选中的多篇文献，单击"清除"按钮则取消勾选已选中的全部文献。文献检索结果上方右侧为文献排序方式选项，检索者可根据需求选择依与检索词的相关度排序，依文献出版时间排序或依文献被引频次排序。文献检索结果页面，除标明了文献类型、作者、来源期刊、时间，还注明了期刊来源类别收录情况，并可直接单击"在线阅读"和"下载"按钮，进行相应操作（如图 2.4）。

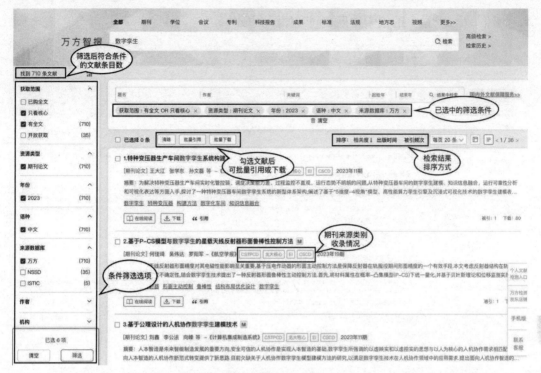

图 2.4　简单检索结果页面的各项操作

除上述基本操作，在简单检索模式下还可通过以下几种方式，提升检索结果精准度。

1. 限定检索

限定检索是通过限定检索字段进行检索，检索时单击检索框后可以选择题名、作者、作者单位、关键词、摘要等检索字段（如图 2.5）。

图 2.5　简单检索模式下"限定检索"选项

2. 精确检索

精确检索不对输入的内容拆分，将检索词作为一个整体进行检索，通过对检索词加双引号（""）进行限定。例如想要查找"数字孪生"相关文献，检索式为文字（数字孪生）时为模糊检索，加上双引号（"数字孪生"）即为精确检索（如图 2.6）。

3. 布尔逻辑检索

布尔逻辑检索是借助"与"（and）"或"（or）"非"（not）等逻辑词进行检索，在英文单词前后需输入空格，其中 and 也可以用空格代替，即输入"数字孪生 and 人工智能"和输入

"数字孪生 人工智能"的检索结果相同（如图 2.7）。

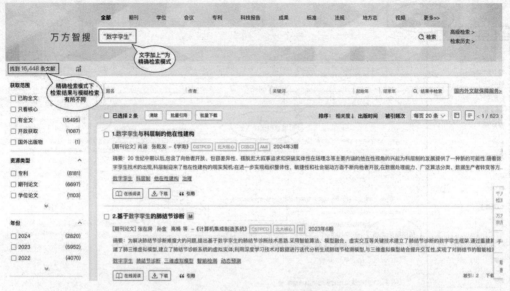

图 2.6　使用"数字孪生"精确检索结果

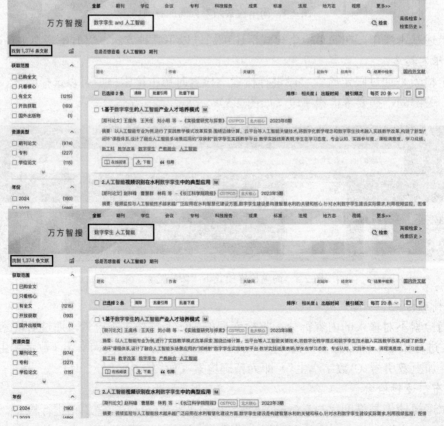

图 2.7　使用布尔逻辑检索两种输入方式检索结果相同

4. 在结果中检索（二次检索）

文献检索结果上方设有二次检索栏，检索者可根据检索需求和已掌握的文献情况，在"题名""作者""关键词""起始年""结束年"各栏中输入相应检索词，单击右侧"结果中检索"按钮，页面即会显示检索结果。与此同时，在各栏中输入的检索词也会自动在检索内容输入框中呈现。例如，在简单检索模式下以"数字孪生"为检索词显示检索结果后，在"关键词"一栏输入"人工智能"，在"起始年"和"结束年"分别输入 2022 和 2024，检索内容输入框自动显示为"（数字孪生）关键词:人工智能 Date:2022-2024"。通过二次检索，共有 300 篇文献符合上述要求（如图 2.8）。

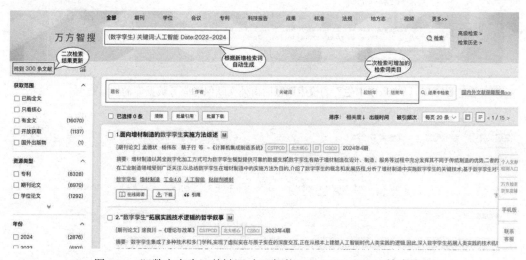

图 2.8　"（数字孪生）关键词:人工智能 Date:2022-2024"检索结果

二次检索栏右侧为"国内外文献保障服务"数据库入口，该数据库包含中、外文学术期刊数据库、学位论文数据库和学术会议数据库资源，并以外文文献为主，服务方式为原文下载或原文传递。国内外文献保障服务数据库默认查找全部文献，检索者也可根据需求在检索内容输入框上方选择期刊数据库、学位数据库、会议数据库或外文文献数据库。以检索词"数字孪生"为例，该数据库共显示 484753 条文献，远多于简单检索文献条目。检索结果页面左侧显示了各资源类型文献数量，其中外文期刊文献 199 篇、外文会议文献 66 篇、外文学位论文 7 篇、中文期刊文献 414591 篇、中文会议文献 24904 篇、中文学位论文 44401 篇。"检索结果"页面右侧为研究趋势折线图，展示了近年该检索词相关文献发表数量。"数字孪生"相关文献在 2015—2020 年每年发表在 20000 篇左右，之后进入快速增长期，2023 年发表相关文献逾43000 篇（如图 2.9）。

2.2.2　高级检索

高级检索是相较简单检索更加复杂的一种检索方式，是精确查找文献的有效利器，高级检索可以同时限定多种资源类型，并提供了更多检索字段。检索者可在高级检索指定功能内，通过增加检索条件，缩小检索结果范围，更容易检索到检索者需求的文献信息。检索者单击万方数据系统首页检索内容输入框右侧的"高级检索"按钮，即可进入"高级检索"页面（如图 2.10）。

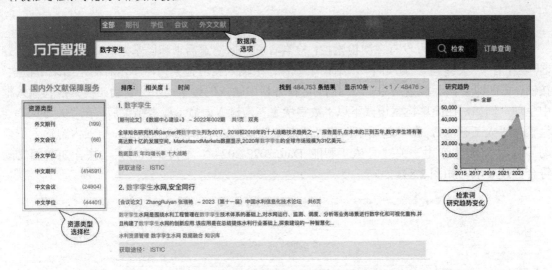

图 2.9 以"数字孪生"为检索词在国内外文献保障服务数据库的检索结果

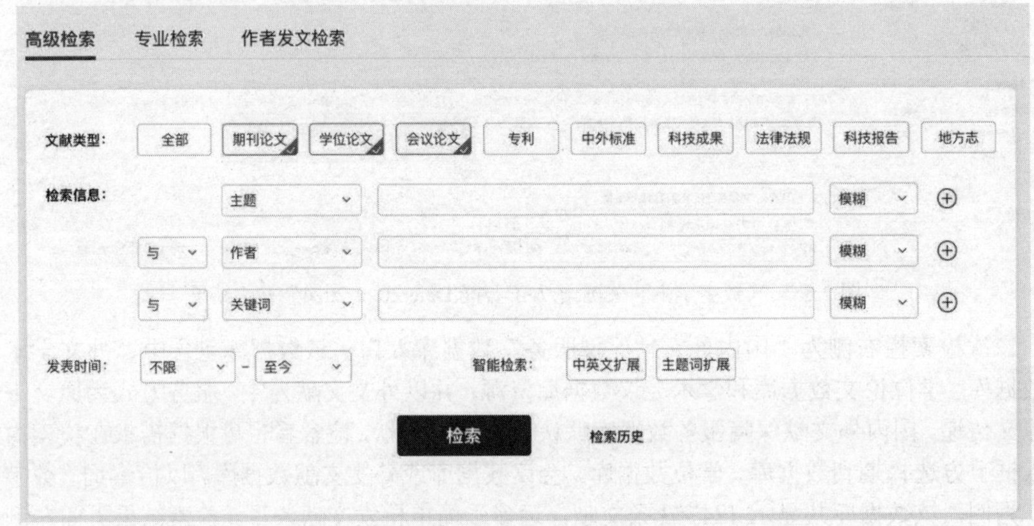

图 2.10 万方数据知识服务平台"高级检索"页面

　　万方数据平台的高级检索中，可在文献类型、检索信息、发表时间、智能检索四个类目中进行范围选择。"文献类型"为文献来源的数据库，可在全部、期刊论文、学位论文、会议论文、专利、中外标准、科技成果、法律法规、科技报告、地方志 9 个数据库中勾选一个或多个。"检索信息"分为检索词逻辑运算选项、检索信息选项、检索词输入区、检索词匹配程度选项和检索词增删选项五部分。其中，检索词逻辑运算分为与、或、非 3 个选项。检索信息选项系统提供了全部、主题、题名、作者、作者单位、关键词、摘要、中图分类号、期刊基金、期刊刊名、会议名称等 20 余个供选择的检索字段，检索者可选择全部或其中一项。检索词输入区中的每一栏可输入一个或多个检索词，检索词之间可用运算符连接。其中，AND 为"与"，表示所有词同时出现在文献中；OR 为"或"，表示至少一个词出现在文献中；NOT 为"非"，表示后面的词不出现在文献中；" "为精确匹配，引号内容将作为整体进行检索；( )为限定检索顺序，括号内容将作为一个子查询要素；?为通配符，一个问号代表一个字符。各逻辑运算的优先级顺序为( ) > NOT > AND > OR，且运算符需使用英文半角形式输入。检索词匹配程度有"模糊"和"精确"两个选项。检索词增删则通过"＋"和"－"按钮来实现，检索信息系统默认为三项，至多可填写六项。"发表时间"可选择 1900 年至今的任意若干年，通过起止两框设定时间范围。"智能检索"可勾选"中英文扩展"或"主题词扩展"任一项，也可同时勾选二者。

2.2.3　专业检索

专业检索较之高级检索，其功能更加强大，在万方数据知识服务平台"高级检索"页面上方单击"专业检索"按钮，即可进入"专业检索"页面。使用专业检索，需检索者熟练掌握CQL（Common Query Language）检索语言，运用检索语法编制检索式实现检索。检索者可根据需求勾选文献类型中期刊论文、学位论文、会议论文、专利、中外标准、科技成果、法律法规、科技报告、地方志 9 个数据库里的一个、几个或全部，确定文献来源范围。文献数据库选择完成后，检索式编辑栏上方即会显示相应数据库可供选择的检索字段和检索词逻辑关系选项，帮助撰写检索式。检索者单击检索字段，并在检索式编辑栏中填入检索词或检索信息，即可生成完整的检索式，进行检索（如图 2.11）。

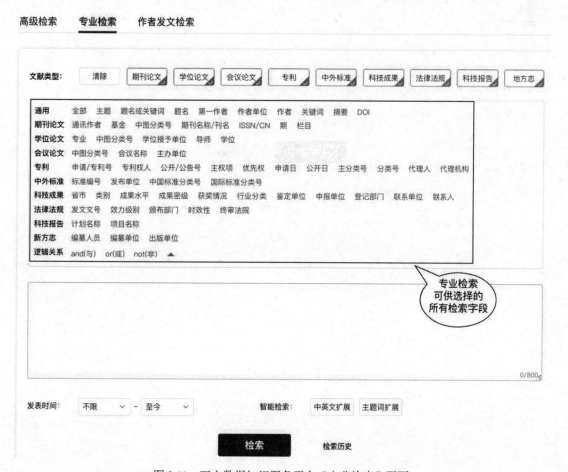

图 2.11　万方数据知识服务平台"专业检索"页面

2.2.4 作者发文检索

作者发文检索是根据文献作者名及作者单位对作者的发文进行检索，若要查看某一学者发表的文献，可以使用这类检索方式。在万方数据知识服务平台"高级检索"页面上方单击"作者发文检索"按钮，即可进入"作者发文检索"页面，操作方式与高级检索相似。作者发文检索可选择的文献类型有期刊论文、学位论文、会议论文、专利和科技报告，检索者可根据需求勾选其中一个、几个或全部。在检索信息栏的"作者"选项中可选择"作者""第一作者""专利—发明/设计人"或"专业—代理人"，后面输入框内填入检索对象姓名；在检索信息栏的"作者单位"选项中可选择"作者单位""第一作者单位""会议主办单位""专利—申请/专利权人"或"专利—代理机构"，后面输入框内填入检索单位名称，检索信息系统默认为三组，至多可填写六组（如图2.12）。

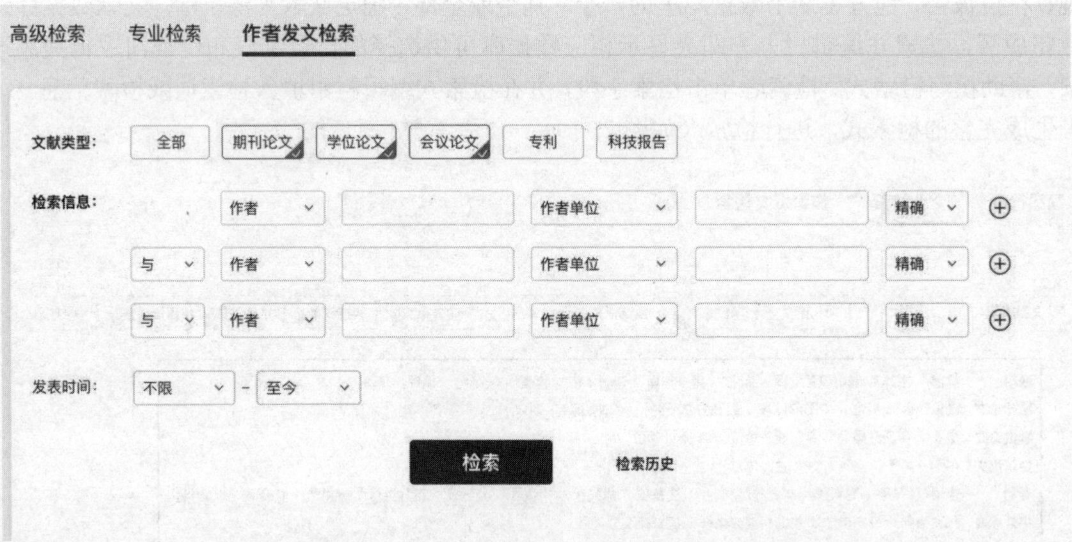

图 2.12　万方数据知识服务平台"作者发文检索"页面

第 3 章　中国人民大学复印报刊资料数据库

3.1　认识中国人民大学复印报刊资料数据库

3.1.1　数据库基本概况

中国人民大学书报资料中心（以下简称"书报资料中心"）成立于 1958 年，是新中国成立后最早从事人文社会科学学术研究文献搜集、整理、评价、编辑的学术信息资料出版机构和服务机构。66 年来，中心始终遵循"学术为本，为教学科研服务"的宗旨，精选千家报刊，荟萃中华学术，被誉为"中华学术的窗口""中外文化交流的桥梁"。

书报资料中心的核心业务是学术期刊和专业期刊出版，包括复印报刊资料、人文社科文摘、报刊资料索引和原发期刊四大系列。其中，复印报刊资料包含马克思主义、哲学、宗教学、语言学、文学、艺术学、历史学、考古学、经济学、政治学、法学、公安学、社会学、民族学与文化学、新闻学与传播学、图书馆、情报与文献学、教育学、体育科学、统计学、地球科学、心理学、环境科学技术及资源科学技术、管理学等学科，现出版刊物 121 本；人文社科文摘系列现出版刊物 14 本；报刊资料索引系列现出版刊物 7 本；原发期刊系列现出版刊物 11 本。复印报刊资料系列自 1995 年刊印，由中国人民大学书报资料中心从全国公开出版的 3000 多种核心期刊、报纸中精选，具有一定的学术价值、应用价值，含有新观点、新材料、新方法，或具有一定的代表性，能反映学术研究或实际工作部门的现状、成就及其新发展的学术资料的全文文献。其涵盖面广、信息量大、分类科学、筛选严谨、结构合理完备，已成为国内最有权威的具有大型、集中、系统、连续和灵活五大特点的社会科学和人文科学专题文献资料宝库，是中国人文社科领域影响巨大的学术品牌。

中国人民大学人文社会科学学术成果评价研究中心坚持"同行评议和数据分析相结合的复合评价"理念，积极开展学术评价理论研究与应用推广，定期发布年度复印报刊资料学术论文转载指数排名、重要转载来源期刊/机构/作者、年度中国十大学术热点等评价成果。基于学术评价标准的复印报刊资料二次文献转载，被学术界和期刊界视为人文社科领域中客观公正、影响广泛的学术评价标准之一。

2022 年 4 月 25 日，习近平总书记在视察中国人民大学时，查看了书报资料中心编辑出版的复印报刊资料，并指示"要加强学术资源库建设，更好发挥学术文献信息传播、搜集、整合、编辑、拓展、共享功能，打造中国特色、世界一流的学术资源信息平台，提升国家文化软实力"。当前，书报资料中心正落实习近平总书记重要指示，努力打造成为集期刊出版、数字出版、学术评价、智库服务等业务为一体的综合性、融媒体的现代专业学术出版机构和学术信息服务机构。

书报资料中心从 1994 年开始研发数字产品，实施了数字化转型战略，相继开发了复印报刊资料全文数据库、数字期刊数据库、专题研究数据库、中文报刊资料摘要数据库、中文报刊资料索引数据库和专题目录索引数据库六大系列数据库产品,共同组成中国人民大学复印报刊资料数据库体系。该系列数据库内容丰富,既有经过专家、学者遴选,浓缩而成的学术精品全文库,也有提供人文社会科学各学科全部研究信息的索引库,还有针对学术热点和读者需求研发的专题研究库等。"精选"与"全面"完美结合,形成了涵盖面广、分类精当、兼收并蓄的完备的社科信息数据库体系。

中国人民大学复印报刊资料数据库(以下简称"人大复印报刊资料数据库"),以复印报刊资料系列刊为基石,集萃了自改革开放以来国内报刊公开发表的人文社科学术研究成果之精华,是由专业编辑与学界专家依循严谨的学术标准,对海量学术信息进行精选整理、分类编辑,形成了优中选优的精品成果库。该库按照学科专业划分法律、经管、教育、历史、文学与艺术、文化信息传播、哲学、政治学与社会学和其他等九大系列。其内容自 1995 年至今,全面展示了各学科的丰富内涵与前沿动态。该库凭借其深厚的学术底蕴和广泛的应用价值,系国内人文社科领域权威数据库。2011 年,人大复印报刊资料数据库产品荣获第二届中国出版政府奖。2017年,"壹学者•学术生态系统"荣获第四届中国出版政府奖。自 2024 年 1 月 1 日起,人大复印报刊资料系列数据库及其相关产品由中国人民大学书报资料中心自主负责销售、运营与服务。

3.1.2　数据库资源介绍

人学复印报刊资料数据库系列主要包括六大数据库,全文数据库对海量学术信息去芜存菁、优中选优;数字期刊数据库以原刊原版方式呈现整刊内容;专题研究数据库根据特色选题,整理形成各类专题研究资料;中文报刊资料摘要数据库对人文社科文献中的要点进行摘编;中文报刊资料索引数据库有助于及时了解各专业的研究状况和热点问题;"复印报刊资料"专题目录索引数据库是查阅"复印报刊资料"全文文献资料的便捷工具。

1. 全文数据库

全文数据库囊括了人文社会科学领域中的各个学科,包括政治学与社会学类、哲学类、法律类、经济学与经济管理类、教育类、文学与艺术类、历史学类、文化信息传播类以及其他类。每个类别分别涵盖了相关专题的期刊文章。文献收录年限为 1995 年至今,部分专题已回溯到创刊年。

该数据库的特色主要为,以专家和学者的眼光,依循严谨的学术标准,在全面的基础上对海量学术信息进行精心整理、加工、分类、编辑,去芜存菁、优中选优,提供高质量的学术信息产品。数据信息量大,涵盖范围广,便于用户了解与自己的课题相关的研究状况,把握本领域的研究动态。

2. 数字期刊数据库

数字期刊数据库以整刊原刊原版的形式向读者呈现,同时展示刊物的年份与期数,便于查看具体刊物及相关内容。其具有直观、便捷的特点,读者可以查看期刊封面、期号等信息。文献收录年限为 1995 年至今。

该数据库的特色主要为,按刊物类别数字期刊库分为复印报刊资料系列和原发刊系列。同时提供按期刊学科、期刊首字母拼音、期刊分类号、期刊属性等不同形式的查询方式,以方便用户进行资源检索。

3. 专题研究数据库

专题研究数据库于 2008 年 10 月建成,是根据特色选题,通过分类整理、合理组合,从

"复印报刊资料"全文数据库中整理生成各类专题研究资料，从而形成的新的数据库产品。该库主要设有 29 种专题，其中包括中国立法、司法、政治、民族、社会等方面的问题研究，也包括中国特色社会主义研究、中国共产党研究、国学研究、儒学研究、汉学研究等，每个专题里面又下设若干子库。

该数据库的特色主要为，专题研究数据库选题遵循专题原则、实用性原则和需求原则，内容涵盖人文社会科学领域中的理论前沿和社会热点问题，体现了"特色"与"精选"的完美结合。

4. 中文报刊资料摘要数据库

中文报刊资料摘要数据库是人文社科文献要点摘编形式的数据库。该数据库收集了中心出版的 16 种专题文摘，内容均为经过高等院校和研究单位的专业人员提炼和浓缩的学术资料。数据库按学科分类，主要分为马克思主义文摘、哲学文摘、管理学文摘、社会学文摘、政治学文摘、法学文摘、经济学文摘、财会文摘、市场营销文摘、财政金融文摘、国际经济文摘、教育学文摘、文学研究文摘、历史学文摘等 14 类。文献收录年限为 1993 年至今。

该数据库的特色主要为，简明扼要地摘写文章的论点、论据和重要材料，记录科研成果，反映学术动态、积累有关数据。数据量大，涵盖范围广，便于用户了解与自己课题相关的研究状况，把握本领域的研究动态。数据库既能通过主题词等常见字段进行检索，满足社会科学领域入门者快速获取文献信息，同时又以丰富的字段逻辑组合满足专家级的准确检索需求。对于分号、作者、主题词、关键词、期刊等均具备无限链接功能。

5. 中文报刊资料索引数据库

中文报刊资料索引数据库为题录型数据库，汇集了自 1978 年至今的国内公开发行人文社科报刊上的全部题录。按专题和学科体系分为九大类，包括法律类、经济学与经济管理类、教育类、历史类、文学与艺术类、文化信息传播类、哲学类、政治学与社会学类和其他类。其收录的数百万条数据包含专题代号、类目、篇名、著者、原载报刊名称及刊期、"复印报刊资料"专题期刊名称及刊期等多项信息。

该数据库的特色主要为，其在报刊文献从无序到有序的转化以及促进报刊文献资源的开发与利用方面发挥着关键性的作用。"报刊资料索引"数据库可以让用户及时了解本专业的研究状况和热点问题。

6. "复印报刊资料"专题目录索引数据库

"复印报刊资料"专题目录索引数据库是题录型数据库，汇集了 1978 年至今"复印报刊资料"系列期刊的全部目录，按专题和学科体系分类编排而成。每条数据包含专题代号、类目、篇名、著者、原载报刊名称及刊期、选印在"复印报刊资料"上的刊期和页次等多项信息。该数据库为订购"复印报刊资料"系列刊物的用户提供了查阅全文文献资料的得力工具。

该数据库的特色主要为，只需单击几个按钮就能获取准确的信息，其功能大大超过传统人工索引，为科研工作提供详尽的资料，可以从中归纳出该专题的历史研究规律和趋势。

3.2　高级检索中国人民大学复印报刊资料数据库

在中国人民大学报刊资料中心首页，单击最上方一行中的"数字出版"按钮，即可进入中国人民大学复印报刊资料数据库主页。检索者若在校园内网环境下，可直接进行检索；若在校园网外，则需单击页面右上角的"用户中心"按钮，登录已有账号进行文献检索。目前人大复印报刊资料数据库系统主要提供简单检索、高级检索两种检索方式，检索者也可根据检索需要直接进入六大系列数据库进行文献检索，其中复印报刊资料全文数据库、数字期刊数据库和专题研究数据库较为常用。

3.2.1　简单检索

登录中国人民大学复印报刊资料数据库平台，即可见"简单检索"页面，也就是我们常说的一框式检索。在检索内容输入框左侧为检索字段选项，默认为"主题词"，检索者也可根据检索需求选择标题、作者、作者简介、原文出处、全文、关键词、副标题等；右侧为"高级检索"选项（如图 3.1）。

图 3.1　人大复印报刊资料数据库平台"简单检索"页面

下面以"人工智能"为检索内容，示范在简单检索模式下人大复印报刊资料数据库平台的检索结果和处理使用。在检索内容输入栏中输入"人工智能"，单击"检索"按钮后，进入"检索结果"页面。在默认"主题词"为"人工智能"，检索范围为"1995 年~2024 年"的情况下，在人大复印报刊资料数据库中共找到 1236 条文献（如图 3.2）。检索结果上方有两行显示栏，第一行对检索信息进行汇总，并显示检索结果文献条数目数；第二行为文献排序方式，系统默认按与检索词的相关度排序，检索者也可根据检索需求选择按时间、相关度、阅读量或下载量排序。

检索结果表格栏分别显示题名、作者、复印期刊、年份和下载选项。单击"题名"项，进入"论文详情"页面，该页面显示了作者姓名、作者简介、关键词、原文出处、复印期刊、内容提要、标题注释等各项信息，以及文献全文和原文参考文献，检索者还可在该页面中进行收藏文献、打印文献、下载 Word 格式或 PDF 格式文献等操作。单击"作者"项，系统自动在全文数据库中检索该作者被人大复印期刊出版的所有论文，并显示出版时间，提供下载服务。单击"复印期刊"项，进入数字期刊库该期刊的详情页，显示了期刊简介、基本信息以及历年期刊汇总。单击"下载"项，则自动下载 Word 格式文献。

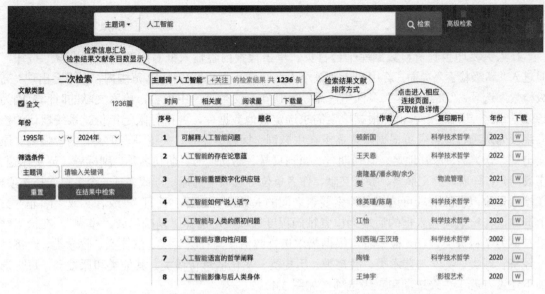

图 3.2　简单检索模式下以"数字孪生"为检索词的检索结果

检索结果左侧为"二次检索"栏，分为文献类型、年份和筛选条件三个板块。在"文献类型"一栏，检索者可勾选"全文""文摘"和"索引"中的任意一个或多个。在"年份"一栏，检索者可以选择 1995—2024 年中的任意年为起始年和结束年。在"筛选条件"一栏，检索者可在主题词、标题、作者、关键词、正文、摘要、原文出处、分类名称中增选一个检索字段，然后输入关键词，单击"结果中检索"按钮进行检索。

在以"人工智能"为关键词，文献出版时间为"1995 年～2024 年"的检索结果中，勾选"文献类型"为"全文"，"年份"为"2020 年～2024 年"，再增加一个主题词"数字孪生"，二次检索显示共有 3 篇文献符合检索要求（如图 3.3）。二次检索结果显示后，其他操作与简单检索情境下相似。

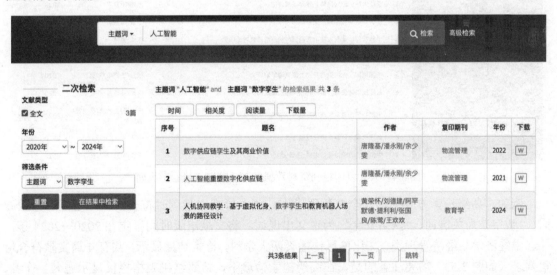

图 3.3　二次检索模式下的检索结果显示页面

3.2.2　高级检索

在人大复印报刊资料数据库平台首页，单击检索内容输入框右侧的"高级检索"按钮，即进入"高级检索"页面。若用户未登录个人账户或不在校园内网 IP 范围内，将不会出现"高级检索"选项。"高级检索"页面中，系统默认在全文数据库中检索，检索文献的时间范围为1995—2024 年，检索者也可根据检索需求选定其他数据库，并自行限定年份。系统默认的检索字段为两项，检索者可根据检索需求在主题词、标题、作者、关键词、正文、内容摘要、原文出处、分类名、原刊地名、原刊期号、原刊页号、期刊代号、期刊名称、副标题、英文标题、作者简介、译者、英文摘要、参考文献、作者单位等选项中选择一项或多项，至多可选择 7 项。在检索词输入框的前端可选择各检索要素之间的关系，可选择"并且""或者"或"除非"三个选项，在检索词输入框的后端为检索精确程度选项，可选择"精确"或"模糊"。在检索结果左侧为学科分类选项，检索者可根据需求选择政治学与社会学类、法律类、哲学类、经济学与经济管理类、文学与艺术类、教育类、历史类、文化信息传播类、其他类和原发刊，每一选项下还设有若干二级选项和三级选项（如图 3.4）。

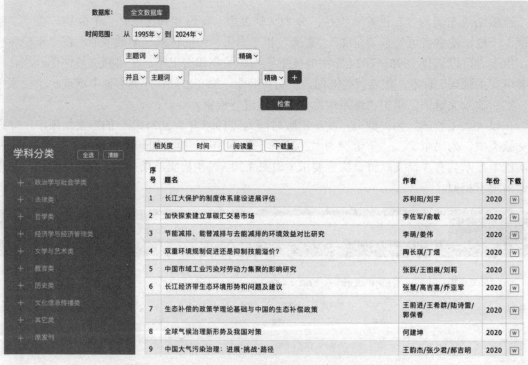

图 3.4　人大复印报刊资料数据库平台"高级检索"页面

例如，高级检索方式下，在全文数据库中，要求检索文献同时符合"人工智能"为主题词、"数字"为关键词、"网络安全"为正文出现词，将文献出版时间框定在 2020—2024 年，并选中经济学与经济管理类、文化信息传播类两大学科，检索结果显示，共有 4 篇文献符合检索要求（如图 3.5）。需要注意的是，在高级检索情境下，检索结果表格栏仅显示题名、作者、年份和下载选项，且只有"题名"和"下载"选项可单击。

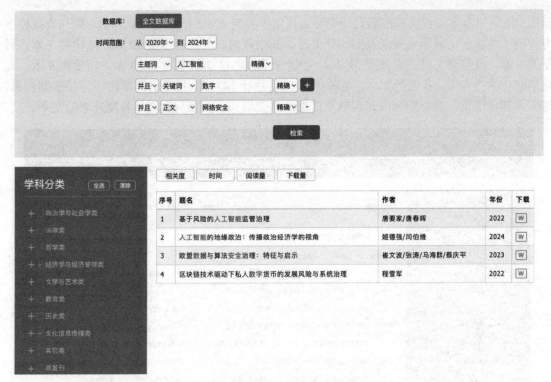

图 3.5　高级检索模式下的检索结果显示页面

3.2.3　全文数据库检索

在人大复印报刊资料数据库平台首页，单击检索内容输入框下方的"全文数据库"选项，即进入"全文数据库检索"页面。使用全文数据库检索，第一步需先选定文献发表时间，可在 1995—2024 年选择任意年限，系统默认为"1995 年～2024 年"。第二步输入检索信息，选择主题词、标题、作者、关键词、正文、摘要、原文出处、分类名称中的任意一项，系统默认为"主题词"，然后填入检索词。检索者也可根据需求在右侧学科分类栏中勾选政治学与社会学类、法律类、哲学类、经济学与经济管理类、文学与艺术类、教育类、历史类、文化信息传播类、其他类、原发刊及其下设的二级选项和三级选项中的一项或多项，限定文献学科范围。

例如，在全文数据库中，检索发表时间为"2020 年～2024 年"，设定检索信息以"数字孪生"为主题词，选择学科分类为文化信息传播类，共有 8 篇文献满足上述要求（如图 3.6）。同时，检索者也可在检索结果表格栏中单击"题名"项，进入论文详情页查看文献信息和全文；可单击"作者"项，查看该作者被人大复印报刊收录的全部论文；单击"下载"项，下载 Word 格式或 PDF 格式文献。

3.2.4　数字期刊数据库检索

在人大复印报刊资料数据库平台首页，单击检索内容输入框下方的"数字期刊库"选项，即进入"数字期刊数据库检索"页面（如图 3.7）。"数字期刊数据库"页面为检索者提供了四种期刊查找方式，即按期刊学科查找、按期刊首字母查找、按期刊分类号查找和期刊名称。其中按期刊学科查找栏罗列了八大学科类别及其他类和原发刊,检索者可单击相应学科缩小选择范围；按期刊首字母查找和按期刊分类号查找均罗列出 A～Z 的字母可供筛选。期刊查找栏下方罗列了各学科所属期刊目录及期刊分类号，其中政治学与社会学类 29 本，法律类 7 本，哲学类 9 本，经济学与经济管理类 31 本，文学与艺术类 11 本，教育类 29 本，历史类 9 本，文化信息传播类 6 本，其他类 2 本，原发刊 10 本，总计 143 本。检索者可单击下方任意期刊名，进入期刊详情页，查看期刊简介和基本信息，并查询和下载该刊物历年各期发表的文章。

图 3.6　全文数据库检索模式下的"检索结果显示"页面

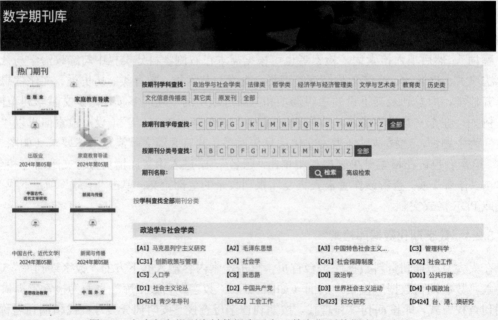

图 3.7　人大复印报刊资料数据库平台"数字期刊数据库"页面

3.2.5　专题研究数据库检索

在人大复印报刊资料数据库平台首页，单击检索内容输入框下方的"专题研究库"按钮，即进入"专题研究库"页面（如图 3.8）。该研究库最上方设置了"推荐主题词""最近更新主题词"和"热门主题"三大板块，检索者单击可直接进入所显示的相应数据库主页。下方罗列了专题研究库已建立的 29 个数据库，包括中国特色社会主义理论数据库、中国共产党数据库、精神文明建设数据库、中国政治问题研究数据库、体制改革数据库等，单击其中任意一个数据库即进入相应数据库页面。以中国特色社会主义理论数据库为例，主页中显示了在当前专题中检索的检索结果文献列表，同时列举了中国特色社会主义、中国特色社会主义理论体系、社会主义思想路线、社会主义发展道路、社会主义发展战略、社会主义市场经济等数 10 个专题主题词，单击其中任意一项则会显示根据当前主题词检索的结果。

图 3.8　人大复印报刊资料数据库平台"专题研究数据库"主页

第4章 中国专利数据库

4.1 认识中国专利数据库

4.1.1 数据库基本概况

国家知识产权局知识产权检索咨询中心（以下简称"检索咨询中心"）是国家知识产权局直属事业单位，是提供专利检索评价、商标辅助审查审理及知识产权咨询服务的专业机构，是国家知识产权局和世界知识产权组织认定的技术与创新支持中心，是海外知识产权纠纷应对指导理事会常务理事单位。检索咨询中心主要承担商标、专利等知识产权文献检索、评价及咨询服务，承担辅助审查审理等工作，同时拥有国内较早提供专利信息服务的网站——中国专利信息网。

检索咨询中心的前身是成立于1993年1月的中国专利局检索咨询服务中心，伴随着专利事业、知识产权事业的发展变化，经过30余年的发展，业务范围不断扩展、人员队伍不断扩大、服务能力不断提升，管理体制机制更加完善，服务项目更加丰富，先后更名为中国专利局专利检索咨询中心、国家知识产权局专利检索咨询中心、国家知识产权局知识产权检索咨询中心。

检索咨询中心的主要职责包括承担知识产权文献检索服务，承担知识产权评价评估和分析咨询服务，承担专利权评价报告业务，承担知识产权公共咨询服务，承担知识产权文献翻译服务和数据加工业务，承担商标申请的受理、形式审查等相关辅助工作，承担商标注册、异议、变更、转让、续展、撤销等业务的辅助审查工作，承担商标驳回复审、不予注册复审、依申请无效宣告、无效宣告复审和撤销复审申请等业务的辅助审理工作，承担商标文书制作发放、案卷档案管理、数据信息维护等相关辅助工作，以及完成国家知识产权局交办的其他事项。同时，检索咨询中心立足专利检索评价、商标辅助审查审理、知识产权咨询服务三大主要业务板块，秉持"专致精业道、稳聚行高远"的发展理念，以专业专注、满足需求为己任，确立"建设一流知识产权检索咨询服务机构"的发展目标。

（1）专利检索评价业务板块。专利检索评价业务板块涵盖技术背景调查、专利布局优化、专利质量评价、专利风险预警、产业规划导航、竞争态势分析以及专利权评价报告等。业务类型包括基础检索服务、高级检索服务。基础检索服务提供查新检索报告、授权专利检索报告、专题检索报告、香港短期专利检索报告等。高级检索服务提供专利申请评估报告、专利稳定性分析报告、专利侵权咨询报告、专利侵权风险调查报告、专利侵权与抗辩分析报告、技术秘密咨询报告、标准必要专利必要性检索分析报告等。同时，受国家知识产权局委托，该板块承担实用新型专利权评价报告和外观设计专利权评价报告业务。板块拥有130余人专业化专利检索审查队伍，以雄厚的人才实力、丰富的数据资源、规范的管理流程和强大的业务质量保障体系为依托，在支撑创新链、服务产业链、优化价值链方面发挥着积极作用，助力科技创新和经济社会发展。

（2）商标辅助审查审理业务板块。商标辅助审查审理业务板块覆盖商标申请受理、商标注册辅助审查、商标评审案件辅助审理、商标发文和档案辅助管理等多项商标业务工作内容。该板块具体承担商标申请的受理、形式审查等相关辅助工作；商标注册、异议、变更、转让、续展、撤销等业务的辅助审查工作；商标驳回复审、不予注册复审、依申请无效宣告、无效宣告复审和撤销复审申请等业务的辅助审理工作；商标文书制作发放、案卷档案管理、数据信息维护等相关辅助工作。

（3）知识产权咨询服务板块。自 2007 年 4 月 26 日起，检索咨询中心负责国家知识产权局客户服务中心运行管理工作。以当面咨询、电话咨询、信函咨询和网站咨询等多种方式无偿为广大知识产权申请主体、社会公众提供有关知识产权法律、法规及政策咨询，各类知识产权事务办理咨询及公开、公告后的各种状态查询等公共咨询服务。

检索咨询中心拥有实力雄厚的专家和专业队伍，提供知识产权文献翻译以及数据加工服务。作为中立机构，其还为专利纠纷当事人提供与所涉及诉讼案件相关的外文文献翻译服务。此外，检索咨询中心负责对我国非专利最低文献量的科技文献进行深度加工，建立中国非专利文献数据库，以及提供包括专利、商标在内的知识产权数据加工服务。

4.1.2　数据库资源介绍

国家知识产权局知识产权检索咨询中心数据库主要提供常规检索和高级检索两大类检索服务，国家知识产权局知识产权检索咨询中心在线检索服务流程如图 4.1 所示。

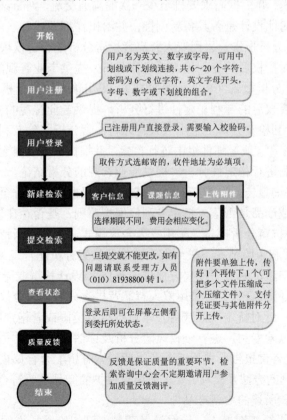

图 4.1　国家知识产权局知识产权检索咨询中心在线检索服务流程图

1. 常规检索

常规检索服务包含 4 项，具体内容如下。

（1）查新检索报告。针对申请文本检索专利及非专利文献，对其专利性进行分析及评价。

（2）授权专利检索报告。对已授权的专利进行检索，分析评价其专利性，为该专利的实施、许可、转让和抵押等提供参考依据，以及专利无效、诉讼等提供证据。

（3）专题检索。针对特定申请人或特定技术进行指定国家/地区范围的专利检索，并提供一定数量的相关专利文献给客户，使客户根据相关专利状况，可以为洞悉竞争对手、调整研发方向提供参考。

（4）香港短期专利检索。对香港短期专利的申请文件进行检索，评价其新颖性和创造性，作为申请香港短期专利的必要法律文件。

2. 高级检索

高级检索服务包含 15 项，具体内容如下。

（1）专利申请评估报告。通过检索分析，针对技术交底书评估技术方案是否具备申请价值，并提供申请方向建议；或针对已撰写好的专利申请文件，评价申请文本质量，提供申请建议，并进行创新性评价，评估是否具备授权前景；或通过检索分析，对已经公开的专利申请提供第三方公众意见。评估阶段根据需求安排至少一次的沟通交流。

（2）对比文件分析咨询报告。针对技术交底书或专利材料以及委托方提供的对比文件或对比设计进行比对分析，并根据需求安排至少一次的沟通交流，判断该专利申请或授权专利相对于给定对比文件或对比设计是否具备新创性，并给出详细评述。

（3）专利稳定性分析报告。采用双人背靠背检索分析配合合议模式，并根据需求安排至少一次的沟通交流，对授权后的专利稳定性进行分析，提供专业客观的分析结论。

（4）专利稳定性分析报告（单人服务模式）。采用单人检索分析，并根据需求安排至少一次的沟通交流，对授权后的专利稳定性进行分析，提供专业客观的分析结论。

（5）标准必要专利检索分析。采用双人背靠背检索分析，除专利文献检索之外，注重在必要的标准库、提案库和（或）邮件组中进行检索，并根据需求安排至少一次的沟通交流，对授权后的标准必要专利进行稳定性分析，提供专业客观的分析结论。

（6）专利侵权咨询报告。采用三人合议模式，并根据需求安排至少一次的沟通交流，客观比对分析特定技术或产品是否落入特定专利权保护范围，是否存在侵权风险。

（7）专利侵权与抗辩分析报告。采用三人合议模式，客观判断特定技术或产品是否侵犯他人专利权；在存在侵权风险情况下采用双人背靠背检索分析配合三人合议方式，并根据需求安排至少一次的沟通交流，为潜在侵权方提供现有技术/设计抗辩或无效抗辩咨询意见。

（8）专利侵权风险调查报告。采用双人背靠背检索分析配合合议模式，并根据需求安排至少一次的沟通交流，针对特定产品或者技术进行世界范围或者指定国家/地区范围的专利检索，排查是否存在高风险专利，进行侵权风险分析及评估。

（9）新产品判定咨询报告。采用双人背靠背检索分析配合合议模式，并根据需求安排至少一次的沟通交流，判断方法、权利、要求所要求保护的产品是否符合《中华人民共和国专利法》第六十六条第一款所述的"新产品"。

（10）药品专利纠纷咨询报告。针对涉及药品专利纠纷委托方的请求，采用三人合议模式客观分析判断申请上市许可药品的相关技术方案是否落入相关专利权保护范围，评估侵权风险；和（或）采用双人背靠背检索分析配合合议模式，判断相关药品专利权是否应当被宣告无效，为司法途径和行政途径提供相应证据。根据需求安排至少一次的沟通交流。

（11）中国上市药品专利信息查询报告。针对《中国上市药品专利信息登记平台》中登记的药品"专利信息公示"进行核对，出具信息是否准确的查询报告，为创新主体提供专业的、可信赖的技术支撑。

（12）专利开放许可检索分析报告。针对《专利开放许可试点工作方案》，依照专利权评价报告的判断标准，对实用新型或外观设计专利权进行评价。

（13）技术秘密咨询报告。针对委托方提供的技术秘密信息及检索时间点的要求，在国内外专利文献库、互联网、非专利文献库进行相关技术文献检索，判断技术信息是否被公开或披露。

（14）科技项目查新报告。针对科技项目技术要点或方案进行国内或国内外文献检索，对科技项目的新颖性进行评估。

（15）科技项目咨询报告。针对科技项目技术要点或方案进行国内外文献检索，提供多篇相关文献，每一个技术要点或方案择其中一篇或多篇文献进行对比分析，对科技项目创新情况给出咨询意见。

除检索服务外，检索咨询中心还提供翻译服务、咨询服务和数据加工服务。翻译服务包括英、德、法、俄、日、韩、西班牙、意大利等多语种译中文服务，以及中文译英、日等语种翻译服务。翻译的种类可以是专利申请文件，包括来华外文专利申请的外译中和中国对外专利申请的中译外；科技文献，包括专利文献、技术手册、产品说明以及非专利技术文献的翻译（例如：外文期刊、报纸、论文、会议纪要、课题、科技索引等）；法律文件，包括法律、法规、公证文件、判决文书、专利诉讼证据等。

咨询业务主要提供专利和非专利等科技情报信息分析、专利侵权预警与应急救助、知识产权法律咨询、知识产权管理和战略咨询等服务。通过对科技情报信息的综合分析，帮助企业合理部署研发力量，形成自主知识产权；为企业掌握技术热点、洞察科学技术的发展趋势、发现新兴技术领域、找出技术空白点、进行专利预警、实施专利运营、寻找合作伙伴、制定保护和发展战略等提供有价值的依据。

数据加工处目前主要承担国家知识产权局非专利文献数据加工项目，并已嵌入国家知识产权局专利审查检索系统，为相关领域专利审查工作提供重要数据资源。数据加工处业务范围覆盖医药领域非专利文献数据深加工及质量控制，数据深加工标引规则的制定；研究制订了医药领域专利文献数据深加工规则、标引指南和数据质量检测规则；研究制订了医药领域、化学领域、生物领域、农林领域、冶金材料领域、机械领域、电学领域和通信技术领域非专利文献深加工规则、标引指南和数据质量检测规则；开发了数据加工流程管理系统、办公自动化系统、专项数据库和检索系统等。

4.2　高级检索中国专利数据库

当前，国家知识产权局知识产权检索咨询中心开设的中国专利信息网在线检索服务处于暂缓开通状态，可通过国家知识产权局网站进行专利检索。检索者需进入国家知识产权局网站首页，下滑至"政务服务"专栏，下设"专利""商标""地理标志""集成电路布图设计"4个栏目，单击"专利"按钮即可进入国家知识产权局政务服务平台国家知识产权公共服务网。在国家知识产权公共服务网下滑至"信息服务"专栏，单击"专利检索及分析系统"按钮后，页面将跳转至专利和集成电路布图设计业务办理统一身份认证平台，通过事先注册的自然人、法人或代理机构账号登录，便进入"国家知识产权局专利检索及分析系统"页面。

目前，该系统共收录了 105 个国家、地区和组织的专利数据，同时还收录了引文、同族、法律状态等数据信息，其中专利数据每周更新，引文数据每月更新。系统主要提供专利检索、专利分析和热门工具使用三大类服务（如图 4.2），其中专利检索包括常规检索、高级检索、命令行检索、药物检索、导航检索、专题库检索等六种检索模式。

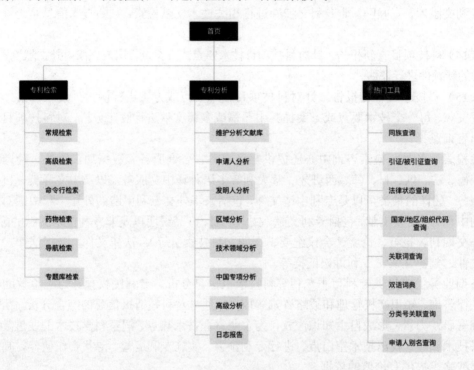

图 4.2　国家知识产权局专利检索及分析系统功能导航图

1. 常规检索

常规检索主要提供了一种方便、快捷的检索模式，帮助检索者快速定位检索对象（如专利文献、专利申请人等）。如果检索者的检索目的十分明确，或者初次使用专利检索功能，可以以常规检索作为检索入口进行检索。

进入"专利检索及分析"页面后，系统默认显示"常规检索"页面。为便于检索操作，在"常规检索"中提供了基础的、智能的检索入口，检索式编辑区上方有 7 个检索字段可供检索者选择，包括自动识别、检索要素、申请号、公开号、申请人、发明人以及发明名称。选中任意一类检索方式，检索式编辑区下方均会对该种检索模式作简要的操作介绍，系统默认为"自动识别"检索模式（如图 4.3）。检索者同时可以在检索式编辑区左侧的"数据范围"栏中选择专利类别，包括"发明""实用新型"和"外观专利"三类，以及选择专利所属国家或地区。需要注意的是，常规检索模式下，检索式编辑区最多可输入 20 个检索词，较为复杂的检索条件需在高级检索中实现。

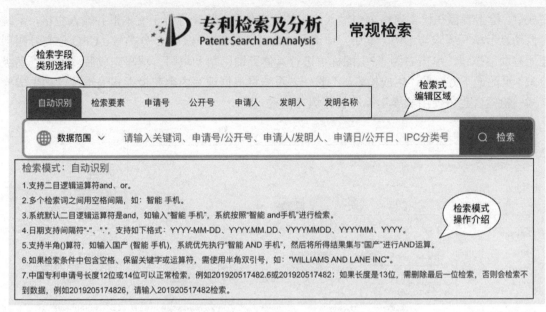

图 4.3 专利检索及分析系统"常规检索"页面

在常规检索模式的默认选项下,以"数字孪生"为检索词,共产生 9988 条数据(如图 4.4)。检索结果表格上方为条件筛选栏,检索者可根据需求选择专利类型(包括发明、实用新型和外观设计)和有效专利(包括有效和无效),也可限定申请日、公开日和授权日的起止时间,从而进行二次检索。检索结果表格左侧边栏为检索结果统计列表,其根据申请人、发明人、代理机构、代理人、申请年、公开年、最早优先权年、申请人国家地区、优先权国家地区、法律状态、IPC 分类号、CPC 分类号等要素进行分类,检索者可根据已掌握的信息或检索需求进行选择,以缩小检索范围。系统为检索者提供了图文模式、列表模式、多图模式三种检索结果预览方式,还提供了专利申请日升序/降序、专利公开日升序/降序四种排序模式,默认为图文模式且按专利申请日降序排列。检索结果表格中,显示了公开号、申请号、申请日、发明名称、申请人等信息,检索者可单击其中任意一项了解详情,每一项专利中还显示有摘要、主权利要求、著录项目、IPC 分类、CPC 分类、法律状态、同族、引证、被引证等信息,单击即可了解。此外,在"检索结果"页面对检索词均作了标黄处理,以便检索者查找对照,同时提供专利详览、收藏、下载、分析、跟踪、打印等功能。

2. 高级检索

高级检索主要根据收录数据范围提供了丰富的检索入口以及智能辅助的检索功能。检索者可根据自身的检索需求,在相应的检索表格项中输入相关的检索要素,并确定这些检索项目之间的逻辑运算,进而拼成检索式进行检索。如果检索者希望获取更加全面的专利信息,或者对技术关键词掌握得不够全面,可以利用系统提供的"智能扩展"功能辅助扩展检索要素信息。

进入"专利检索及分析"页面后,单击左上方"检索"按钮,选择"高级检索"按钮,即可进入"高级检索"页面(如图 4.5),该页面由检索范围、检索项和检索式编辑区三部分组成。检索范围部分,检索者可单击选中专利类别里"发明""实用新型"和"外观专利"中的一项或多项,然后选择专利所属国家、地区或组织。检索项部分为了保证检索的全面性,系统根据专利数据范围的不同提供了 40 多种检索表格项,检索者可根据检索需求自行配置。配置完成后，检索者需在检索表格项中输入相应的检索信息，将光标置于文本框并输入空格，系统会自动显示填写要求与示例。其中，申请号、公开（公告）号、IPC 分类号、CPC 分类号四项还配有助手按钮，单击右侧"?"图标可进行具体查询，帮助填写。填写完成后，单击"高级检索"页面最下方左侧"生成检索式"按钮，系统将根据填写内容在检索式编辑区自动生成检索式，检索者也可使用检索运算符自行填写检索式。

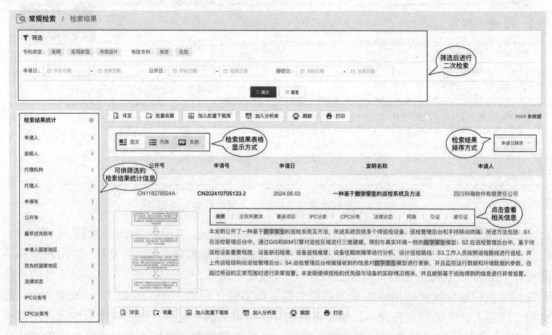

图 4.4　常规检索模式下以"数字孪生"为检索词的检索结果

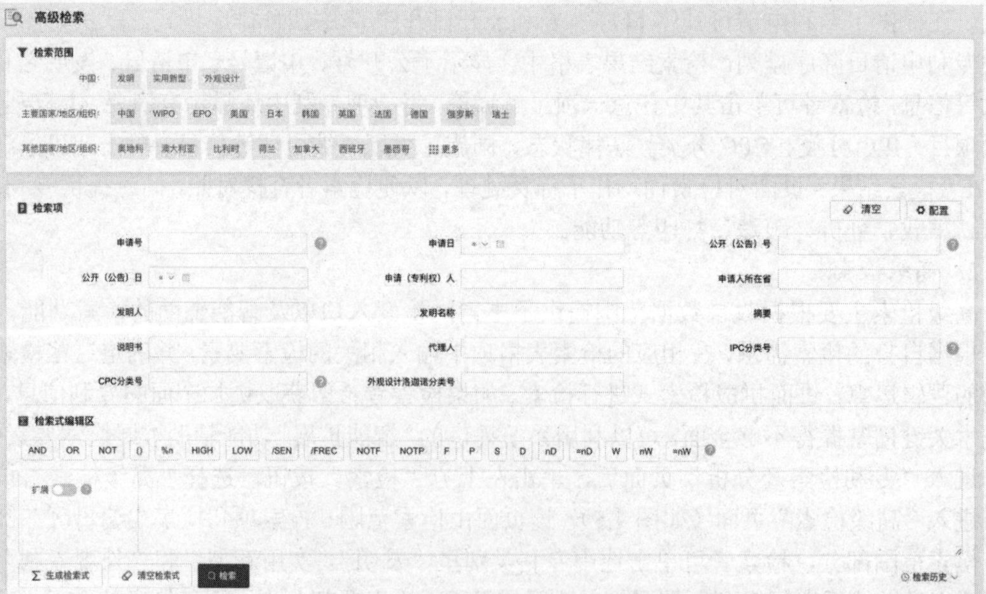

图 4.5　专利检索及分析系统"高级检索"页面

3. 命令行检索

命令行检索提供专业化的检索模式，该检索模式支持以命令的方式进行检索、浏览等操作功能。在检索条件较为复杂时，表格项检索不方便输入和显示多个并列的检索条件，命令行检索则更为清晰直观。

命令行检索页面主要包含两部分功能，即命令行检索和批处理管理，其中命令行检索较为常用。命令行检索提供专业化的检索模式，支持以命令的方式进行检索、浏览等操作功能。进入"专利检索及分析"页面后，单击左上方"检索"按钮，选择"命令行检索"项，即可进入"命令行检索"页面（如图4.6）。命令行检索功能下，检索者可单击命令编辑区右侧的"展开检索字段"按钮，运用右侧栏检索字段，即运用命令编辑区上方的算符和操作命令编写检索式，进行专利检索。

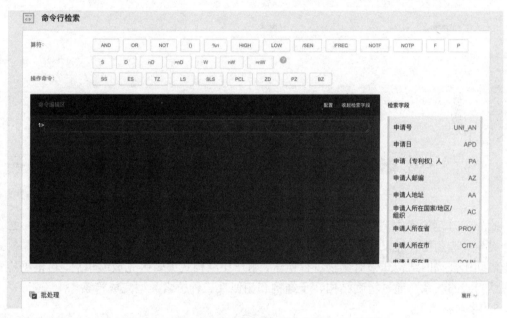

图 4.6 专利检索及分析系统"命令行检索"页面

4. 药物检索

药物检索是基于药物专题库的检索功能，为从事医药化学领域研究的用户提供检索服务。药物检索总体分为高级检索、方剂检索和结构式检索三种模式，其中高级检索模式最为常用。进入"专利检索及分析"页面后，单击左上方"检索"按钮，选择"药物检索"项，即可进入"药物检索"页面，系统默认显示"高级检索"页面（如图4.7）。

在各栏检索项对应的输入框中输入检索词后，单击页面左下方"生成检索式"按钮，或在检索式编辑区编辑检索式后，单击"检索"按钮，即可执行检索操作并显示检索结果。检索式编辑区右侧还附有中药词典和西药词典，单击"中药词典"或"西药词典"按钮，系统即弹出相应词典窗口。检索者勾选查询条件，在输入框中输入查询内容或单击选择常用药材（西药数据库没有），然后单击"查询"按钮，查询结果即以列表形式显示于左侧查询结果区域。检索者勾选所需的查询结果，再单击查询内容栏右侧的"生成检索式"按钮，药品便会以检索式的形式显示于检索式编辑区。针对医学药物专利特性，药物高级检索除通用的检索字段外，还增加了适用于该领域的检索字段，如分析方法、新治疗用途、治疗作用、CN 登记号、CAS 登记号、方剂组成等，系统提供了西药词典和中药词典供用户查询、参考。

图 4.7　专利检索及分析系统"药物检索"页面

此外，方剂检索主要针对中药领域专利的检索，可以通过中药方剂中药物数量、必含药物种类和可选药物种类来进行检索，系统提供了常用药材的列表供用户查询、参考。结构式检索是借助化合物的结构式来对药物进行检索，用户在结构式编辑区完成编辑后，可根据检索目标与结构式的关系，通过精确结构、子结构和相似性三种检索类型完成检索。

5. 导航检索

导航检索是根据一定的分类规则逐级细化目标来进行检索，系统按照国际专利分类（IPC）、联合专利分类（CPC）和国民经济分类三种方式提供导航检索，帮助检索者快速缩小检索范围，浏览目标领域专利文献。进入"专利检索及分析"页面后，单击左上方"检索"按钮，选择"导航检索"项，即可进入"导航检索"页面，系统默认显示"IPC 导航"检索页面（如图 4.8）。

确定好导航类目后，检索者需在检索词输入框前选择检索方式，三种导航检索模式均有"输入分类号查含义"和"输入关键词查分类号"两种检索方式。检索词输入框下方则显示了各类导航的分类情况。

（1）IPC 导航分为 8 个类别：A. 人类生活必需；B. 作业、运输；C. 化学、冶金；D. 纺织、造纸；E. 固定建筑物；F. 机械工程、照明、加热、武器、爆破；G. 物理；H. 电学。

（2）CPC 导航分为 9 个类别：A. 人类生活必需；B. 作业、运输；C. 化学、冶金；D. 纺织、造纸；E. 固定结构；F. 机械工程、照明、加热、武器、爆破；G. 物理；H. 电学；Y. 新技术发展的通用标签。

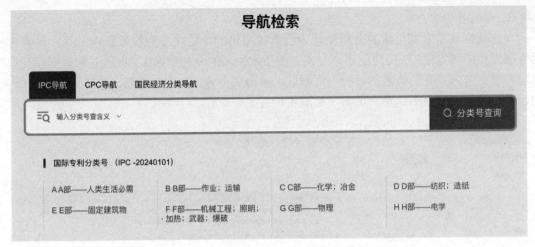

图 4.8　专利检索及分析系统"导航检索"页面

（3）国民经济分类导航分为 20 个类别：A. 农、林、牧、渔业；B. 采矿业；C. 制造业；D. 电力、热力、燃气及水生产和供应业；E. 建筑业；F. 批发和零售业；G. 交通运输、仓储和邮政业；H. 住宿和餐饮业；I. 信息传输、软件和信息技术服务业；J. 金融业；K. 房地产业；L. 租赁和商务服务业；M. 科学研究和技术服务业；N. 水利、环境和公共设施管理业；O. 居民服务、修理和其他服务业；P. 教育；Q. 卫生和社会工作；R. 文化、体育和娱乐业；S. 公共管理、社会保障和社会组织；T. 国际组织。

例如，在 IPC 导航模式下，使用"输入关键词查分类号"的方式，以"人工智能"为关键词进行检索，共显示出 4 条分类号（如图 4.9）。每条分类号后方均又显示了解释说明和设立时间，如 G06F30/27 为"使用机器学习，例如人工智能，神经网络，支持向量机[SVM]或训练模型[2020.01]"，下拉分类号菜单则可显示该条分类号的中文、英文和德文解释。在分类号条目最末端为"中文专利"和"世界专利"按钮，单击则可查询该分类号中所有的中文专利和世界专利详细信息。

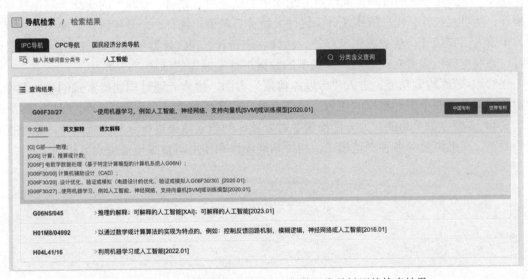

图 4.9　在 IPC 导航模式下以"人工智能"为关键词的检索结果

6. 专题库检索

专题数据库是专利检索及分析系统为检索者提供的个性化专利检索管理工具，检索者使用专题库功能可方便、快捷地创建产业或专属技术领域的专利数据库，推进专利数据库开放和信息共享。进入"专利检索及分析"页面后，单击左上方"检索"按钮，选择"专题库检索"项，即可进入"专题库检索"页面（如图 4.10）。

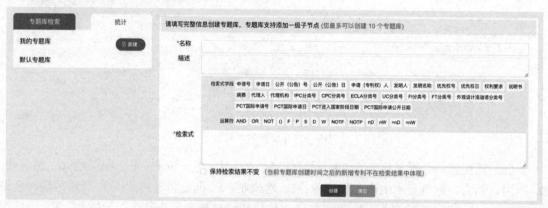

图 4.10   专利检索及分析系统"专题库检索"页面

"专题库检索"页面主要包括专题库编辑、专题库统计、专题库检索和专题库浏览四项功能。

（1）专题库编辑功能。进入"专题库检索"页面，在"我的专题库"中单击"新建"按钮，可以通过构建检索式创建专题库。系统提供专题库的创建、编辑、删除功能。检索者在创建专题库时，专题库名称不能重复，每个检索者最多可创建 10 个专题库，支持构建多层级的专题库，每个专题库最多支持 5 个层级，检索者可以设定自建库多层级间的检索式是否关联，还可以设置专题库是否对新增专利进行自动更新。

（2）专题库统计功能。为便于检索者从整体了解专题库中的文献构成，系统提供专题库统计功能，检索者可以通过固定维度对专题库中的信息进行统计。专题库的统计类别包括申请人统计、发明人统计、代理机构统计、代理人统计、申请年统计、公开年统计、最早优先权统计、申请人国家统计、优先权国家统计、法律状态统计、IPC 分类号统计、CPC 分类号统计。同时，系统支持检索者对某一项统计类型的数据进行专题库的筛选、过滤。

（3）专题库检索功能。进入"专题库检索"页面，检索者通过构建检索式创建专题库。检索者可根据需要单击专题库的任意层级节点进行专题库检索，以便浏览专利文献检索结果。

（4）专题库浏览功能。为方便检索者对专题库的检索结果进行专利文献浏览，系统提供概要浏览、详细浏览等多种浏览模式，相关功能操作和使用与常规检索模式下相同。

第 5 章　百度学术数据库

5.1　认识百度学术数据库

5.1.1　数据库基本概况

百度学术于 2014 年 6 月上线，是百度旗下的免费学术资源搜索平台，致力于将资源检索技术和大数据挖掘分析应用贡献于学术研究，优化学术资源生态，引导学术价值创新，为海内外科研工作者提供全面的学术资源检索和优质的科研服务体验。

百度学术收录了包括知网、维普、万方、Elsevier、Springer、Wiley、NCBI 等的 120 多万个国内外学术站点，索引了超过 12 亿学术资源页面，建设了包括学术期刊、会议论文、学位论文、专利、图书等类型在内的 6.8 亿多篇学术文献，成为全球文献覆盖量最大的学术平台之一。在此基础上，构建了包含 400 多万个中国学者主页的学者库和包含 1.9 多万种中外文期刊主页的期刊库。强大的技术和数据优势，为学术搜索服务打下了坚实的基础，目前百度学术每年为数千万用户提供近 30 亿次服务。

百度学术下设学术主页、学术搜索、学术服务三大板块（如图 5.1）。其中，学术主页提供站内功能及常用数据库导航入口，推送"高被引论文""学术视界"等学术资讯，开放用户中心页面。学术搜索板块支持用户进行文献、期刊、学者三类内容的检索，并支持高校和科研机构图书馆定制版学术搜索。学术服务板块支持用户"订阅"感兴趣的关键词、"收藏"有价值的文献、进行毕业论文"查重"、对所研究的方向做"开题分析"、通过"单篇购买"或者"文献互助"的方式获取所需文献，在首页可设置常用数据库，方便用户直接访问。

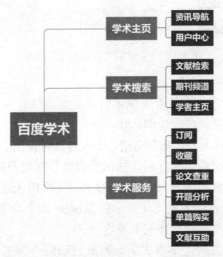

图 5.1　百度学术平台设置的三大板块及服务内容

5.1.2 数据库资源介绍

数据库资源方面，百度学术平台设有期刊频道和学者主页两大板块，分别根据刊物和作者提供了大量文献资源。

1. 期刊频道

期刊作为学术研究成果的一个重要载体，是科研人员日常关注较多的模块。百度学术为适应用户对于期刊检索、影响因子获取、发文周期等信息的了解需要，设置了期刊频道（如图 5.2）。期刊库包含百度学术目前收录的所有 17443 本期刊。从所属学科看，百度学术将中文期刊分为哲学、教育学、经济学、法学、军事学、文学、艺术学、历史学、信息工程、理学、工业工程、医学、管理学、农学 14 个门类；从期刊来源看，包含 SCI 索引期刊 1 本、北大核心期刊 1617 本、EI 索引期刊 3 本、中国科技核心期刊 1975 本、CSSCI 索引期刊 429 本、CSCD 索引期刊 597 本。每本的期刊主页均显示有期刊封面、期刊基本信息、期刊论文浏览、同类期刊推荐等内容。

图 5.2　百度学术"期刊频道"页面

2. 学者主页

学者是学术文献的生产者，也是百度学术的使用者。学者主页一方面帮助用户通过追踪其他学者的研究进展来了解最新研究动向；另一方面学者本身也可以通过更新个人主页，管理自己的研究成果，方便在职称晋升、基金申请、个人宣传时使用。学者主页设有学者查询和每日学者推荐板块，并列举了影响力排行榜、热门学者排行榜以及新入驻学者信息（如图 5.3）。当前，百度学术学者平台已囊括了来自 12 万个学术科研机构 350 多万位学者，及其发表的近 5400 万篇学术论文。每个学者个人主页均显示有 Scholar ID、学者基本信息、学术成果列表、学术成果数据可视化分析以及学者合作关系等内容。

此外，注册个人学术主页后，学者主页还附有自动聚合学术成果、实时获取文章被引、提升学术影响力等功能。其中自动聚合学术成果功能可利用百度学术全网文章数据库自动帮学者聚合学术成果,生成和自动更新自己的学者主页;实时获取文章被引功能可实时监控全网文章更新,当学者文章被引用时,学者主页会发送通知,及时告知学者;提升学术影响力功能是学者在百度学术持续维护自己的学者主页,将其打造成自己的学术名片,通过分享主页增加自己在学术界的影响力。

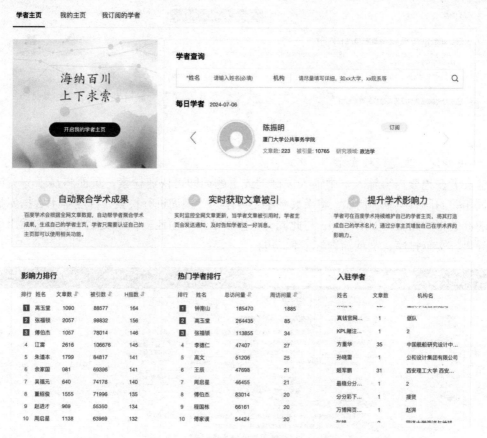

图 5.3 百度学术"学者主页"页面

5.2 高级检索百度学术数据库

当前,百度文库在学术资源检索方面主要提供文献基本检索、文献高级检索、期刊检索、学者检索四种检索方式,此外,还提供文献下载、文献引用、文献筛选排序和文献检索结果展示等服务。

5.2.1 文献基本检索

百度学术首页即为"文献基本检索"页面(如图 5.4),检索者在检索内容输入框中输入检索词,即可进行基本检索。基本检索模式下,检索词可为关键词、主题词、文献标题、文献DOI 代码、参考文献格式等。

图 5.4　百度学术首页

1. 关键词、主题词检索

检索者在检索内容输入框中输入关键词或主题词即可快速检索，页面将显示与关键词或主题词相关的所有文献。例如，将"数字孪生"作为关键词进行检索，百度学术数据库显示共有 63800 条相关结果（如图 5.5）。与此同时，检索结果页面还提供了文献下载、文献引用格式复制导出、文献排序、文献筛选等多种功能。

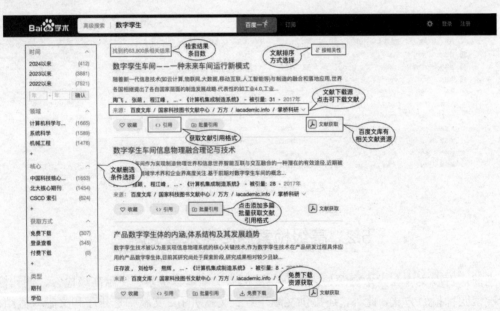

图 5.5　百度学术以"数字孪生"为检索词的"检索结果"页面

（1）文献下载。检索者可在文献检索结果列表中直接选择所需下载源，单击相关链接进行文献下载。若该篇文献有免费下载资源，检索结果下方有"免费下载"按钮，单击前往相应链接即可下载。若百度文库有该篇文献资源，检索结果右下方会出现"文献获取"按钮，单击即进入百度文库相关链接。

（2）文献引用格式复制导出。为方便检索者引用文献做参考文献等使用，在文献检索结果列表有单篇引用和批量引用功能，检索可根据情况来选择使用。若需单篇引用，单击检索结果下方的"引用"按钮即可，页面中的"引用"框会显示 GB/T 7714、MLA、APA 三种常见引用格式，以及 BibTeX、EndNote、RefMan、NoteFirst、NoteExpress 五种导入链接。

若检索者需同时导出多篇文献，可使用批量功能，单击"批量引用"按钮即可添加，再次单击即可取消添加。添加后，用户单击悬浮的白色文件夹标志即可进行统一操作。

（3）文献排序。在"检索结果"页面右上方有文献排序功能，检索者可选择根据与检索词的相关性、文献被引量及文献发表时间降序进行三种模式排序。

（4）文献筛选。在"检索结果"页面左侧有一列文献筛选条件供检索者选择，主要包括时间、领域、核心、获取方式、类型、作者、期刊名、作者所在科研机构等。文献筛选模式是一种简化的二次检索模式，可协助检索者缩小检索范围，更精准地搜寻到所需文献。

在"检索结果"页面单击任意一条检索结果即可进入"文献详情"页面，该页面主要展现了文献基本内容，包括作者、摘要、关键词、DOI、被引量、年份，以及阅读量、来源期刊、研究点推荐、引用走势、下载渠道、相关联文献等信息（如图 5.6）。检索者可单击"文献详情"页面右上方的来源期刊封面或期刊名进入"期刊详情"页面，该页面显示了期刊基本信息、经典论文、往期论文以及投稿链接和官方站点的按钮。来源期刊板块下方为研究点推荐，一般会出现 3～5 个基于语义分析和知识图谱分析与该文献相关的文献研究点，单击便进入以该文献研究点为检索词的"检索结果"页面。研究点推荐板块下方为文献引用走势可视化折线图，检索者可查看近年该文献的引用数据。文献简介板块下方为相关文献链接，主要包括相似文献、参考文献、引证文献等。

图 5.6　百度学术"文献详情"页面

2. 文献标题检索

在检索内容输入框输入文献标题即可实现检索。若论文标题准确，会直接链接到"检索结果"页面；若同一标题对应多篇文献，则会聚合同时展示。

3. DOI 代码检索

在检索内容输入框输入 DOI 代码即可实现检索。

4. 参考文献格式检索

在检索内容输入框输入参考文献即可实现检索。当检索者输入为参考文献格式表示的一串内容时，检索结果可以自动分析该格式，帮助检索者找到目标文献。

5.2.2　文献高级检索

百度学术的"文献基本检索"页面的检索内容输入框左侧即为"高级检索"选项，单击"高级搜索"，在相应检索栏填入检索信息即可实现高级检索（如图 5.7）。其中，"包含全部检索词""包含精确检索词""包含至少一个检索词""不包含检索词""作者""机构""出版物"等栏可直接填入检索词，也可根据高级检索语法规则填入检索词；"出现检索词的位置"有"文章任何位置"和"位于文章标题"两种选项，系统默认为前者；"出版物"有"期刊"和"会议"两种选项，系统默认为前者；"发表时间"可填写任意起止年份；"语言检索范围"可选择"中文""英文"或不限，系统默认为"不限"。

图 5.7　百度学术文献"高级搜索"页面

举例说明高级检索语法的使用，以关键词"数字孪生"为例。

（1）包含全部检索词。仅输入词本身，无特殊语法，示例：数字孪生。

（2）包含精确检索词。使用双引号""语法，示例："数字孪生"。

（3）包含至少一个检索词。使用小括号()，示例：(数字孪生)。

（4）不包含检索词。使用-()语法，示例：-(数字孪生)。

（5）作者。使用 author:()语法，示例：author:(数字孪生)。

（6）机构。使用 institute:()语法，示例：institute:(数字孪生)。

（7）出版物。期刊和会议可分别使用 journal:()和 conference:()语法，也可以统一使用

publish:()语法，示例：journal:(数字孪生)、conference:(数字孪生)或 publish:(数字孪生)。

　　以包含精确检索词"数字孪生"，至少包含一个检索词"人工智能"，出现检索词的位置位于文章标题，出版物为期刊，文章发表时间为 2020—2024 年，语言检索范围为中文为例，"检索结果"页面显示共有 25 篇文献符合检索要求，检索结果页面显示与文献基本检索模式下相同（如图 5.8）。

图 5.8　高级检索模式下的"检索结果"页面

5.2.3　期刊检索

百度学术目前支持以下三种期刊检索功能。

　　1.　直接检索

检索者在"文献基本检索"页面的检索内容输入框中直接输入期刊名，即可进行检索。

　　在检索内容输入框中输入期刊名"计算机学报"，"检索结果"页面即显示刊物封面、影响因子、发文量、出版周期、搜索指数、被引量、ISSN 等基本信息，以及"官网网站""在线投稿"和"交流讨论"按钮，期刊介绍板块下方为该期刊高被引文章（如图 5.9）。单击刊物封面图片或期刊名，即可进入该期刊主页。

　　2.　期刊频道检索

检索者单击百度学术首页右侧"期刊频道"按钮，进入"期刊频道"页面，在页面左侧检索内容输入框中输入期刊名、期刊 ISSN 码或期刊 CN 码进行检索。

　　在期刊频道检索内容输入框中输入期刊 ISSN 码 0254-4164，在"检索结果"页面显示与之对应的期刊——《计算机学报》，以及影响因子、被引量、搜索指数、发文量、期刊来源类别等基本信息（如图 5.10）。单击刊物封面图片或期刊名，即可进入该期刊主页。

图 5.9 直接检索期刊名的"检索结果"页面

图 5.10 期刊频道中的"检索结果"页面

3. 按学科分类筛选检索

若检索者不清楚确切的期刊名或期刊 ISSN 码、CN 码,可在期刊频道的期刊库中按条件筛选。检索者可按期刊所属学科从哲学、教育学、经济学、法学、军事学、文学、艺术学、历史学、信息工程、理学、工业工程、医学、管理学、农学 14 个学科门类中筛选,可按期刊所载数据库从中国科技核心期刊、北大核心期刊、CSCD 索引期刊、CSSCI 索引期刊、SCI 索引期刊、EI 索引期刊 6 个类别中筛选，也可根据期刊名首字筛选。

　　以按学科筛选查找《计算机学报》为例，在学科类别中选择信息工程大类下的计算机科学与技术类目，在"检索结果"页面中选择"按影响因子"排序，即可找到《计算机学报》（如图 5.11）。

图 5.11　在期刊库中选择学科类别检索的结果页面

5.2.4　学者检索

百度学术目前支持以下三种期刊检索功能。

1. 直接检索

检索者在"文献基本检索"页面的检索内容输入框中直接输入学者姓名，即可进行检索。若该姓名仅一位学者，"检索结果"页面会显示该学者的学者卡片，包含所在机构、发表文章篇数、文献被引次数及主要研究领域等信息。若有同名的多位学者，"检索结果"页面会显示所有学者的姓名及所在单位。

　　在首页检索内容输入框中输入学者姓名"张亚勤"，检索结果页面即显示有 7 位同名学者（如图 5.12）。学者简介栏下方为该学者发表的所有论文，系统检索显示共有 967 篇。单击检索目标学者，即进入学者个人主页。该页面除显示学者所在单位、研究所属领域、科研成果数量、被引频次、高引用次数（H 指数）、学术影响力指标（G 指数）、发表学术成果列表外，还附有 ScholarID（用以区分同名学者）、近年该学者学术成果发表数量和被引量可视化分析、合作学者、合作科研机构等信息（如图 5.13）。其中，文献列表还可以进行发表年份、成果类型、作者排序等条件筛选，帮助检索者快速找到目标文献。

2. 学者主页检索

检索者可在"学者主页"页面的检索内容输入框中输入学者姓名及学者所在科研机构，"学者主页检索结果"页面即会呈现同名的所有学者，及其所在单位、发表文章数量、被引次数、研究领域等信息（如图 5.14）。找到所查找的学者，单击学者基本信息右侧的"前往查看"按钮，即可进入学者个人主页。

图 5.12 直接检索学者姓名的"检索结果"页面

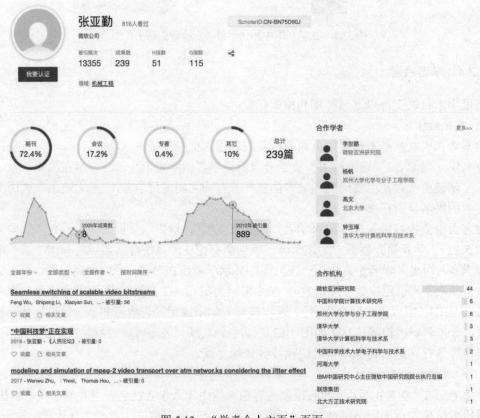

图 5.13 "学者个人主页"页面

3. 移动端检索

关注"百度学术"公众号后，在"学术助手"栏点击"学者频道"项，即可进入"学者查询"页面。检索者可在此填写需要检索的学者姓名（必填）和所在机构（非必填），进行检索（如图 5.15）。显示检索结果后，点击"前往"按钮，可进入"学者个人主页"页面（如图 5.16）。

图 5.14　学者主页中的"检索结果"页面

图 5.15　百度学术微信公众号"学者查询"页面

图 5.16   百度学术微信公众号学者"查询结果"页面及"学者个人主页"页面

第二篇 英文文献信息检索

在信息时代，英文文献信息检索对学术研究和专业发展至关重要。选择合适的检索工具并有效利用是一项关键能力。本篇精选了几个主要数据库，通过示例进行英文文献的检索和分析。这些数据库涵盖多个学科领域，展现了信息检索工具的多样性和实用性。通过学习这些工具，将有效提升信息检索能力，适应快速变化的学术和专业环境。

第 6 章　Web of Science 数据库

6.1　认识 Web of Science 数据库

6.1.1　Web of Science 数据库概述

Web of Science（WoS）是由 Clarivate Analytics 公司开发的全球知名的学术信息检索系统。它集成了科学引文索引（SCI）、社会科学引文索引（SSCI）和艺术与人文引文索引（A&HCI）等几大引文数据库，构建了一个涵盖自然科学、社会科学、艺术与人文等学科的全面知识库。WoS 的核心在于其引文链接技术，这项技术不仅允许用户检索到具体的学术文献，还能够追踪文献之间的引用关系，从而揭示研究领域的发展历程和学术影响力。

WoS 的数据库庞大而全面，汇集了全球众多学术期刊的论文、会议记录和书籍等多种形式的文献。用户可以利用关键词、作者名或出版年份等条件进行高效搜索，快速定位到最权威、最相关的学术资料。WoS 的引文报告功能进一步增强了用户的检索体验，帮助用户深入了解文献或研究主题的引用情况，评估其在学术界的地位和影响力。

WoS 数据库的不断更新保证了用户能够接触到最新的研究成果，这对于跟踪学术前沿、促进学术交流具有重要意义。WoS 还与 EndNote 等文献管理软件兼容，提高了研究人员在管理和引用文献时的效率。WoS 以其直观、高效的解决方案，成为学术研究中不可或缺的工具。

6.1.2　Web of Science 数据库的检索功能与特点

WoS 数据库提供了关键词检索、作者检索、标题和摘要检索、出版年份检索、文献类型检索、机构检索、引文检索、主题检索、交叉检索、时间范围检索等一系列的检索功能，帮助用户快速、准确地找到所需的学术资料。

6.1.3　Web of Science 数据库的学术价值

WoS 数据库的学术价值体现在其对学术研究的多方面支持。WoS 提供了一个跨学科的研究视角，为不同领域的学者提供了丰富的资源和交流平台。WoS 的引文链接技术是学术研究的宝贵工具，它帮助学者追踪文献引用，评估学术影响力，从而理解学术领域的深度和广度。WoS 的学术价值还体现在以下几个方面。

（1）文献检索效率：WoS 的高效检索工具使得用户能够快速找到所需的学术资料，节省了研究时间。

（2）学术影响力评估：WoS 的引文报告功能帮助用户评估文献或研究主题的学术地位，对学术评价和研究资助决策具有指导意义。

（3）研究趋势分析：WoS 的分析工具揭示了研究热点和趋势，为研究方向的选择和学术规划提供了参考。

（4）学术网络构建：WoS 揭示了研究者和机构间的合作关系，有助于构建学术网络，促进学术交流。

（5）文献管理和引用：WoS 与文献管理软件的兼容性提高了学术写作的效率，方便了文献的管理和引用。

（6）知识发现：WoS 的深度和广度支持了知识的发现，鼓励学者探索未知的研究领域和潜在问题。

（7）学术诚信维护：WoS 的引文分析有助于识别学术不端行为，维护学术诚信。

（8）教育和培训：WoS 作为教学工具，帮助学生和新研究人员学习有效的文献检索和研究方法，为他们的学术生涯打下基础。

WoS 数据库不仅是一个学术信息检索系统，更是一个促进知识发现、创新和学术交流的重要平台。通过提供深度的文献检索、引文分析和学术趋势追踪，WoS 极大地丰富了学术研究的深度和广度。

6.2　高级检索 Web of Science 数据库

WoS 数据库检索文献的标准流程主要包括以下环节：

（1）访问 WoS 主页：开始检索前，首先需要访问 WoS 的官方网站。

（2）登录账户：如果需要，登录个人账户或机构账户。

（3）选择检索方式：决定使用基本检索还是高级检索工具。

（4）输入检索词：在基本检索中输入关键词、作者名或标题；在高级检索中，可以使用布尔逻辑和字段代码进行更复杂的查询。

（5）选择检索范围：根据需要筛选文献的出版年份、类型等条件。

（6）提交检索请求：设置完毕后，提交检索请求以获取结果。

（7）查看检索结果：浏览检索得到的文献列表。

（8）筛选和排序结果：根据相关性、发表日期等条件对结果进行筛选和排序。

（9）选择感兴趣的文献：挑选出与研究主题最相关的文献。

（10）查看文献详细信息：阅读选定文献的摘要、作者信息等详细内容。

（11）导出或保存检索结果：将检索结果以引文格式或 Excel 等格式导出或保存。

（12）使用引文链接功能：利用引文链接追踪文献的引用情况。

（13）利用分析工具评估学术影响力：评估选定文献的学术影响力和研究趋势。

（14）结束检索：完成检索后，使用这些文献进行后续的阅读或研究工作。

本节将以撰写一篇关于"数字孪生应用于高校智慧校园建设"的文章为例，通过以上步骤来搜集和筛选相关的学术文献，实践整个检索过程。

6.2.1　检索准备

先登录 WoS 数据库。打开浏览器，输入 WoS 官方网站地址或通过学校图书馆等学术机构提供的链接进入 WoS 平台，尽量使用浏览器的无痕模式访问 WoS，以避免 Cookies 影响检索结果。输入用户名和密码登录账户，如果是通过学术机构访问，可能需要输入机构的登录凭证。

1. 数据库主页（按文献检索）

进入 Web of Science 主页，如图 6.1。

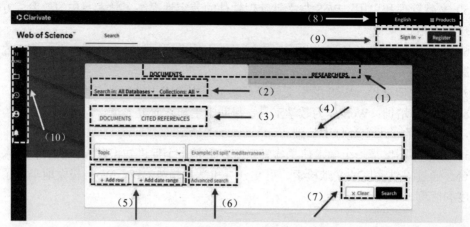

图 6.1　WoS 主页

默认页面就是按文献检索的基本检索页面，各部分表示内容如下：

（1）两种不一样的检索方式：DOCUMENTS，默认页面，按文献检索；RESEARCHERS，单击后，可按研究人员检索。

（2）Search in：All Databases，选择检索数据库范围，默认是所有的数据库；Collections All，选择检索数据集范围，关联前面选择的数据库，默认是所有的数据集。在检索数据库范围的下拉列表中，有 7 个的选项：

1）All Databases：所有数据库（1637 年至今）。

2）Web of Science Collection：WoS 核心合集（1985 年至今），检索自然科学、社会科学、艺术和人文领域世界一流的学术期刊、书籍和会议录，并浏览完整的引文网络。

3）KCI-Korean Journal Database：可访问 KCI 所含多学科期刊中的文献（1980 年至今）。KCI 由韩国国家研究基金会管理，收录在韩国出版的学术文献的题录信息。需要以韩语或英语检索。

4）MEDLINE®：美国国家医学图书馆主要的生命科学数据库（1950 年至今）。探索生物医学和生命科学、生物工程、公共卫生、临床护理及动植物科学等领域。可利用 MeSH 主题词和 CAS 登录号进行精确检索。链接到 NCBI 数据库和 PubMed 相关文献。

5）Preprint Citation Index：在科学、社会科学和艺术与人文科学领域的国际预印本存储库中，于期刊正式出版之前发现关键研究文献的预印本（1991 年至今）。在 WoS 中发现与作者个人资料和同行审阅文献相关的预印本。可直接链接到预印本存储库以查看预印本的每个版本并下载全文，跟踪预印本的引文活动并链接到 WoS 中的引文网络。

6）ProQuest™ Dissertations & Theses Citation Index：全球最全面的世界各地多学科论文和学位论文集，提供来自数千所大学超过 500 万篇引文和 300 万篇全文著作（1637 年至今）。论文中蕴含着丰富的学术成果，但往往被忽视，因为其中大多数并未发布。通过利用全球互联研究网络，为研究人员提供一条明确的道路。

7）SciELO Citation Index：提供拉丁美洲、葡萄牙、西班牙及南非在自然科学、社会科学、艺术和人文领域主要开放获取期刊中发表的学术文献（2002 年至今）。以西班牙语、葡萄牙语或英语检索。

（3）DOCUMENTS：默认页面按文献检索；CITED REFERENCES：按被引参考文献检索。

（4）Topic：检索条件，默认按主题进行检索。在 Topic 下拉列表中有 12 个选项：

1）Topic：主题，检索标题、摘要和索引。示例：robot*；control*；"input shaping"。

2）Title：标题，期刊与文献、会议录与论文、书籍、书籍章节、软件数据集的标题。要检索期刊标题，需选择"出版物标题"字段。示例："Application of ATAD technology"。

3）Author：作者，检索字段为作者和团体作者。对于作者，请先输入姓氏，后跟空格和作者名字首字母。示例：johnson m*。

4）Publication/Source Titles：出版物/来源出版物名称，检索期刊标题、书籍标题、会议录标题等。也称为"来源出版物名称"。示例：clin* nucl* med*；"Journal of Agricultural and Food Chemistry"。

5）Year Published：出版年度，可检索某一年，也可检索某个范围内的多个年份。示例：2018；2005-2014。

6）Publication Date：出版日期，月和日是可选字段，但必须在开始日期和结束日期框中都输入或者都不输入。示例：2020-01-01 to 2020-05-30；2019-01 to 2020-01。

7）Abstract：摘要。示例：Somitogenesis delta notch。

8）Address：地址，从作者的地址中查找机构和（或）位置的完整或部分名称。示例：San Jose；IBM SAME NY。

9）Author identifiers：作者标识符，检索 Web of Science ResearcherID 和 ORCID ID 字段，这将返回研究人员使用该 Web of Science ResearcherID 或 ORCID ID 撰写的文献。示例：C-1205-2013；0000-0002-8214-5734。

10）DOI：文献数字对象标识符，检索 DOI 字段以获取包含此标识符的记录。示例："10.14489/vkit.2014.12.pp.018-023"。

11）Editor：编者，通常可在书籍和会议录中找到编者姓名。对于姓名，先输入姓氏，后跟空格和作者名字首字母。示例：volodina t*。

12）Group Author：团体作者，检索团体作者，即被视为出版物作者的组织或机构。示例：United Nat*。

选择好检索条件后，在文本框中输入检索内容，如检索条件选择了 Topic（主题），则在文本框中输入 oil spill*mediterranean。

（5）Add row 添加行：添加检索条件，比如检索条件可以同时有 Topic（主题）、Title（标题）、Author（作者）、Publication/Source Titles（出版社或期刊名称）、Year Published（出版年份）等；Add date range：添加日期范围。

（6）Advanced search：高级检索按钮。

（7）Clear：清除所有检索条件；Search：检索按钮。

（8）English：选择网页所显示的语言，有多种语言可供选择，包括简体中文、繁体中文、English（英语）、日本语、韩语、Portugues（葡萄牙语）、Espanol（西班牙语）、Pyccknn（俄语）等；Products：其他产品。

（9）Sign in：登录；Register：注册。

（10）MENU：菜单栏，打开菜单/隐藏菜单；Marked List：标记结果列表；View your search history：检索历史；Profile：研究人员个人信息；Saved Searches and Alerts：保存的检索式和跟踪。

2. 按被引参考文献检索

单击 WoS 主页上的 CITED REFERENCES（按被引参考文献检索）按钮，进入"按被引参考文献检索"页面。在"检索条件"下拉列表中，共有 8 个检索条件：

（1）Cited Author：被引作者，检索文献、书籍、数据研究或专利的第一被引作者的姓名。有些记录还有第二被引作者姓名。示例：Evans P；Harsha D*。

（2）Cited Work：被引著作，检索被引著作，例如被引期刊、被引会议录和被引书籍的标题（检索缩写形式的标题可以得到更多结果）。示例：Market* Sci*；Solar pow*。

（3）Cited DOI：被引用 DOI，检索被引用期刊的 DOI 字段。示例：10.1006/abio.1976.9999。

（4）Cited Year(s)：被引年份，只能与被引作者和（或）被引著作一起组合使用进行检索。输入 4 位数的年份或有限的年份范围。将年份限制在 2 年或 3 年的范围内，可以得到最优性能。示例：2018；2010 OR 2011；2005-2014。

（5）Cited Volume：被引卷，检索文献的"卷"字段。最佳做法是在被引参考文献检索的第 1 步中限制使用被引卷、期或页。这些字段可能会限制与检索相关的引文变体。示例：25；72；

（6）Cited Issue：被引期，检索文献的 Issue 字段。最佳做法是在被引参考文献检索的第 1 步中限制使用被引卷、期或页。这些字段可能会限制与检索相关的引文变体。示例：5；10。

（7）Cited Pages：被引页，被引页可以是数字（例如，C231 或 2832）或罗马数字（例如，XVII）。务必使用出版物的起始页。请勿使用页码范围。

（8）Cited Title：被引标题，检索完整标题、部分标题或标题中的一个或多个单独的检索词。示例：Solar PV technology；Superconductor*。

图 6.2 为"按被引参考文献检索"页面，页面默认显示 3 个检索条件：

（1）Cited Author：检索条件 1，被引作者。

（2）Cited Work：检索条件 2，被引著作。

（3）Cited Year(s)：检索条件 3，被引年份。

（4）Add row 添加行：添加检索条件。

可以使用布尔运算符来组合各检索条件，如 AND、OR 和 NOT。

3. 按研究人员检索

单击 WoS 主页的 RESEARCHERS 按钮后，可按研究人员检索（如图 6.3）。

（1）Name Search：检索条件，默认是按 Name（姓名）检索，还可以按 Author Identifiers（作者标识符）和 Organization（组织）进行检索。

（2）Last Name：姓；First Name and Middle Initial(s)；名字和中间名首字母。

（3）Add name variant：添加姓名的不同拼写形式。

4. 高级检索

单击 WoS 主页上的 Advanced search 按钮，进入"高级检索"页面（如图 6.4）。

（1）将检索词添加到检索式预览：选择检索条件，检索条件包括 Topic（主题）、Title（标题）、Author（作者）、Publication/Source Titles（出版物/来源出版物名称）、Year Published（出版年度)、Publication Date（出版日期）、Abstract（摘要）、Address（地址）、Author identifiers（作者标识符）、DOI（文献数字对象标识符）、Editor（编者）、Group Author（团体作者）。在检索框中输入检索词，例如检索条件选择"主题"，文本框中输入"数字孪生"，然后单击"添加检索式"按钮。

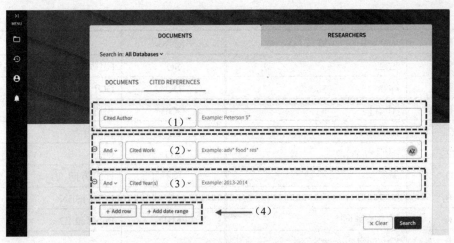

图 6.2　按"被引参考文献检索"页面

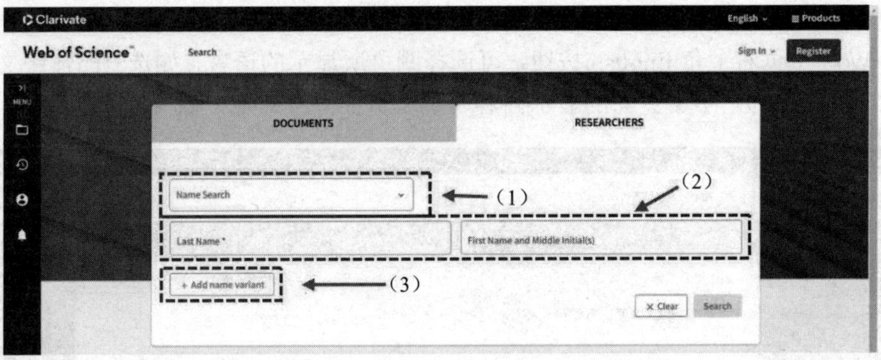

图 6.3　"按研究人员检索"页面

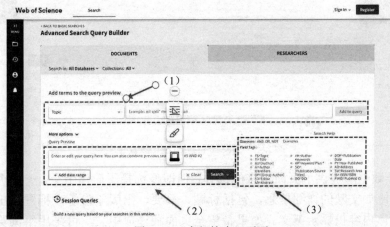

图 6.4　"高级检索"页面

（2）检索式预览：根据上面的操作，文本框中自动生成(TS=(数字孪生)) 。可以多添加几个检索条件，然后使用布尔运算符来组合检索词，提高检索的准确性。

（3）布尔运算符：AND、OR、NOT。

使用字段标识可返回更加相关的结果，具体见表6.1。

表 6.1   字段标识

字段标识	含义	字段标识	含义
TS	主题	SO	[出版物/来源出版物名称]
TI	标题	DO	DOI
AU	[作者]	DOP	出版日期
AI	作者标识符	PY	出版年
GP	[团体作者]	AD	地址
ED	编者	SU	研究方向
AB	摘要	IS	ISSN/ISBN
AK	作者关键词	PMID	PubMed ID
KP	Keyword Plus ®		

5．中文页面

单击 WoS 主页右上角 English 按钮，可选择网页所显示的语言，如选"简体中文"项进入中文页面（如图 6.5）。中文页面的显示内容与英文页面一一对应，就不重复描述了。

图 6.5   WoS 主页（简体中文版）

虽然 WoS 数据库提供了页面语言的选择，但即便选择了简体中文，一些页面内容仍然以英文显示。比如文献的详细信息，包括标题、摘要、出版年份等，标题项虽然显示的是中文，但是具体内容仍显示英文。如果希望全页面翻译成中文，可采用给浏览器安装翻译插件的方式。

6.2.2　构建检索策略

根据研究主题"数字孪生应用于高校智慧校园建设"，使用布尔逻辑来组合关键词，以缩小检索范围并提高检索的相关性。表 6.2 为布尔逻辑检索基本运算形式。

表 6.2　布尔逻辑检索基本运算形式

项目	运算形式		
	逻辑与（AND）	逻辑或（OR）	逻辑非（NOT）
图示			
写法	A AND B	A OR B	A NOT B
描述	表示两个条件都必须满足	表示两个条件中至少有一个满足	表示排除包含某个条件的结果
例子	digital twin AND smart campus	digital twin OR smart campus	digital twin NOT smart campus
结果	返回同时包含 digital twin 和 smart campus 的文献	返回包含 digital twin 或 smart campus 的所有文献	返回包含 digital twin 但不包含 smart campus 的文献

（1）确定核心关键词：digital twin（数字孪生）、smart campus（智慧校园）。

（2）确定扩展关键词：与 smart campus 相关的扩展关键词可能包括 intelligent campus（智能校园）、campus management（校园管理）、university infrastructure（大学基础设施）。

（3）确定排除关键词：确定某些与研究主题不相关或需要排除的术语，根据主题确定 residential（住宅）可能与智慧校园建设的研究重点不符。

（4）构建布尔逻辑检索表达式：

1）基础检索：digital twin AND smart campus，这个表达式将检索同时包含 digital twin 和 smart campus 这两个关键词的文献。

2）扩展检索：(digital twin AND smart campus) OR (digital twin AND intelligent campus) OR (digital twin AND campus management)，使用 OR 来扩展检索，包括与智慧校园相关的不同方面或同义词。

（5）确定最终检索策略：((digital twin AND smart campus) OR (digital twin AND intelligent campus) OR (digital twin AND campus management) OR (digital twin AND university infrastructure)) AND NOT residential。这个表达式首先使用括号将每个核心关键词 digital twin 与一个扩展关键词组合，并通过 OR 连接这些组合，确保检索结果能够覆盖到智慧校园的不同方面。然后，使用 AND NOT 来排除包含 residential 的文献，这些文献可能与智慧校园建设的研究重点不符。

6.2.3　执行检索与初步筛选

在 WoS "高级检索"页面执行检索之前，需增加字段标识符将上述布尔逻辑表达式转换成检索式。

（1）检索条件中选择 Topic（主题），文本框中输入 digital twin，单击 Add to query 按钮（如图 6.6）。

图 6.6　高级检索框（输入第一个条件）

（2）在 Query Preview（检索式预览框）中自动显示 TS=(digital twin)（如图 6.7）。

图 6.7　检索式预览框

（3）在 Topic 后的文本框中输入 smart campus，逻辑运算符选择 And，单击 Add to query 按钮（如图 6.8）。

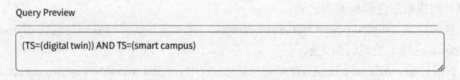

图 6.8　高级检索框（非首个条件）

（4）在 Query Preview（检索式预览框）中显示(TS=(digital twin)) AND TS=(smart campus)（如图 6.9）。

Query Preview

(TS=(digital twin)) AND TS=(smart campus)

图 6.9　检索式预览（基础检索）

（5）单击 Search 按钮进行检索，生成的"检索"页面显示有 31 条检索结果（如图 6.10）。

图 6.10　基础检索 digital twin AND smart campus 结果

（6）参考以上的流程，分别将扩展检索所产生的表达式转换成检索式，并进行检索。

将表达式 digital twin AND intelligent campus 转换为检索式(TS=(digital twin)) AND TS=(intelligent campus)，单击 Serch 按钮，生成的"检索页面"显示有 7 条检索结果（如图 6.11）。

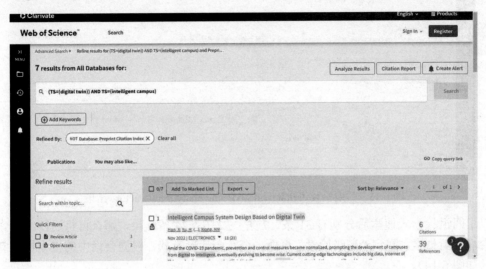

图 6.11　扩展检索 digital twin AND intelligent campus 结果

将表达式 digital twin AND campus management 转换为检索式(TS=(digital twin)) AND TS=(campus management)，单击 Serch 按钮，生成的"检索"页面显示有 32 条检索结果（如图 6.12）。

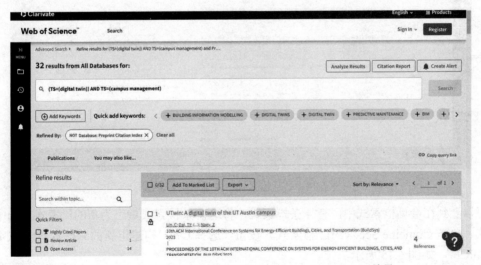

图 6.12　扩展检索 digital twin AND campus management 结果

将表达式 digital twin AND university infrastructure 转换为检索式(TS=(digital twin)) AND TS=(university infrastructure)，单击 Serch 按钮，生成的"检索"页面显示有 24 条检索结果（如图 6.13）。

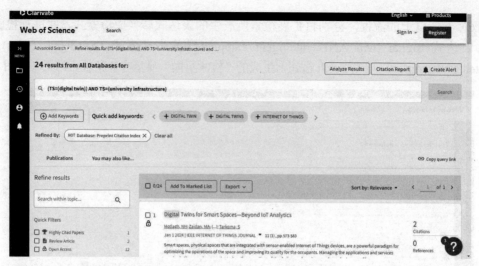

图 6.13　扩展检索 digital twin AND university infrastructure 结果

以上四组检索式搜索后分别有 31 条、7 条、32 条、24 条结果，那么再将这四组检索式进行组合后重新搜索。回到"高级检索"页面，查看会话检索式，根据会话中的检索构建新的检索式（如图 6.14）。

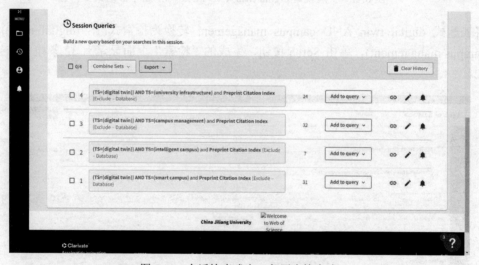

图 6.14　会话检索式中 4 条历史检索式

可以看到在会话检索式中，有 4 条检索式，将这 4 条检索式重组为新的检索式。选中 4 条检索式，单击 Combine Sets（组配检索式）按钮，选择 OR，构建出新的"检索式 5"（4 OR 3 OR 2 OR 1），如图 6.15 所示。

图 6.15　构建出新的检索式 1 OR 2 OR 3 OR 4

选择"检索式 5"，单击"添加到检索式"按钮，再增加排除关键词 residential，逻辑运算符选择 NOT，生成最终版检索式(5) NOT TS=(residential)（如图 6.16）。

图 6.16　构建出最终检索式(5) NOT TS=(residential)

检索式(5) NOT TS=(residential)检索后，生成的"检索"页面显示有 60 条检索结果（如图 6.17）。

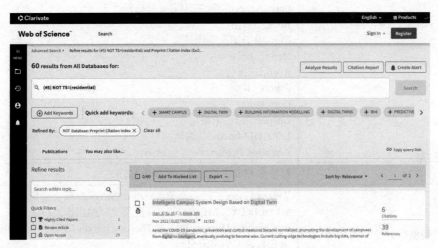

图 6.17　最终检索式(5) NOT TS=(residential)检索结果

在此基础上，还可以设置检索的时间范围，确保检索到的文献是最新和最相关的。因主题相关的文献不算很多，所以本次检索就不再添加时间范围。

6.2.4　深入分析与结果管理

1. 分类查看

检索结果出来后，可以开始对结果进行深入分析，对检索结果可进行分类查看。分类方法有近 30 种，常用的分类方法与检索条件基本一致，具体见表 6.3。选中某一类别，即可显示相应的检索结果。

表 6.3　WoS 检索结果分类方法

分类方法	分类项
Quick Filters（快速过滤）	Highly Cited Papers：高被引论文 Hot Papers：热点论文 Review Article：综述论文 Open Access：可开放获取
Publication Years（出版年度）	1951 年至今按年度由近到远排序
Document Types（文献类型）	Article：文章 Meeting：会议记录 Abstract：摘要

续表

分类方法	分类项
Document Types（文献类型）	Letter：信函/通信 Retraction：撤稿声明 Data Paper：数据论文 Biography：传记 Case Report：病例报告 Review Article：综述文章 Dissertation/Thesis：学位论文 Early Access：预先出版/提前访问 Book：书籍 Clinical Trial：临床试验 News：新闻 Report：报告 Other：其他 Correction：更正 Unspecified：未指定 Editorial Material：编辑材料 Retracted Publication：撤回的出版物
Authors（作者）	按作者相关文献数量由多到少排序
Database（数据库）	Web of Science 核心合集：Web of Science 核心合集 MEDLINE®：MEDLINE®（医学文献数据库） ProQuest™ Dissertations & Theses Citation Index：ProQuest™ 学位论文与论文引用索引 KCI-Korean Journal Database：KCI—韩国期刊数据库 SciELO Citation Index：SciELO 引用索引
Research Areas（研究方向）	按研究方向相关的文献数量由多到少排序
Publication/Source Titles（出版物/来源标题）	按每个出版物相关文献数量由多到少排序
Affiliations（所属机构）	按所属机构相关文献数量由多到少排序
Countries/Regions（国家/地区）	按国家或地区相关文献数量由多到少排序
Languages（语种）	English：英语 Korean：韩语 German：德语 Chinese：中文（通常指普通话） Portuguese：葡萄牙语 French：法语 Spanish：西班牙语 Greek：希腊语 Japanese：日语 Russian：俄语 Turkish：土耳其语 Arabic：阿拉伯语 Czech：捷克语 Polish：波兰语 Unspecified：未指定

分类方法	分类项
Filter by Marked List（按标记结果列表过滤）	按每个标记结果文献数量由多到少排序
Open Access（可开放获取）	All Open Access：所有公开访问 Gold：金色，由 Our Research 的 Unpaywall Database 识别为具备知识共享（CC）许可的文献。根据《布达佩斯开放获取倡议》（Budapest Open Access Initiative）这些期刊中的所有文献都必须拥有授权，才能称为金色开放获取。 Gold-Hybrid：金色—混合，由 Our Research 的 Unpaywall Database 识别为具备知识共享（CC）许可的文献，但期刊中并不是所有内容都为开放获取。金色—混合开放获取的状态有时并不能完整涵盖所有相关文献，特别是对于新发布的文献 Free to Read：免费阅读，这些文献的许可并不明确，或者由 Our Research 的 Unpaywall Database 识别为非 CC 许可文献。这些是位于出版商网站上的免费阅读或公开访问文献。作为一种推广方式，出版商可能限时授予文献免费访问权限。在推广期结束时，文献访问可能需要收取费用，这会导致数据中暂时出现错误。请注意，用户可能发现不完整的内容，特别是新内容。 Green Published：已发表绿色，在机构或主题知识库上托管的文献的最终发表版本（例如，在禁令期之外发布到 PubMed Central 的文献） Green Accepted：已接受绿色，在知识库上托管的已录用手稿。内容已经过同行评审和最终评审，但可能还未通过出版商的复制编辑或排版 Green Submitted：已提交绿色，尚未经过同行评议的已提交的原始稿件
Editorial Notices（社论声明）	Retracted Publication：撤回的出版物 Retraction：撤稿声明
Conferences/Meeting Titles（会议名称）	按每个会议相关文献数量由多到少排序
Funding Agencies（基金资助机构）	按每个基金资助机构相关文献数量由多到少排序
Editors（编辑）	按编辑相关文献数量由多到少排序
Group/Corporate Authors（团体/机构作者）	按团体或机构作者相关文献数量由多到少排序
Research Domains（研究领域）	按研究领域相关文献数量由多到少排序
Organisms（生物体）	按生物体相关文献数量由多到少排序
Major Concepts（主要概念）	按主要概念相关文献数量由多到少排序
Authors-Chinese（作者—中文）	按作者中文名相关文献数量由多到少排序
PublicationTitles-Chinese（出版物标题—中文）	按出版物中文名相关文献数量由多到少排序
Funding Agencies-Chinese（基金资助机构—中文）	按基金资助机构中文名相关文献数量由多到少排序
Authors-Korean（作者—韩文）	按作者韩文名相关文献数量由多到少排序

续表

分类方法	分类项
Publication Titles-Korean（出版物标题—韩文）	按出版物韩文名相关文献数量由多到少排序
Authors -Russian（作者—俄文）	按作者俄文名相关文献数量由多到少排序
Publication Titles-Russian（出版物标题—俄文）	按出版物俄文名相关文献数量由多到少排序
MeSH Headings（医学主题词）	按 MeSH 主题词相关文献数量由多到少排序
MeSH Qualifiers（医学限定词）	按 MeSH 限定词相关文献数量由多到少排序

图 6.18 所示的页面中是 60 条检索结果的部分分类结果。

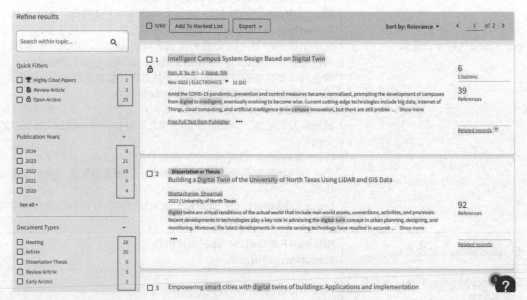

图 6.18　"检索结果分类"页面

Quick Filters（快速过滤）中，Highly Cited Papers（高被引论文）有 1 篇，Review Article（综述论文）有 3 篇，Open Access（可开放获取）有 25 篇。

按 Publication Years（出版年度）查看，2024 年有 8 篇，2023 年有 21 篇，2022 年有 19 篇，2021 年有 6 篇，2020 年有 4 篇，单击 See all 按钮，还可以看到全部年度的。

按 Document Types（文献类型）查看，Meeting（会议记录）有 28 篇，Article（文章）有 26 篇，Dissertation/Thesis（学位论文）有 6 篇，Review Article（综述文章）有 3 篇，Early Access（预先出版/提前访问）有 2 篇，单击 See all 按钮，还可以看到全部年度的。

因主题相关的文献不多，所以对于本次检索就不再按分类进行查看了。

2. 文献排序

在检索结果列表中，选择排序方式，对文献进行排序。排序方式分别有以下 14 种：

（1）Relevance（相关性）。

（2）Date：newest first（日期降序）。

（3）Date：oldest first（日期升序）。

（4）Citations：highest first（被引频次最高优先）。

（5）Citations：lowest first（被引频次最低优先）。

（6）Usage(all time)：most first（使用次数（所有时间）最多优先）。

（7）Usage(last 180 days)：most first（使用次数（最近 180 天）最多优先）。

（8）Recently added（最近添加）。

（9）Conference title：A to Z（会议标题升序）。

（10）Conference title：Z to A（会议标题降序）。

（11）First author name：A to Z（第一作者姓名升序）。

（12）First author name：Z to A（第一作者姓名降序）。

（13）Publication title：A to Z（出版物标题升序）。

（14）Publication title：Z to A（出版物标题降序）。

图 6.19 为检索结果"排序方式"页面。

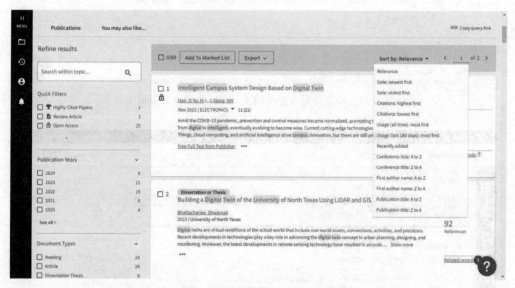

图 6.19　检索结果"排序方式"页面

选择 Citations：highest first 进行排序，排序结果如图 6.20 所示，最高被引文章是 *Developing a Digital Twin at Building and City Levels: Case Study of West Cambridge Campus*（《在建筑和城市层面开发数字孪生：剑桥西校区案例研究》），被引频次 207 次，参考文献 88 篇。

3．查看文献

根据排序结果，可以先快速浏览检索结果列表，根据标题和摘要筛选出与研究主题密切相关的文献进行查看。选择第一篇文献，单击文献标题，进入"文献详情"页面（如图 6.21）。

（1）查看文献详细信息。显示的内容包括 Title（标题）、By（作者）、Source（来源出版物）、Article Number（文献号）、Published（出版时间）、Indexed（已索引时间）、Document Type（文献类型）、Abstract（摘要）、Keywords（关键词）、Author Information（作者信息）、Categories/Classification（类别/分类）、Web of Science Categories（Web of Science 类别）、Funding（基金资助）、Language（语种）、Accession Number（入藏号）、ISSN、eISSN、IDS 号等。

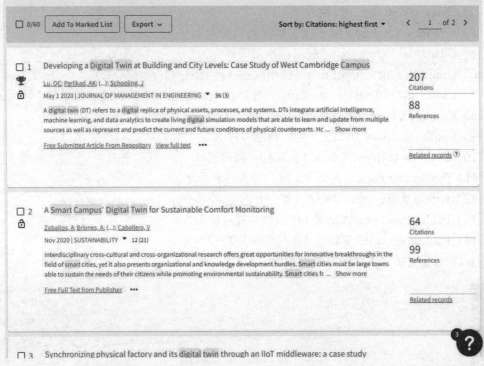

图 6.20　检索结果按被引频次最高优先排序显示页面

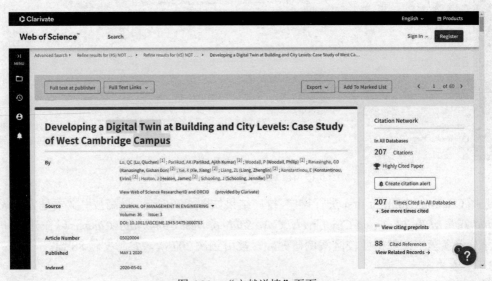

图 6.21　"文献详情"页面

（2）查看期刊的基本信息。此页面还可查看期刊的基本信息（如图 6.22），包括以下信息：

1）期刊名称：*JOURNAL OF MANAGEMENT IN ENGINEERING*（《工程管理杂志》）。

2）国际标准刊号（ISSN）：0742-597X。

3）电子版国际标准刊号（eISSN）：1943-5479。

4）当前出版者（Current Publisher）：ASCE-AMER SOC CIVIL ENGINEERS（美国土木工

程师协会），地址是 1801 ALEXANDER BELL DR，RESTON，VA 20191-4400。

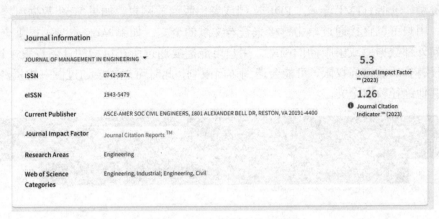

图 6.22　期刊的基本信息页面

5）期刊影响因子（Journal Impact Factor）：Journal Citation Reports™（期刊引证报告）。

6）研究领域（Research Areas）：Engineering（工程学）。

7）Web of Science 分类：Engineering，Industrial（工业工程）；Engineering，Civil（土木工程）。

8）期刊影响因子™（2023）：5.3。

9）期刊引用指标™（2023）：1.26。

（3）查看引用的参考文献。此页面还可查看 88 篇引用的参考文献，也可作为一组检索结果进行查看。图 6.23 为引用的"参考文献列表"页面。

图 6.23　引用的"参考文献列表"页面

（4）查看出版商处的全文。单击 Full text at publisher，可查看出版商处的全文，如图 6.24 所示。

（5）查看全文链接。Full Text Links（全文链接），功能主要是帮助用户快速找到并访问文献的可读全文，无论是在 WoS 数据库内部还是在外部资源中。用户在检索结果中选择并单击某篇具体文献的标题后，将会进入该文献的"详细记录"页面。Full Text Links 可能指向多种类型的资源，包括 HTML 全文、PDF 文档或者出版商的网页。如果 WoS 数据库提供了直接访问权限，用户可以直接通过单击链接来查看文献的全文。如果 WoS 本身不提供全文，链接可能会指向外部数据库或出版商的网站，用户可能需要通过所在机构的订阅权限来访问全文，如果用户没有合适的访问权限，可能会遇到访问限制，此时可能需要通过图书馆资源、购买文章或通过其他途径获取全文。

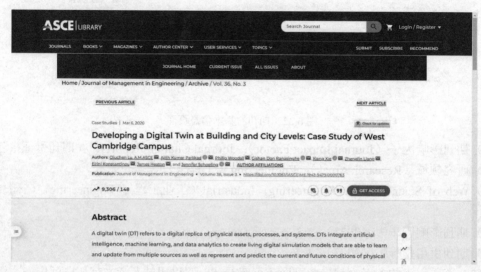

图 6.24 "出版商处的全文"页面

（6）创建引文跟踪。Create Citation Alert（创建引文跟踪）是 WoS 提供的一项强大工具，帮助用户有效跟踪和监控学术文献的引用情况，从而保持对相关领域研究进展的实时了解。通过分析引文链接可以帮助评估文献的影响力和研究趋势，同时发现可能遗漏的相关文献。此功能需要订阅 WoS 核心合集，必须是注册用户并登录 WoS，才可查看被引文献列表。

单击"文献详情页"面上的 Create Citation Alert 按钮，创建引文跟踪，设置跟踪的具体参数。例如，选择跟踪的时间范围（如过去一年、两年等），还可以选择接收通知的频率，如每月或每季度。一旦引文跟踪设置完成，系统将自动监测选定文献的被引用情况，当有新的引用出现时，系统会根据用户设置的参数自动发送通知给用户。用户在个人账户下管理所有的引文跟踪，可以随时查看跟踪的文献和它们的引用情况。引文跟踪选项见表 6.4。

表 6.4 引文跟踪选项

选项	意义
作者/标题	每一个作者和文献标题链接至著作的全记录
被引频次	显示当前在数据库中对某条特定记录索引的文献数量
跟踪状态	每当新出版物引用之前发布的作品时，用户都会收到电子邮件跟踪。用户可通过在不活动和活动之间切换来关闭和开启这些跟踪
删除跟踪	跟踪永不过期，但如果用户要删除引文跟踪，单击"删除跟踪"按钮此时系统会确认是否要删除跟踪，单击"删除"按钮即可。删除之后，用户就无法再次调用保存的引文

（7）添加到标记结果列表。利用 Add To Marked List（添加到标记结果列表）功能可以在详情页面将选定的项目添加到用户的标记列表，也可以在检索结果列表中选中多篇文献，一次性添加到标记列表。这个功能允许用户选择并标记感兴趣的文献条目，并将它们添加到一个自定义的列表中，以便进行进一步的管理和分析。该功能使用户能够保存检索结果中的关键文献，方便日后的查阅、分析或引用。

添加完成后，用户可以通过 Web of Science 页面上的"标记结果列表"选项卡或链接来访问和管理列表。可在 Marked List（标记结果列表）的 Unfiled Records 中查看已添加的文献。如有个人订阅账号，可登录后添加到 My marked lists（我的标记结果列表）。图 6.25 为"标记结果"页面。

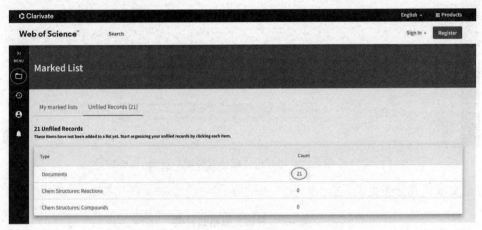

图 6.25　"标记结果"页面

在标记列表中，用户可以查看所有已标记的文献，并对它们进行排序、分组或删除等管理操作。标记列表功能体现了 WoS 提供个性化服务的特点，使用户能够根据自己的研究需求定制化地管理和使用检索结果。图 6.26 为标记结果"文献列表"页面。

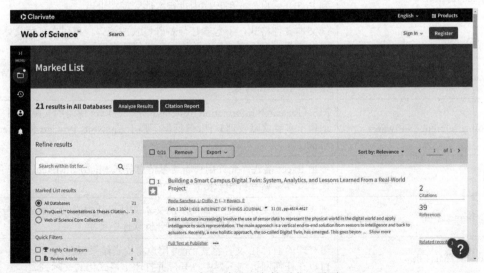

图 6.26　标记结果"文献列表"页面

4. 导出文献

可以在某一篇文献的"详情"页面导出文献，也可以在检索结果列表中选中多篇文献，一次性导出。图 6.27 为"导出文献格式分类"页面。

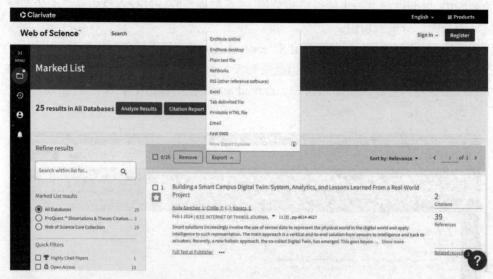

图 6.27   "导出文献格式分类"页面

导出文献格式分类见表 6.5。

表 6.5   导出文献格式分类

格式名称	说明
EndNote Online	专为 EndNote 在线版设计的格式，允许用户将检索结果直接发送到 EndNote 在线账户中，便于在线访问和管理文献
EndNote Desktop	适用于 EndNote 桌面版，用户可以将文献导出为一个文件，然后导入到 EndNote 桌面应用程序中进行本地管理和引用
Plain Text File	纯文本文件格式，不包含任何特殊格式或编码，可以在任何文本编辑器中打开，但不支持复杂的格式化或特殊字符
RefWorks	RefWorks 是一种在线的文献管理工具，此格式允许用户将检索结果直接导入 RefWorks 账户
RIS (other reference software)	RIS（Research Information Systems）是一种广泛使用的文献引用格式，适用于多种文献管理软件，包括但不限于 EndNote、ProCite 和 Reference Manager
Excel	导出 Excel 格式，允许用户将文献信息导入 Microsoft Excel 电子表格，便于进行数据分析和表格管理
Tab Delimited File	制表符分隔文件，是一种简单的文本文件，其中字段由制表符分隔，可以在大多数文本编辑器和数据分析软件中使用
Printable HTML File	可打印的 HTML 文件格式，允许用户将检索结果保存为一个网页文件，可以在任何网页浏览器中打开，并打印出格式化的文献列表

格式名称	说明
Email	通过电子邮件导出，用户可以直接将检索结果发送到指定的电子邮件地址，通常是附件的形式
Fast5000	Fast5000 是一种特定的中国学术文献格式，可与特定的文献管理软件或数据库兼容

每种导出格式都有其特定的用途和兼容性。用户在选择导出格式时，应考虑自己的需求以及所使用的文献管理工具或分析软件。例如，如果用户使用 EndNote 进行文献管理，可以选择 EndNote Desktop 格式，将选定的文献导出后，使用文献管理软件 EndNote 的导入功能，导入文献信息，以便于后续管理和引用。如果用户需要在 Excel 中进行数据分析，则可选择 Excel 格式。如果用户需要将文献列表嵌入网页中，可以选择 Printable HTML File 格式。

在进行文献选择时，应遵循一些准则以确保研究的严谨性和有效性。

（1）相关性评估：必须确保所选文献与当前研究主题紧密相关，避免任何可能偏离主题的选择。

（2）文献质量：应优先考虑发表在权威期刊上的文献，这些文献通常经过了严格的同行评审，具有较高的学术价值和可信度。

（3）时间因素：在选择文献时，需要充分考虑文献的发表时间，既要平衡经典文献的参考价值，也要纳入最新的研究成果，以确保研究的时效性和前沿性。

（4）多样性：确保研究的全面性和深度，应确保检索结果的多样性，包括不同类型的研究方法和观点，以丰富研究视角和增强研究结论的可靠性。

6.2.5　结束检索与应用

在标记列表中，除了能直接导出文献，还有 Analyze Results（分析检索结果），查看 Citation Report（引文报告）两大功能。

Analyze Results 功能为用户提供了一个深入洞察检索结果的窗口。通过这个功能，用户可以执行多维度的统计分析，从而揭示研究趋势、识别热点主题和发现关键文献。用户可以根据自己的研究兴趣，选择不同的分析维度，比如按照年份、研究领域、期刊、作者或机构等进行分类。分析结果通常以图表形式呈现，使用柱状图、饼图等可视化手段，直观地展示研究动态和模式。这不仅帮助用户理解特定主题或领域的文献发表趋势，还能识别研究活跃的作者和机构，评估期刊的影响力。图 6.28 为"分析检索结果"页面。

Citation Report 功能则专注于文献的引用情况，提供了一个衡量学术影响力的量化视角。这个报告详细列出了每篇文献的引用次数，评价了其在学术界影响的关键指标。用户可以深入了解引用文献的具体情况，包括引用文献的研究领域、发表时间等，从而构建起文献间的引用网络。通过分析文献的引用时间分布，用户可以观察到文献随时间的学术影响力变化。此外，用户还可以设置引文跟踪，以便在文献被引用时获得实时更新，保持对学术影响力的持续监控。图 6.29 为文献的引用情况。

这两个功能为用户提供了一种全面分析检索结果和文献影响力的方法，帮助研究人员在学术研究和文献综述中做出更明智的决策，识别研究趋势，评估文献价值，并发现新的研究机会。

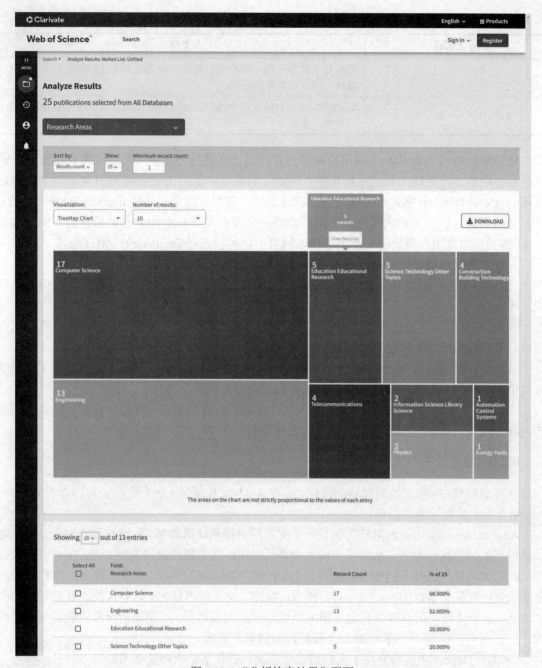

图 6.28　"分析检索结果"页面

在完成深入分析与结果管理后,将进入文献检索的最后阶段——文献应用,进行文献阅读和综述撰写。

利用文献管理软件组织好文献列表,开始系统地阅读选定的文献,并进行笔记和摘录。在阅读过程中,重点关注文献的研究方法、主要发现、理论贡献和实践意义。根据收集和分析的文献资料,开始撰写综述。确保综述全面地反映"数字孪生"在智慧校园建设中的关键应用和研究成果。

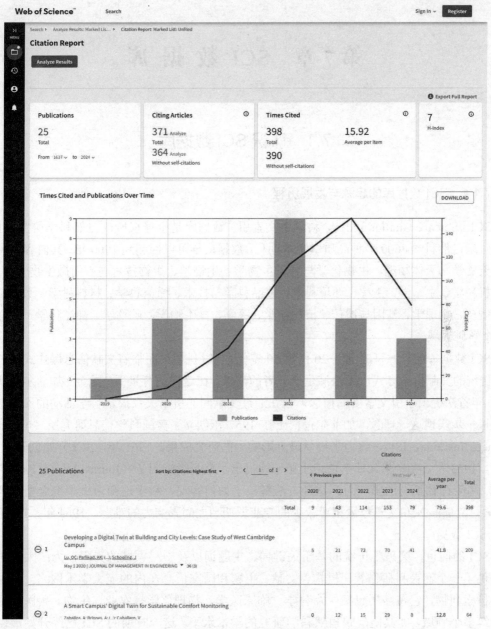

图 6.29　文献的引用情况

在本例中，综述须确保涵盖以下方面：

（1）"数字孪生"技术的定义和原理。

（2）技术在智慧校园建设中的具体应用案例。

（3）技术应用的效果评估和效益分析。

（4）面临的挑战和解决方案。

（5）未来发展趋势和研究方向。

第 7 章　SCI 数 据 库

7.1　认识 SCI 数据库

7.1.1　SCI 数据库的起源与发展历程

SCI（Science Citation Index，科学引文索引）数据库是全球权威的自然科学引文数据库，目前收录自然科学 8600 多种高质量学术期刊，数据最早可以回溯到 1900 年。其内容涵盖了农业、天文学与天体物理、生物化学与分子生物学、生物学、生物技术与应用微生物学、化学、计算机科学、生态学、工程、环境科学、食品科学与技术、通信科学、材料科学、数学、药理学与制药、物理学、基因与遗传、植物科学、医学、微生物学、矿物学、神经科学、海洋学等 176 个学科领域。

SCI 数据库的起源可追溯至 20 世纪 50 年代，当时科学页面临着文献信息爆炸式增长的问题，传统的文献检索方式已无法满足研究者的需求。在这样的背景下，尤金·加菲尔德博士于 1955 年首次提出了引文索引的概念，旨在通过文献间的引用关系揭示科学活动的深层结构。为了进一步实现这一理念，加菲尔德博士在 1957 年创立了美国科学信息研究所（Information Sciences Institute，ISI），致力于提供最具影响力的研究成果。1961 年，SCI 开始创刊，由 ISI 出版。1963 年，尤金·加菲尔德博士第一次提出了期刊影响因子（Journal Impact FactorTM，JIF），用于评估期刊的影响力。这种方法解决了如何客观、科学地衡量大型综合型期刊（如 *Nature*、*Science*）和文章数量相对较少的专业型期刊之间影响力的难题。1964 年，ISI 正式推出了 SCI 数据库。

SCI 的问世，突破了传统的基于关键词、主题词以及学科领域的界限，为广大的科研人员提供了一个涵盖科研作者、机构、文献、主题和国家信息在内的庞大学术网络。作为综合性的检索刊物，它覆盖了包括生命科学、临床医学、物理化学、农业、生物、兽医学、工程技术等多个领域，尤其能反映自然科学研究的学术水平。这一时期的 SCI 已经开始展现出其独特的科学参考价值，在学术界逐渐占据了一席之地。通过数十亿科研文献之间的关联，记录了过去一个世纪以来各科研领域的发展和演变过程，发展成为研究人员获取科技文献信息的重要来源。

随着时间的推移，SCI 不断发展壮大，1975 年推出了期刊引证报告（Journal Citation Reports，JCR），进一步增强了其在学术界的影响力。20 世纪 90 年代，随着 ISI 被汤森·路透集团（Thomson Reuters）收购，SCI 开始进入一个新的发展阶段。

经过数十年的发展，SCI 数据库不断扩展其收录范围和影响力，已成为全球范围内最具影响力的学术文献数据库之一。它不仅是学者发表论文、展示研究成果的重要平台，也是评价学者学术水平和影响力的重要依据。许多高校和科研机构都将 SCI 论文发表数量和质量作为评价科研人员绩效的重要指标之一。同时，SCI 数据库的引用数据也成为衡量学术成果影响力的重要指标之一。许多学者在发表论文时，都会关注其是否被 SCI 数据库收录，以及被引用的次数，以此来评估自己的学术贡献。

　　SCI 数据库的发展也推动了学术交流的国际化。通过 SCI 数据库，研究者可以方便地获取全球范围内的学术资源，了解不同领域的研究进展，促进了学术思想的碰撞与交流，也为国际的学术合作提供了便利，推动了全球科研事业的共同发展。图 7.1 为 SCI 发展历程。

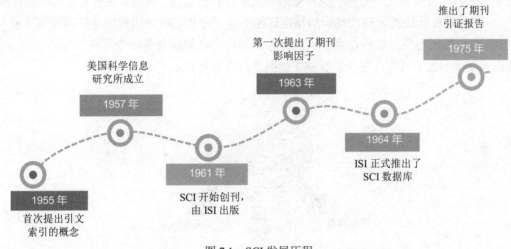

图 7.1　SCI 发展历程

7.1.2　SCI 数据库的覆盖范围与学科领域

　　随着科技的进步和学术交流的日益频繁，SCI 数据库不断发展壮大，数据类型日益丰富，从最初的期刊论文，到如今的会议论文、专利、数据集等多种类型。收录的文献数量也呈指数级增长，据统计，目前 SCI 数据库已收录数百万篇学术论文，涵盖了全球范围内的顶级学术期刊和会议论文。覆盖范围也不断扩大，逐渐涵盖了自然科学、社会科学、医学等多个学科领域。以下是 SCI 数据库覆盖的主要学科领域。

　　（1）生命科学：生物学、生物化学、生物物理学、遗传学等。
　　（2）医学：临床医学、基础医学、药学、公共卫生等。
　　（3）物理科学：物理学、天文学、大气科学、地球科学等。
　　（4）化学：有机化学、无机化学、物理化学、分析化学等。
　　（5）农业科学：农学、植物保护、土壤学、农业工程等。
　　（6）兽医学：兽医学、动物健康、动物生产等。
　　（7）工程技术：机械工程、电子工程、计算机科学、土木工程等。

　　在学科领域的覆盖上，SCI 数据库不仅注重广度，更追求深度。它通过对学术文献的严格筛选和评估，确保收录的论文具有高质量和学术价值。这使得 SCI 数据库成为科研人员获取高质量学术信息的重要渠道。SCI 数据库的覆盖范围与学科领域还在不断扩大和更新。随着科学技术的不断发展和学科交叉融合的趋势加强，越来越多的新兴学科和领域涌现出来。SCI 数据库紧跟时代步伐，不断更新和完善自己的收录范围和检索系统，以适应科研工作的新需求和新挑战。这使得 SCI 数据库始终保持在学术界的领先地位，成为科研人员不可或缺的重要工具。

7.1.3　SCI 数据库的检索特点与优势

SCI 数据库以其独特的检索特点与显著优势，在学术研究领域发挥着举足轻重的作用。其检索特点主要体现在全面覆盖、精准检索和高效便捷等方面。SCI 数据库涵盖了全球范围内的优质学术期刊和会议论文，确保了检索结果的全面性和权威性。同时，通过先进的检索算法和技术，SCI 数据库能够实现对关键词的精准匹配和语义分析，帮助用户快速找到相关文献。此外，SCI 数据库还提供了多种检索工具和平台，用户可以根据自身需求选择合适的检索方式，实现高效便捷的检索过程。图 7.2 为 SCI 数据库的检索特点。

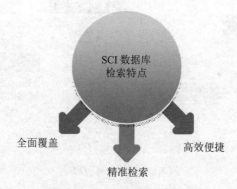

图 7.2　SCI 数据库的检索特点

SCI 数据库的优势在于其高质量的文献资源、强大的检索功能和文献分析评估功能。据统计，SCI 数据库收录的文献数量庞大，且每年都在不断增长，为用户提供了丰富的学术资源。同时，SCI 数据库的检索功能也非常强大，支持多种检索方式和布尔逻辑组合，用户可以根据自身需求进行灵活检索。此外，SCI 数据库还提供了文献的引用分析和评估功能，帮助用户了解文献的质量和影响力，为学术研究提供有力支持。图 7.3 为 SCI 数据库的优势。

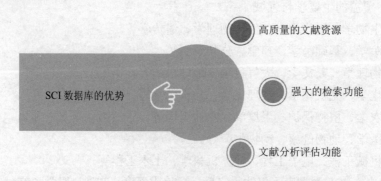

图 7.3　SCI 数据库的优势

以某生物医学领域的研究为例，研究人员在 SCI 数据库中通过关键词检索，快速找到了大量与研究方向相关的文献。通过对这些文献的深入阅读和分析，研究人员不仅了解了当前领域的研究进展和热点，还发现了潜在的研究空白和创新点。同时，SCI 数据库提供的引用分析和评估功能，也帮助研究人员评估了文献的质量和可靠性，为他们的研究提供了有力的支撑。SCI 数据库的检索特点与优势为学术研究人员提供了便捷、高效的文献检索途径。通过充分利用 SCI 数据库的检索功能和资源，研究人员可以更加深入地了解领域内的研究动态和趋势，为研究工作提供有力的支持和指导。

7.2　高级检索 SCI 数据库

在 SCI 数据库检索中，常用的检索工具种类繁多，各具特色。其中，WoS 作为最具代表性的检索平台之一，以其强大的检索功能和丰富的学术资源而备受青睐。下面假设研究者是一名高校管理者，以 WoS 平台作为检索工具，具体描述如何在 SCI 数据库中找到与"人工智能在高等教育领域的应用"相关的高影响力论文的全过程。

7.2.1　进入高级检索

访问 WoS 平台，使用个人或机构账户登录 WoS。在 WoS 主页上，选择 SciELO Citation Index 数据库，专注于科学领域的文献。单击 Advanced Search 按钮，进入"高级检索"页面。图 7.4 为 WoS 平台 SCI 数据库检索主页。

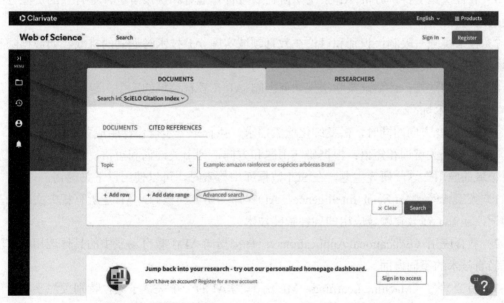

图 7.4　WoS 平台 SCI 数据库检索主页

7.2.2　构建检索策略

构建检索策略是文献检索过程中的关键环节，它直接影响检索结果的质量和相关性。以下将详细描述如何构建检索策略。

（1）理解研究主题：通过对"人工智能"和"教育"两个主题词的结合，先确定研究主题为"人工智能在教育领域的应用"。首先深入理解这一研究主题，明确希望检索的文献类型和研究的具体方向。针对"人工智能在教育领域的应用"这一研究主题，首先要求我们对该领域有一个全面的认识。这意味着要掌握人工智能技术的基础知识，包括机器学习和深度学习等，并理解这些技术是如何在教育领域中发挥作用的。本例研究主题是"人工智能在教育领域的应用"，聚焦于探索和评估人工智能技术在教育实践中的具体应用情况、效果和潜在影响。具体研究方向可包括以下几个方面：

1）个性化学习：评估 AI 技术在个性化学习方案设计中的有效性，包括智能推荐系统和学习路径定制。

2）教学辅助：分析 AI 在教学过程中的应用，如智能辅导系统、自动化评分和课程内容的智能生成。

3）学习分析：探讨 AI 在教育数据分析中的角色，包括学习行为分析、学生表现预测和教育干预策略。

4）智能教育平台：研究 AI 在教育平台中的应用，例如自动化课程管理、在线学习社区的智能互动。

5）教育游戏和模拟：考察 AI 技术在教育游戏和模拟环境中的应用，以及它们如何增强学习体验。

6）教育决策支持：分析 AI 系统如何辅助教育管理者和决策者进行更有效的资源分配和政策制定。

7）技术挑战与限制：识别和讨论在教育领域实施 AI 技术时遇到的挑战，如数据隐私、伦理问题和技术接受度。

8）政策和法规：评估政策和法规如何影响 AI 在教育领域的应用，包括数据安全、学生保护和教育技术标准。

在明确研究方向的同时，需要细化检索需求，执行下一步操作，生成关键词。

（2）生成关键词和短语：根据研究主题和方向，列出关键词和短语。针对"人工智能在教育领域的应用"这一研究主题，在 SCI 数据库中检索时，可以使用以下关键词：

1）人工智能（Artificial Intelligence，AI）：作为研究的核心，AI 是所有相关文献的基础关键词，涵盖了在教育领域应用的各种智能技术。

2）教育应用（Educational Applications）：直接指向 AI 在教育场景中的具体应用，广泛覆盖了教育技术的不同方面。

3）机器学习（Machine Learning，ML）：作为 AI 的一个关键子集，特别关注于教育中使用的算法和统计模型，是实现个性化学习和智能辅导的关键技术。

4）教育技术（Educational Technology）：涵盖了在教育中使用的技术和工具，尤其是那些集成了 AI 的应用，如智能教育软件和平台。

5）智能辅导系统（Intelligent Tutoring Systems，ITS）：专注于能够提供个性化反馈和指导的 AI 系统，是教育领域中 AI 应用的一个重要方向。

6）个性化学习（Personalized Learning）：强调根据每个学生的学习速度和风格定制教育内容，是 AI 技术在教育中应用的一个重要成果。

7）智能教育平台（Intelligent Educational Platforms）：指集成了 AI 功能的在线学习管理系统或平台，提供了丰富的教育资源和智能化的学习体验。

8）教学人工智能（Pedagogical AI）：AI 在教学方法和学习过程中的应用，包括智能课程设计、教学策略优化等。

9）教学中的人工智能（AI in Teaching）：AI 技术辅助教学的各个方面，如自动化评分、学习路径推荐等。

10）智能教育（Smart Education）：利用 AI 技术提升教育智能化水平的实践，包括智能教学、智能管理等。

11）自适应学习（Adaptive Learning）：指能够根据学习者的进度和理解能力自动调整教学内容和速度的系统。

12）教育分析（Educational Analytics）：专注于使用数据分析技术来评估和理解教育过程中的模式和趋势。

13）自动化评分（Automated Grading）：AI 技术在自动评分和作业评估中的应用，提高评分效率和一致性。

14）学习管理系统（Learning Management Systems，LMS）：集成了 AI 功能的学习管理系统，用于课程内容的分发、学习跟踪和报告。

15）教育游戏化（Gamification in Education）：使用游戏化元素来提高学习动机和参与度，AI 可以用于个性化游戏化学习体验。

16）虚拟助教（Virtual Assistants in Education）：AI 驱动的聊天机器人，用于回答学生问题、提供学习支持和辅导。

17）预测建模（Predictive Modeling in Education）：使用 AI 技术预测学生的表现、辍学率或成功概率。

18）教育中的机器视觉（Machine Vision in Education）：AI 在教育环境中的视觉识别应用，如学生行为分析或实验观察。

19）自然语言处理在教育（Natural Language Processing in Education）：AI 在理解和分析教育文本、学生作业和反馈中的应用。

20）教育中的伦理问题（Ethical Issues in Educational AI）：探讨 AI 在教育中应用的伦理问题，如数据隐私、算法偏见等。

21）教育政策与人工智能（Educational Policy and AI）：研究政策如何影响 AI 在教育中的应用，包括规范、标准和指导原则。

22）AI 辅助评估（AI-Assisted Assessment）：AI 在辅助教师进行复杂评估和提供反馈中的应用。

23）教育中的深度学习（Deep Learning in Education）：深度学习技术在教育数据分析、图像识别和语言处理中的应用。

24）跨学科学习（Interdisciplinary Learning with AI）：AI 如何促进不同学科领域之间的整合学习和研究。

25）AI 在特殊教育（AI in Special Education）：AI 技术在支持有特殊需求的学生中的应用。

这些关键词覆盖了人工智能在教育领域应用的不同方面，从技术实现到教育实践，再到政策和伦理考量，通过这些关键词，研究者可以构建一个全面的检索策略，覆盖从技术实现到教育实践、政策制定等各个方面，确保检索结果能够全面反映人工智能在教育领域的应用现状和发展趋势。

但是通过对这一主题关键词的分析筛选，发现关键词太多了，说明研究者研究范围有点过大了，不利于后期的继续研究，需要调整检索主题范围。在实际的科研工作中，需要根据研究者的身份来调整研究范围。现在研究者的身份是高校管理者，那么可以把研究主题范围进行适当缩小，确定一个新的主题和方向："AI 在高等教育领域中的运用"。根据新的主题重新理解一下研究内容和方向，并重新筛选出一组检索关键词：

人工智能——Artificial Intelligence（AI）

高等教育——Higher Education

高校——university OR college

这组关键词更加精炼，直接指向研究主题的核心要素，有助于在 SCI 数据库中进行高效的文献检索。从以上过程中，不难发现，明确主题范围很关键，要注意避免目标与主题过宽或过窄。过宽可能导致结果庞大杂乱，难以筛选；过窄可能遗漏重要文献。定义时需综合考虑研究目的、背景、领域特点等因素，确保合理有效。以上过程可能不是一次性的，需要进行多次调整，才能最终确认。

（3）应用布尔逻辑：在构建高级检索策略时，布尔逻辑运算符的运用至关重要。布尔逻辑运算符主要包括 AND，OR 和 NOT，它们能够帮助用户精确地定位所需文献，提高检索效率。以实践案例为例，假设想要研究"人工智能在高等教育领域的应用"，可以使用"人工智能 AND 教育"作为检索式，这样可以确保检索结果同时包含这两个关键词，从而筛选出与主题紧密相关的文献。同时，为了拓展检索范围，还可以使用 OR 运算符，将"人工智能"与"高校""大学"等相关术语进行组合，以获取更多相关文献。此外，NOT 运算符则可以帮助排除不相关或不需要的文献，例如使用"人工智能 AND 教育 NOT 伦理"可以排除那些主要讨论伦理问题的文献。通过灵活运用这些布尔逻辑运算符，可以构建出更加精确、高效的检索式，从而快速获取所需文献。

根据本案例之前筛选出的一组关键词，使用布尔逻辑连接词来组合这些关键词。因为主关键词较少，布尔表达式相对比较简单：(Artificial Intelligence AND Higher Education) OR (Artificial Intelligence AND university) OR (Artificial Intelligence AND college) NOT (*)。

在这个表达式中，AND 用来确保检索结果同时包含多个关键词组；OR 用来扩展每个组内的关键词，以包含相关的不同方面；NOT 后面通常跟随需要排除的关键词或概念，但由于当前列表中没有明确要排除的词，所以在示例中使用了*号作为占位符。在实际应用中，可根据需要排除的特定概念或领域替换*号。

请注意，检索表达式的构建可能需要根据具体的数据库功能和检索需求进行调整。一些数据库可能还支持使用括号来明确操作的顺序，确保数据库先执行括号内的逻辑运算。在实际检索时，需要根据检索结果来调整关键词和布尔逻辑的使用，以达到最佳的检索效果。

7.2.3　执行检索

（1）应用字段代码：确定关键词应该在文献的哪个部分进行检索，例如标题（TI）、摘要（AB）、作者（AU）等。在这个例子中，选择主题（TS）作为检索项，来提高检索的精确度。

（2）构建检索表达式：将关键词和布尔逻辑结合起来，构建完整的检索表达式，例如：

((TS=(Artificial Intelligence)) AND TS=(Higher Education))

OR ((TS=(Artificial Intelligence)) AND TS=(university))

OR ((TS=(Artificial Intelligence)) AND TS=(college)

（3）设置文献的发表时间范围：文献的发表时间选择最近五年内。完成检索表达式的构建后，单击 Search 按钮执行检索。图 7.5 为 SCI 检索记录。

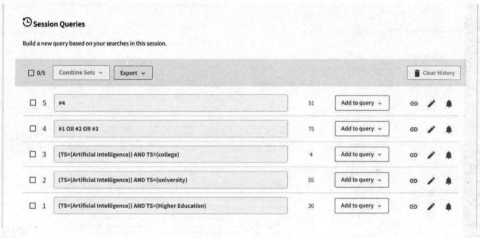

图 7.5　SCI 检索记录

从历史记录列表中，可以看到记录 4 是未设置发表时间范围的检索结果，检索结果文献有 75 篇，记录 5 是加了时间范围近五年后的，，检索结果是 51 篇文献。

如文献数量较多，我们可以设定一些条件来筛选文献：

（1）根据研究领域筛选相关文献：在 SCI 数据库中，根据研究的具体领域进行筛选，利用学科分类和关键词搜索功能来定位密切相关的文献。

（2）根据作者或机构筛选文献来源：识别领域内的领军人物或权威机构，通过关注他们的研究成果来获取高质量的文献。同时，考虑作者的学术背景和成果，选择那些在特定领域有显著贡献的文献。

（3）根据文献质量指标筛选高质量文献：文献质量指标包括引用次数、作者声誉、期刊影响因子、原创性和研究深度。引用次数反映学术价值和影响力，如经典文献常被广泛引用。知名学者和权威机构的文献水平高，高影响因子期刊文献质量整体较高。

（4）根据时间范围筛选最新文献：通过设定合理的时间范围，可以迅速锁定近期发表的高质量文献，从而把握研究领域的最新动态和趋势。筛选最新文献的重要性在于，它们往往包含了最新的实验数据、分析方法和理论观点。这些文献不仅提供了丰富的素材和参考，还可以激发创新思维和灵感。

（5）摘要与关键词的快速筛选：通过快速浏览文献的摘要，可以迅速了解文献的研究内容、方法、结果和结论，从而判断其是否与研究主题相关。

7.2.4　查看文献详细信息

浏览检索结果时，可以使用筛选工具，如根据相关性、发表日期、文献类型等进行筛选；可以根据引用次数最高进行排序；可以根据标题，查看相关性比较大的文献标题，查看摘要、关键词、作者信息、发表期刊等详细信息。图 7.6 为 SCI 文献"检索结果"页面。

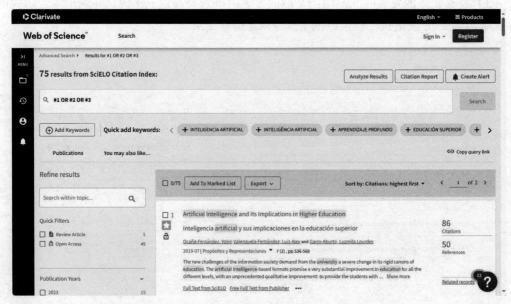

图 7.6　SCI 文献"检索结果"页面

单击 SHOW MORE 按钮可查看完整的摘要内容。图 7.7 为文献摘要简要内容，图 7.8 为文献摘要详细内容。

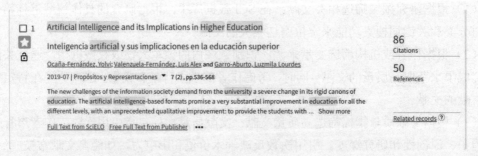

图 7.7　文献摘要简要内容

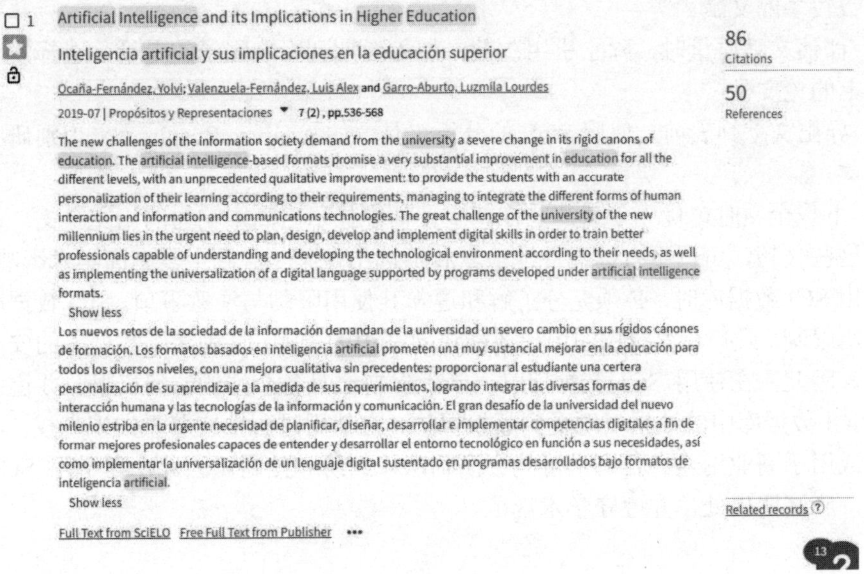

图 7.8　文献摘要详细内容

在查看和深入分析检索结果中的文献时，可以采取一些策略来提高效率和准确性。应综合考虑多个关键因素，比如，文献发表的期刊声誉及其影响因子是评估学术价值的重要参考，高被引文献通常具有广泛的影响力和认可度，文献的研究方法、数据质量和结论的可靠性也是筛选时不可忽视的标准。

虽然信息技术工具可以提高检索效率，但研究者的专业判断对于文献质量的评估至关重要，需要结合工具的辅助进行深入分析，确保所选文献对研究有实质性贡献。

7.2.5　导出文献列表

选择感兴趣的文献，将其加入标记列表，在标记列表中导出或保存检索结果。也可在文献列表页面直接使用 Save 功能保存检索结果，或使用 Export 功能将文献信息导出到文献管理软件。

不同的导出格式会影响后续的数据处理和分析效率。常见的导出格式包括文本格式（如 TXT、CSV）、文献管理软件格式（如 EndNote）等。在选择导出格式时，需要根据研究目的和后续分析需求进行权衡，避免因为导出格式的选择不当导致数据处理的困难和误差。

7.2.6　文献检索的实用技巧

要检索关于"人工智能在高等教育管理领域的应用"主题的高影响力论文，在检索过程中，要注意以下技巧：

（1）构建检索策略时，除了基本关键词，考虑加入如 impact、innovation 等词汇来定位具有重大影响的研究。

（2）设置时间范围和文献类型时，考虑排除老旧的文献，专注于最近几年的研究成果，以提高找到高影响力论文的可能性。

（3）执行检索后，在初步筛选结果的基础上，可增加按照引用次数排序的步骤，优先查看引用次数较多的文献。

（4）评估文献质量时，除了引用次数，加入对期刊影响因子的考量，选择发表在高影响因子期刊上的论文。

（5）导出文献列表前，使用 WoS 的分析工具，如 Analyze Results，来识别研究趋势和高影响力论文。

（6）下载全文时，优先下载那些在初步评估中显示出高影响力的论文全文。

运用这些技巧，可以更有针对性地检索和筛选出在某一主题上具有高学术影响力的论文。

在使用 SCI 数据库时，必须充分了解和遵守其使用限制与注意事项。SCI 数据库通常对访问权限有所限制，只有获得授权的用户才能访问其中的资源。这确保了数据库的安全性和数据的准确性。因此，在使用 SCI 数据库时，应确保自己具备合法的访问权限，并遵守相关的使用规定。SCI 数据库中的数据资源受到版权保护，在使用过程中应尊重知识产权，不得擅自复制、传播或用于商业用途。否则，可能会面临法律纠纷和处罚。因此，在引用 SCI 数据库中的文献时，应注明出处，并遵守学术规范。

第 8 章　SSCI 数 据 库

8.1　认识 SSCI 数据库

8.1.1　SSCI 数据库简介和发展历程

SSCI（Social Sciences Citation Index，即社会科学引文索引）数据库是由 Clarivate Analytics 公司开发和维护的，作为国际上广泛认可的社会科学领域的核心文献检索工具之一，SSCI 数据库在学术界具有极高的声誉和影响力。

SSCI 数据库的发展历程可追溯到 20 世纪 60 年代。它经历了多个重要的阶段，逐步发展成为社会科学领域最具影响力的文献检索工具之一。

1. 早期构思与创建

20 世纪 60 年代，SSCI 的构思由科学信息研究所创始人尤金·加菲尔德提出。他的目标是创建一个能系统性记录学术文献引用情况的工具，以帮助研究人员了解学术研究的影响力和发展脉络。

1963 年，加菲尔德首次提出了引文索引的概念，随后 ISI 开始致力于 SSCI 数据库的开发和构建。

2. 数据库的正式推出

1973 年，SSCI 数据库正式发布，成为世界上第一个专注于社会科学领域的引文索引数据库。最初版本收录了数百种社会科学期刊，为研究人员提供了宝贵的引文数据和文献资源。

3. 扩展与优化

1980—1990 年，随着计算机技术和信息科学的进步，SSCI 数据库不断扩展其收录范围和文献类型，增加了会议论文、书籍章节等内容，进一步丰富了数据库的资源。

1992 年，ISI 推出了 WoS 平台，将 SSCI 数据库与其他学科的引文索引数据库整合，为用户提供更加全面和便捷的检索体验。

4. 数字化与全球化

2000 年，汤森·路透集团收购了 ISI，将 SSCI 数据库数字化，推出在线检索服务，使得全球研究人员能够更加方便地访问和使用 SSCI 数据库。

2010 年，Clarivate Analytics 从汤森·路透集团独立出来，继续运营和发展 SSCI 数据库。此时，SSCI 数据库已经覆盖了数千种高影响力的社会科学期刊，成为全球研究人员不可或缺的学术工具。

5. 现代化与智能化

2018 年，SSCI 数据库引入了人工智能和大数据分析技术，提升了检索效率和数据分析能力。新增的功能包括自动推荐相关文献、智能引文分析等，极大地提高了用户的使用体验。

2020 年及以后，SSCI 数据库持续更新和优化，保持其在社会科学领域的领先地位。通过与全球主要学术机构和研究组织合作，SSCI 数据库不断扩大其国际影响力和学术资源覆盖范围。Clarivate Analytics 公司定期对 SSCI 数据库进行更新，以确保收录的文献最新、最全，这使得 SSCI 数据库成为社会科学领域研究者不可或缺的重要资源，帮助他们及时了解最新的研究动态，提高研究质量和水平。同时，SSCI 数据库也为我国社会科学研究者和学生提供了一个了解国际社会科学研究前沿和进展的重要窗口。图 8.1 为 SSCI 数据库主要发展历程。

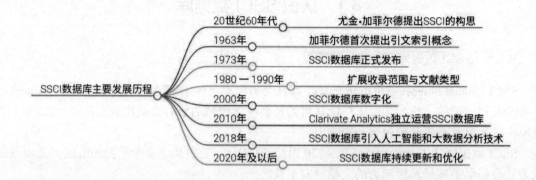

图 8.1   SSCI 数据库主要发展历程

8.1.2   SSCI 数据库的特色与优势

1. 权威性

SSCI 收录的期刊都是经过 Clarivate Analytics 公司严格筛选的高质量学术期刊。这些期刊不仅在学术界享有盛誉，而且其发表的文献也经过了严格的同行评审，确保了文献的学术水平和可靠性。SSCI 的期刊评估使用一组 28 项标准，分为 24 项"质量"标准和 4 项"影响力"标准。符合质量标准的期刊将被收录在 Emerging Sources Citation Index（ESCI）中，而符合影响力标准的期刊将根据其学科领域被收录在 Science Citation Index Expanded（SCIE）、Social Sciences Citation Index（SSCI）或 Arts & Humanities Citation Index（AHCI）中。以下是期刊详细的筛选标准和流程。

第一阶段：初始审核（Initial Triage）。这个阶段需要审核 7 个质量标准，主要包括 ISSN（国际标准刊号）、期刊名称、期刊出版商、期刊网站、内容访问、同行评审/编辑监督政策、联系方式，这些是最基础的信息，目的是确保审核人员能及时准确地与期刊建立联系。

第二阶段：编辑形式分档次（Editorial Triage）。这个阶段的审核包括 9 个质量标准，包括文章标题、文章摘要、罗马文字的文献信息、语言清晰、出版频率、网站、学术道德、编委会成员隶属关系、发文作者单位，这些信息主要检测期刊的发行是否标准化、规律化，以及是否符合学术道德标准。

第三阶段：编辑质量定成败（Editorial Evaluation-Quality）。这个阶段的审核包括 8 个质量标准，包括编委组成的规模和多样性、遵从学术道德有效声明、发布内容反映同行评审、发表内容与期刊的相关性、基金来源确认、遵守学术社区标准、作者的多样性、参考文献的引用，这些内容更加全面化、多角度地考核期刊的质量。

第四阶段：影响力水平评估入库（Editorial Evaluation-Impact）。这个阶段主要是希望

选择出特定研究领域中最具有影响力的期刊，主要使用期刊在 WoS 数据库的影响力，4 项
"影响力"标准包括比较引文分析、作者引文分析、编委引文分析，以及本刊存在的学术
意义。图 8.2 为 SSCI 收录期刊评估标准。

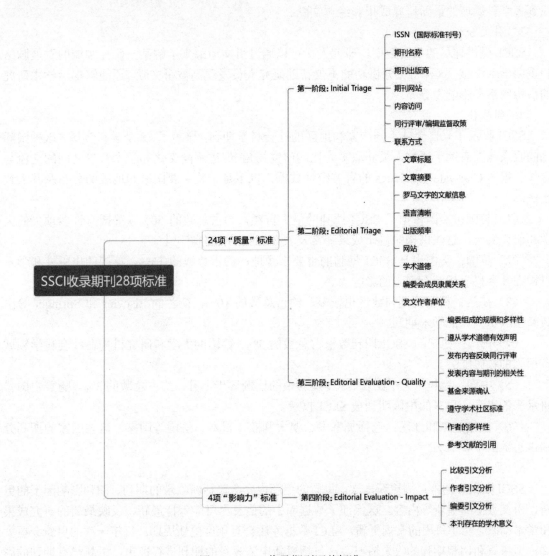

图 8.2　SSCI 收录期刊评估标准

　　SSCI 收录的期刊选择流程严格而缜密，确保收录的期刊具备卓越的质量和学术影响力。
编辑团队与出版社或研究机构保持独立，有效规避了任何潜在的偏见或利益冲突。在期刊评估
环节，采取年度审核机制，编辑开发人员每年细致审阅超过 3500 种期刊，以遴选符合标准的
期刊纳入 SSCI 数据库。经过层层筛选，最终仅有约 10%的期刊能够脱颖而出，成功入选。对
于已收录的期刊，实施持续监控，以确保其持续保持高标准，并与所涵盖的学术领域保持紧密
的相关性。通过这些严格而系统的筛选标准和流程，SSCI 数据库确保收录的期刊质量上乘、
学术影响力卓越，为广大研究人员提供了一个值得信赖的学术资源库。

2. 全面性

SSCI 覆盖了社会科学领域的广泛学科，包括但不限于经济学、心理学、教育学、社会学、政治学等。这种跨学科的覆盖使得 SSCI 成为一个综合性的学术资源库，研究人员可以在这里找到各学科领域的最新研究成果和经典文献。

3. 引文分析

SSCI 提供详尽的引文数据，研究人员可以通过引文追踪来了解某一研究领域的发展脉络和重要学术贡献。这种引文分析功能不仅帮助研究人员发现高被引文献，还能够揭示学术研究的引用网络和影响力分布。

4. 国际化

SSCI 收录了来自全球不同国家和地区的社会科学期刊，覆盖了 58 个学科领域。这种国际化的收录范围有助于研究人员获取多元化的研究视角，促进不同文化和学术背景之间的交流与合作。根据 Clarivate Analytics 的官方统计数据，以下是一些主要国家和地区的分布及其大致比例。

（1）美国：美国占据了 SSCI 期刊的最大份额，约占总数的 50%。美国有许多顶尖的大学和研究机构，这些机构的科研成果经常发表在高影响力的期刊上。

（2）英国：英国也是 SSCI 期刊的重要来源地，约占总数的 15%。英国的出版社和学术机构在社会科学领域有很强的影响力。

（3）荷兰：荷兰的期刊数量也较多，约占总数的 10%。荷兰的 Elsevier 和 Springer 等出版商出版了大量的学术期刊。

（4）德国：德国的 SSCI 期刊数量占总数的 5%。德国的大学和研究机构在社会科学领域有很强的科研能力。

（5）中国：近年来，中国在 SSCI 期刊中的比例逐步上升，约占总数的 3%。随着中国科研水平的提升，更多的中国期刊被 SSCI 收录。

（6）其他国家和地区：包括加拿大、澳大利亚、日本、法国等国家，这些国家的期刊分别占总数的 1%～2%。

5. 更新及时

SSCI 数据库通常每周更新一次。每周的更新内容会包括新收录的期刊、期刊影响因子的更新、引文数据的更新等内容。这保证了数据库中的信息尽可能保持最新，反映最新的研究成果和学术动态。除了每周的常规更新，SSCI 数据库还会有年度更新周期。每年一次的更新会更大规模地审查和调整期刊的收录情况。这包括对新申请收录的期刊进行评审，更新已有期刊的影响因子，以及可能将某些不再符合标准的期刊移出数据库。这种及时更新的特性使得 SSCI 始终保持其作为学术前沿资源的地位，研究人员可以依赖 SSCI 获取最新的学术动态和研究成果。

8.1.3   SSCI 数据库的检索范畴

SSCI 数据库主要关注的是社会科学领域的各类文献，根据 Clarivate Analytics 的官方说明和统计数据，SSCI 数据库收录的文献类型主要包括以下几个方面：

1. 期刊论文

收录来自全球高质量社会科学期刊的学术文章，收录了 3400 多种社会科学领域的权威学术期刊，覆盖了 58 个学科领域。期刊文章是 SSCI 数据库的主要组成部分，占比约为 70%。

2. 会议论文

部分重要的社会科学领域的会议论文也被收录。会议论文在 SSCI 中占有一定比例，约为 20%。

3. 书籍或书籍章节

一些高影响力的书籍或书籍章节也会被收录，在 SSCI 中的比例相对较小，大约为 10%。

图 8.3 为 SSCI 数据库收录的文献类型分布图。

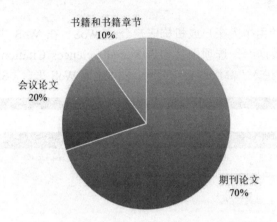

图 8.3　SSCI 数据库收录的文献类型分布图

SSCI 数据库，作为一个权威的、综合性的社会科学信息资源，它的内容覆盖范围极为广泛。这个数据库所包含的学科领域相当丰富，不仅涵盖了经济学、政治学、法学、社会学、人类学、心理学等传统的社会科学学科，而且还包括了新闻学、传播学、教育学、体育学、艺术学等新兴的社会科学学科。此外，SSCI 数据库还涉及一些跨学科的研究领域，如性别研究、种族研究、民族研究、地区研究等，这些研究领域往往跨越了传统学科的界限，为社会科学家提供了更为广阔的研究视野。SSCI 数据库以其全面、深入的数据覆盖，为全球的社会科学家提供了一个宝贵的研究资源。图 8.4 为 SSCI 数据库主要学科覆盖率。

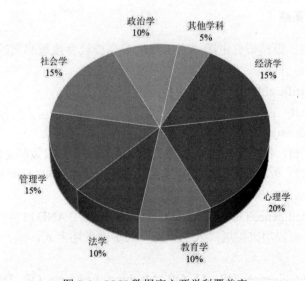

图 8.4　SSCI 数据库主要学科覆盖率

8.2　高级检索 SSCI 数据库

在 SSCI 数据库中检索与"人工智能对高校教育政策制定的影响"相关的文献，通过以下高级检索步骤来实现。

8.2.1　进入高级检索

访问 WoS 平台，使用个人账户或机构账户登录 WoS。在 WoS 主页上，单击 WoS Core Collection 按钮。在"数据库"选项中，勾选 Social Sciences Citation Index (SSCI)项。单击 Advanced Search 按钮，进入"高级检索"页面。图 8.5 为 WoS 平台"SSCI 数据库检索"主页。

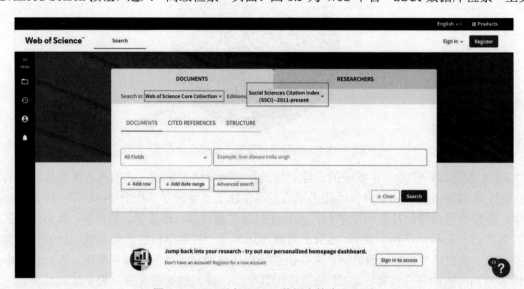

图 8.5　WoS 平台"SSCI 数据库检索"主页

8.2.2　构建检索策略

（1）确定关键词：根据研究主题"人工智能对高校教育政策制定的影响"，明确以下关键词：

1）人工智能（Artificial Intelligence，AI）。

2）高校（University）。

3）教育政策（Educational Policy）。

（2）应用布尔逻辑：针对研究主题"人工智能对高校教育政策制定的影响"，在 SSCI 数据库中进行文献检索时，布尔逻辑运算符的应用是关键。使用 AND 运算符将"人工智能""高校"和"教育政策"这三个核心概念结合起来。例如：

(TS=(Artificial Intelligence OR AI)) AND (TS=(University)) AND (TS=(Educational Policy))

使用 OR 运算符可以用来扩展"人工智能"的不同表述方式，或者扩展"教育政策"的不同相关领域。例如：

(TS=(Artificial Intelligence OR AI OR Machine Learning OR Deep Learning)) AND

(TS=(University)) AND (TS=(Educational Policy OR Policy Making))

如果需要排除某些特定的关键词，例如"中小学"，可以使用 NOT 运算符来排除这些不相关的文献。例如：

(TS=(Artificial Intelligence OR AI)) AND (TS=(University NOT primary school)) AND (TS=(Educational Policy))

（3）构建检索表达式：根据上述关键词和布尔逻辑，得出一个完整的检索表达式示例：

(TS=(Artificial Intelligence OR AI OR Machine Learning OR Deep Learning)) AND (TS=(University)) AND (TS=(Educational Policy OR Policy Making)) NOT (TS=(primary school OR secondary school))

在这个表达式中：

1）TS=(Artificial Intelligence OR AI OR Machine Learning OR Deep Learning)：确保文献主题包含"人工智能"或其相关术语。

2）TS=(University)：确保文献主题包含"高校"。

3）TS=(Educational Policy OR Policy Making)：确保文献主题包含"教育政策"或"政策制定"。

4）NOT (TS=(primary school OR secondary school))：排除与"中小学"相关的文献，确保检索结果专注于高校教育政策。

8.2.3　执行检索

在 SSCI 数据库的"高级检索"页面，输入上述检索表达式。设置文献的发表时间范围，文献的发表时间选择最近五年内。完成检索表达式的构建后，单击 Search 按钮执行检索。图 8.6 为 SSCI 数据库"高级检索"页面。

图 8.6　SSCI 数据库"高级检索"页面

8.2.4　查看文献详细信息

根据以上检索式检索的结果是 65 篇文献，图 8.7 为 SSCI 数据库"检索结果"页面。

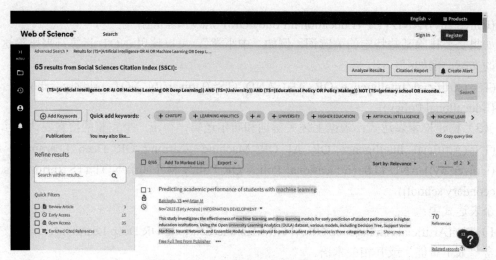

图 8.7　SSCI 数据库"检索结果"页面

可以对检索结果进行排序，本例选择引用最高优先排序，然后查看文献详细信息，通过查看摘要、关键词、作者信息、发表期刊等详细信息，进一步确定文献的相关性和质量。图 8.8 为 SSCI 数据库"引用最高优先排序检索结果"页面。

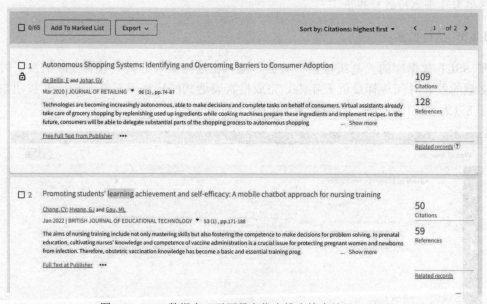

图 8.8　SSCI 数据库"引用最高优先排序检索结果"页面

8.2.5　导出文献列表

通过查看文献的具体信息，共选出 36 篇相关性比较强的文献，加入标记列表，可在标记列表中导出或保存检索结果。图 8.9 为 SSCI 数据库"标记列表"页面。

也可在文献列表页面直接使用 Save 功能保存检索结果，或使用 Export 功能将文献信息导出到文献管理软件。

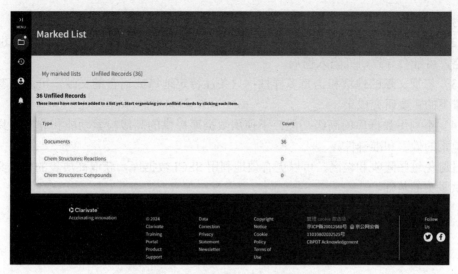

图 8.9　SSCI 数据库"标记列表"页面

8.2.6　常见的误区

在进行 SSCI 文献检索时，存在一些常见的陷阱或误区。了解并避免这些陷阱，可以更高效、更准确地获取所需的学术资源。以下是一些需要避免的常见陷阱或误区。

（1）关键词选择不当：关键词是检索的核心，选择不准确或过于宽泛的关键词会导致检索结果过多且杂乱，难以筛选出相关文献。

（2）忽视同义词和相关术语：只使用单一关键词而忽视同义词或相关术语，可能会遗漏重要的相关文献。

（3）过度依赖单一数据库：仅依赖 SSCI 数据库可能会遗漏其他数据库中的相关文献。建议跨数据库检索，以获取更全面的信息。

（4）不使用布尔逻辑：不使用或错误使用布尔逻辑运算符会导致检索结果不准确或不完整。

（5）忽略文献的发表时间：不设置或不适当设置时间范围，可能会检索到过时的文献，影响研究的时效性和相关性。

（6）不筛选文献类型：不根据研究需要筛选文献类型（如期刊论文、会议论文、书籍章节等），可能会导致检索结果包含大量不相关的文献。

（7）过分依赖引用次数：仅根据引用次数判断文献的质量和重要性，可能会忽略一些新兴但尚未被广泛引用的重要研究。

（8）忽略期刊影响因子：期刊影响因子是衡量期刊学术水平的重要指标，忽略这一指标可能会错过一些高质量的研究成果。

（9）不查看文献详细信息：仅通过标题和摘要判断文献的相关性，可能会遗漏一些内容与研究主题密切相关但标题不明确的文献。

（10）不导出文献列表：不导出或保存检索结果，可能会导致后续研究中无法快速找到所需文献。

（11）不遵守学术规范：在引用文献时不注明出处，或不尊重知识产权，可能会引发学术不端行为或法律纠纷。

（12）不持续学习和调整：文献检索是一个动态过程，不根据检索结果和研究进展调整检索策略，可能会导致研究陷入僵局。

（13）忽视文献的地域和语言多样性：只关注特定地域或语言的文献，可能会忽略其他文化背景下的重要研究成果。

（14）不利用数据库的高级功能：不使用数据库提供的高级检索功能和分析工具，可能会降低检索的效率和准确性。

通过避免这些陷阱和误区，可以更有效地利用 SSCI 数据库，获取高质量的学术文献，为研究提供坚实的基础。

第9章 EI 数据库

9.1 认识 EI 数据库

9.1.1 EI 数据库的起源与发展历程

EI，即《工程索引》（*Engineering Index*），由美国工程信息公司（Engineering Index Information Inc. USA）编辑出版，自 1884 年创办以来，已成为工程技术领域内一个极具权威性的文献检索工具。EI 数据库收录了大量的工程技术领域文献，包括期刊论文、会议论文、专利、标准等，覆盖了机械工程、电子工程、计算机科学、土木工程、材料科学、能源工程等多个领域。

EI 数据库不仅是一个静态的文献集合，它的发展和演变反映了信息检索技术的进步和学术研究需求的增长。以下是 EI 数据库从纸质索引到数字化服务，再到全球化扩展的发展历程。

1969 年，EI 数据库开始收录文献记录，这是目前可追溯的最早收录年代，标志着 EI 数据库现代检索功能的起点。

1990 年，随着网络通信技术的发展，EI 公司开始提供网络版工程索引数据库——EI Compendex，这标志着 EI 数据库从纸质索引向电子化服务的重要转变。

1992 年，EI 开始收录中国期刊，这一举措显著增强了 EI 数据库的全球覆盖度和多元性。

1998 年，在清华大学图书馆建立了 EI 中国镜像站，提升了中国用户访问 EI 数据库的速度和便利性。

21 世纪初，EI 公司进一步扩展了其在线服务，推出了集成信息服务系统如 Engineering Village，整合了多个数据库、专利和标准，为用户提供了一站式的信息服务。

至今，EI 数据库持续扩展学科覆盖范围，包括新兴的工程领域和跨学科研究，以适应不断变化的研究需求。图 9.1 为 EI 发展历程。

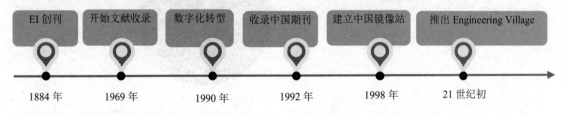

图 9.1　EI 发展历程

EI 数据库从一个集中的文献资源库发展成为一个全球性、多学科、高度数字化的信息服务系统，它的历史和持续的发展展示了对高质量学术资源需求的不断增长，以及工程技术领域知识共享和传播方式的演进。如今，EI 数据库已经成为工程技术领域科研人员获取文献信息、评估学术成果和推动学术交流的重要工具。它不仅是知识的宝库，也是促进全球工程技术领域知识共享和技术创新的关键平台。图 9.2 为 EI 数据库主要收录情况。

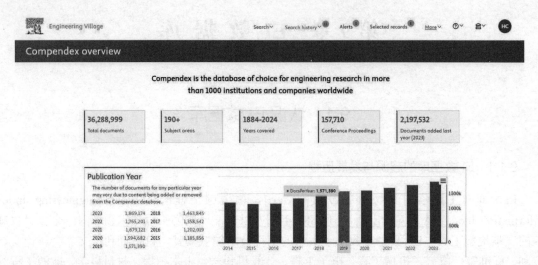

图 9.2   EI 数据库主要收录情况

9.1.2   EI 数据库的覆盖范围与学科领域

EI 数据库覆盖了大量的工程技术领域文献，包括期刊论文、会议论文、专利、标准等。EI 数据库的特点是综合性强、资料来源广、地理覆盖面广、报道量大、报道质量高、权威性强。它选用世界上工程技术类几十个国家和地区 15 个语种的 3500 余种期刊和 1000 余种会议录、科技报告、标准、图书等出版物，年报道文献量 16 万余条，几乎涉及工程技术各个领域。这些文献资源不仅数量庞大，且内容丰富，涉及多种工程学科，为全球的研究人员和工程师提供了宝贵的信息和参考。图 9.3 为 EI 数据库收录文献文档类型占比。

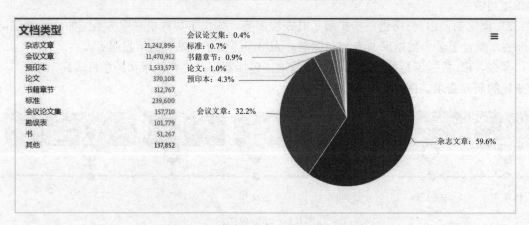

图 9.3   EI 数据库收录文献文档类型占比

EI 数据库学科覆盖范围非常广泛，主要涵盖工程技术领域的各个方面，包括但不限于：

（1）机械工程：涵盖机械设计、制造工艺、自动化控制等方面，收录大量期刊论文、会议论文，介绍最新的机械技术发展和应用。

（2）电子工程：涵盖电子设备、通信技术、微电子学等领域，提供大量学术论文、专利文献和标准文件，反映最新的电子工程技术进展。

（3）计算机科学：包括计算机系统、软件工程、人工智能等前沿技术，收录丰富的研究论文和技术报告，支持计算机科学研究和开发。

（4）土木工程：涉及建筑结构、桥梁设计、道路工程等方面，包含大量的研究文献和工程实例，提供实际应用中的参考资料。

（5）材料科学：涵盖金属材料、高分子材料、复合材料等多种类型，提供新材料的特性分析、生产工艺和应用案例等文献资源。

（6）能源工程：包括传统能源（石油、天然气）和新能源（风能、太阳能）研究，收录关于能源生成、储存、传输和使用的研究文献，支持能源工程的发展。

（7）其他领域：提供多学科交叉领域的文献资源，支持综合性工程研究与应用。图 9.4 为 EI 数据库主要覆盖学科领域。

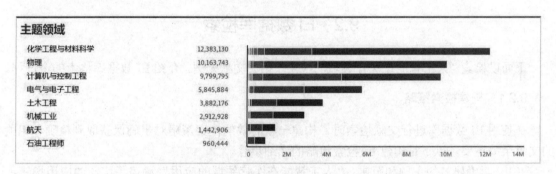

图 9.4　EI 数据库主要覆盖学科领域

EI 数据库凭借其丰富的文献资源和广泛的学科覆盖范围，成为工程技术领域研究人员和从业人员不可或缺的重要工具。无论是机械工程、电子工程、计算机科学，还是土木工程、材料科学、能源工程，EI 数据库都提供了大量的高质量文献资源，支持研究人员快速获取最新的研究成果和技术动态，从而推动各自领域的创新与发展。

9.1.3　EI 数据库的检索特点与优势

EI 数据库作为工程领域的重要文献检索工具，具有多方面的特点和优势，为用户提供了一个全面、专业和高效的工程科技文献检索平台，支持工程科技领域研究者和专业人员获取宝贵的信息资源。

（1）广泛的文献覆盖范围：EI 数据库收录了全球工程技术领域的大量文献，包括期刊论文、会议论文、专利和标准，覆盖机械工程、电子工程、计算机科学、土木工程、材料科学、能源工程等多个学科领域，确保用户获取最新、最全的科研成果和技术信息。

（2）权威的文献来源：EI 数据库的文献来源为国际知名的学术期刊、会议和研究机构，每篇文献都经过严格审查和筛选，保证权威性和学术价值。

（3）精准的检索功能：EI 数据库提供强大的检索功能，支持关键词、作者、出版物名称、出版年等多种检索方式。高级检索功能支持布尔逻辑运算符、短语检索、字段限制等，帮助用户快速找到所需文献。

（4）多种文献类型：除了期刊论文和会议论文，EI 数据库还收录大量专利和标准文献，提供全面的技术参考。

（5）丰富的全文资源：EI 数据库不仅提供文献摘要和索引信息，还收录大量全文资源，用户可以在线阅读或下载文献全文，方便快捷。

（6）跨学科的文献检索：EI 数据库支持跨学科文献检索，满足综合性研究需求，用户可以通过一个平台获取多个学科领域的文献资料。

（7）更新及时：EI 数据库定期更新，确保用户获取最新的研究成果和技术动态，无论是最新的期刊论文还是最新的专利和标准。

（8）用户友好的页面：EI 数据库提供简洁、直观的用户页面，用户可以轻松进行文献检索和管理。多种语言页面方便不同语言背景的用户使用。

（9）数据分析与可视化：EI 数据库提供数据分析和可视化工具，用户可以对检索结果进行统计分析，生成图表和报告，帮助用户理解文献数据，发现研究趋势和热点。

9.2 EI 数据库检索

下面以检索"人工智能在医疗领域的应用"相关文献为例，介绍 EI 数据库检索的全过程。

9.2.1 构建检索策略

在使用 EI 数据库进行文献检索时，构建一个有效的检索策略对于确保获取到精确和相关的文献至关重要。以下是构建 EI 检索策略的详细步骤。

（1）明确研究的主题和范围："人工智能在医疗领域的应用"涵盖了广泛的应用场景，因此，需要明确定义研究的具体边界和重点，以便有效地构建检索策略。例如，可以将研究的重点放在医疗应用或者医疗问题上。

（2）选择和优化关键词：核心关键词包括"人工智能"和"医疗应用"，这些关键词应该涵盖研究的主题和涉及的具体领域。

（3）利用布尔逻辑运算符优化检索：AND 确保所有关键词同时出现，提高相关性，如"人工智能 AND 医疗应用"；OR 扩展检索范围，涵盖同义词，如"人工智能 OR 人工智能"；NOT 排除不相关文献，如"人工智能 AND 医疗应用 NOT 影像分析"。EI 数据库支持限定字段检索，提升精确性和效率。

（4）截词符与通配符的应用：截词符（如"*"）匹配单词变体，如"医疗*"匹配"医疗""医疗学"等；通配符（如"?"）匹配字符变化，如"AI?"匹配"AI""AID"。这些技巧提升检索的全面性和准确性，尤其对跨学科研究十分重要。结合使用截词符和通配符提升检索广度和深度，但需谨慎使用，避免无关文献。需结合研究需求和背景知识优化关键词及符号。

9.2.2 执行检索

1. Engineering Village 检索平台简介

Engineering Village 是一个由 Elsevier 公司提供的广泛应用于工程领域的信息服务平台。Engineering Village 的历史可追溯至 1884 年，当时由一群致力于科研成果共享的工程师创立。如今，作为 Elsevier 的重要组成部分，Engineering Village 继续为全球的工程师和科研工作者提供专业的数据库和检索服务。作为一个高度集成的系统，Engineering Village 汇集了工程索引数据库、专利、标准以及工程技术相关信息，为工程师、科研人员和学生提供了一个强大的在线信息服务。平台还包含了多个专业数据库，如 Compendex、Inspec、GeoBase 和 NTIS Database 等，它们覆盖了广泛的工程和应用科学领域。这些数据库不仅包括学术文献、商业出版物、发明专利，还包括会议论文和技术报告。

在学术界，Engineering Village 中的 Ei Compendex 数据库是衡量学者学术水平的重要指标之一，收录的文献几乎涵盖了所有工程领域的最新进展，其中大约 22% 为会议文献，90% 的文献以英文发表。此外，Ei 专利数据库每周更新，包含了来自美国、欧洲和世界知识产权组织的专利信息，为科研人员提供了探索科技信息的渠道。

进入 Engineering Village 网站主页，在主页右上角，会看到"登录"或 Sign In 按钮。单击该按钮，弹出登录选项。如果有 Engineering Village 的个人账号，可以输入用户名和密码进行登录。如果没有账号，可以根据页面提示进行注册。如果用户所在机构（如大学或研究机构）订阅了 Engineering Village，可以通过机构的网络访问。此时，需要在机构网络环境下（如校园网、VPN）访问平台，系统会自动识别并允许访问。

2. 在 Engineering Village 平台执行检索

Engineering Village 主页面上的功能按钮有 5 个，分别是 Search（检索方式）、Search History（检索历史）、Alerts（警报）、Selected records（精选记录）、More（更多）。

在 Search 下拉列表中，可以进行检索方式的切换，基本检索方式包括 Quick Search（快速检索）、Expert Search（专家检索）、Thesaurus Search（叙词检索）三种。下面分别介绍三种检索方式的检索过程。图 9.5 为 Engineering Village 平台"检索方式选择"页面。

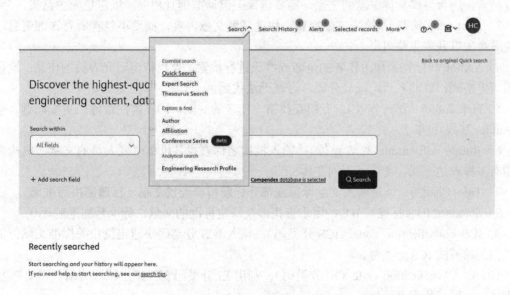

图 9.5 Engineering Village 平台"检索方式选择"页面

（1）快速检索：网站主页即"快速检索"页面，快速检索是字段与逻辑符号组配使用的检索方式，可通过下拉列表选择检索字段和布尔逻辑组配关系（AND、OR、NOT），图 9.6 展示了可选检索字段，共 24 个。

1）All fields（全字段检索）：全字段检索会搜索文献的所有字段，适用于广泛搜索，但结果可能过多，建议结合其他字段或使用筛选条件。

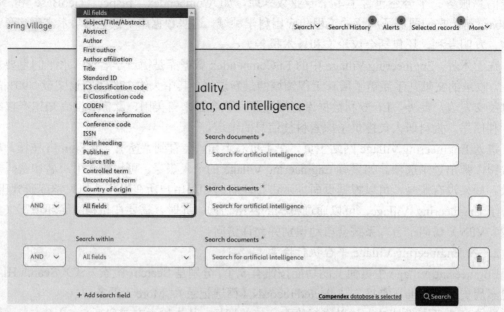

图 9.6　EI 数据库"快速检索"页面可选检索字段

2）Subject/Title/Abstract（主题词/题名/文摘）：通过输入关键词在主题词、题名和文摘中进行搜索，适合寻找具体主题的文献，需要确保关键词准确且相关，以避免无关结果。

3）Abstract（摘要）：检索文献摘要，快速了解文献内容，摘要不包含所有详细信息，需要查看全文以获取完整内容。

4）Author（作者）：使用作者的全名或姓氏进行检索，查找特定研究人员的作品。检索时需用规定格式：姓前名后，逗号分隔，否则无法找到。

5）First author（第一作者）：专门查找第一作者的文献，同样需注意姓名重复问题，格式与 Author 字段相同。

6）Author affiliation（作者单位）：输入机构名称查找某机构研究人员的文献，机构名称可能有多种表达方式，需尝试不同变体。

7）Title（标题）：通过输入文献标题或部分标题精确查找文献，标题需拼写准确。

8）Standard ID（标准号 ID）：用于查找涉及特定标准的文献，标准号需准确无误。

9）ICS classification code（ICS 分类码）：输入 ICS 分类码快速定位相关标准文献，需要熟悉相关领域的 ICS 分类号。

10）EI Classification code（EI 分类码）：利用 EI 分类码查找特定领域文献，需要熟悉 EI 分类体系，提高检索准确性。

11）CODEN（馆藏分类号）：用于查找图书馆馆藏号对应的文献，需确保 CODEN 号准确。

12）Conference information（会议信息）：输入会议名称、日期、地点等信息查找相关文献，会议信息需准确，可以尝试不同组合。

13）Conference code（会议代码）：通过会议代码查找特定会议的所有文献，需了解目标会议的代码。

14）ISSN（国际标准刊号）：输入期刊的 ISSN 号查找期刊文献，ISSN 号必须完整准确。

15）Main heading（主题词）：使用主题词查找特定主题的文献，需要了解数据库的主题词表，以提高检索准确性。

16）Publisher（出版者）：输入出版者名称查找其出版的所有文献，注意出版者名称的拼写和变体。

17）Source title（刊名）：查找特定期刊或会议论文集的文献，确保刊名拼写准确。中文刊名在 EI 数据库中的表达式为中文刊名拼音/英文刊名，因此使用刊名字段查找特定中文刊物上发表的文章时，应优先使用拼音进行检索。

18）Controlled term（控制词）：使用专业术语查找内容，结果更加精确，需了解和使用数据库的控制词表。

19）Uncontrolled term（非控制词）：灵活使用不受控的关键词扩大检索范围，结果可能较广泛，需结合其他字段筛选。

20）Country of origin（国别）：按国家查找文献，了解特定国家的研究情况，注意国家名称的标准表述方式。

21）Funding number（基金号码）：通过基金资助号查找相关资助项目的文献，需确保基金号码准确无误。

22）Funding acronym（基金缩写）：使用基金缩写查找相关资助文献，需了解常用的基金缩写。

23）Funding sponsor（基金资助者）：输入资助者名称查找其资助的文献，注意资助者名称的拼写和变体。

24）Funding information（基金信息）：综合使用基金相关信息查找资助文献，需确保输入的信息尽可能完整和准确。

图 9.7 为 EI 数据库"快速检索"页面。

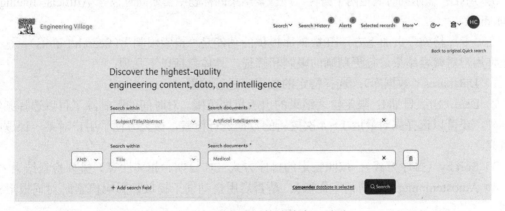

图 9.7　EI 数据库"快速检索"页面

现在以"人工智能"和"医疗领域"作为关键词，在文本框中输入关键词，单击 Search 按钮，得出快速检索的结果。

（2）专家检索：EI 为能熟练使用检索技术、构造科学的检索表达式的检索者设计了强大而灵活的专家检索功能（如图9.8）。

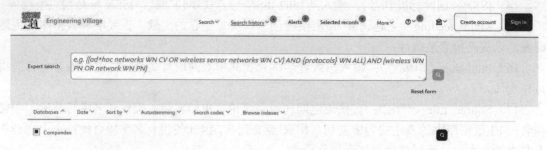

图9.8　EI数据库"专家检索"页面

与快速检索方式相比，专家检索支持更为复杂且强大的布尔逻辑检索机制。专家检索强调用户在检索框中准确无误地输入检索表达式，这些表达式由字段符、检索词以及布尔逻辑算符等核心元素构建而成。为了进一步提升检索的精确性和灵活性，用户可以灵活运用截词符、括号等高级检索技术的权限。这些技术不仅能够帮助用户更精确地定位所需信息，还能在复杂的检索场景中展现出其独特的优势。专家检索还要求用户通过使用 WN 字段来明确检索的位置，这一步骤对于确保检索结果的准确性和针对性至关重要。

本例中，布尔逻辑检索表达式为((Artificial Intelligence) WN TI) AND((Medical) WN TI)，每部分内容说明如下：

1）Artificial Intelligence 和 Medical：检索词。

2）WN TI：表示用在标题中的词（Word in Title）进行检索，如果不指定检索字段（如使用全字段检索），则系统会在标题、摘要、关键词等所有相关字段中进行检索，可能会返回包含这些词的更多文献。

3）((Artificial Intelligence) WN TI)：检索标题中包含 Artificial Intelligence 这一词汇的文献。

4）((Medical) WN TI)：检索标题中包含 Medical 这一词汇的文献。

5）AND：表示同时满足两个条件，即检索结果的标题中需要同时包含 Artificial Intelligence 和 Medical。

在"专家检索"页面下方，EI 数据库提供的功能是"检索限制"（Search Limits）。这个功能允许用户对检索结果进行更精确的限制和筛选，具体包括以下几项：

1）Databases（数据库）：选择特定的数据库进行检索。

2）Date（出版日期）：限定检索结果的出版日期范围。对时间的限制除了可以选择某年到某年外，还可以选择只对最近 1～4 次更新的数据进行检索，极大方便了用户对某一课题的追踪研究。

3）Sort by（排序方式）：按照特定的排序方式（如日期、相关性等）排列检索结果。

4）Autostemming（自动词干提取）：是否启用自动词干提取，影响检索时对词根形式的处理。

5）Search codes（检索代码）：使用特定的检索代码来进行检索（如主题代码、分类代码等）。图 9.9 为 EI 数据库可用的检索字段及代码。

6）Browse indexes（浏览索引）：提供了索引词典功能，这个功能为用户提供了针对多个字段的索引词典，帮助用户更好地选择和使用检索词。这些字段包括Assignee（作者）、Author

（受让人）、Author affiliation（第一作者单位）、Classification code（分类代码）、Controlled term（控制词）、Document type（文献类型）、ICS code（国际标准分类代码）、Inventor（发明者）、Language（语言）、Publisher（出版者）、Source title（刊名）、Treatment（处理）。通过这些索引词典，用户可以更加精准地进行文献检索。图 9.10 为 EI 数据库专家检索浏览索引词典。

Database		Code = Field		Code = Field	
c	= Compendex	AB	= Abstract (c)	GAG	= Funding sponsor (c)
		ACT	= Open Access type (c)	ICS	= International Classification for
		AN	= Accession number (c)		Standards (c)
		AF	= Affiliation/Assignee (c)	BN	= ISBN (c)
		ALL	= All fields (c)	SN	= ISSN (c)
		AU	= Author/Inventor (c)	SU	= Issue (c)
		FIRSTAU	= First author (c)	LA	= Language (c)
		CL	= Classification code (c)	NU	= see Numerical Data Codes (c)
		CN	= CODEN (c)	PA	= Patent application date (c)
		CC	= Conference code (c)	PI	= Patent issue date (c)
		CF	= Conference information (c)	PM	= Patent number (c)
		CV	= Controlled term/Subject Area (c)	YR	= Publication year (c)
		PU	= Country of application (c)	PN	= Publisher (c)
		CO	= Country of origin (c)	ST	= Source title (c)
		DOI	= DOI (c)	STDID	= Standard ID (c)
		DT	= Document type (c)	KY	= Subject/Title/Abstract (c)
		MH	= Main heading (c)	TI	= Title (c)
		GFA	= Funding acronym (c)	TR	= Treatment type (c)
		GFI	= Funding information (c)	FL	= Uncontrolled term (c)
		GFN	= Funding number (c)	VO	= Volume (c)

图 9.9　EI 数据库可用的检索字段及代码

Databases ⌄	Date ⌄	Sort by ⌄	Autostemming ⌄	Search codes ⌄	Browse indexes ⌃

Assignee ↗	Author ↗	Author affiliation ↗	Classification code ↗
Controlled term ↗	Document type ↗	ICS code ↗	Inventor ↗
Language ↗	Publisher ↗	Source title ↗	Treatment ↗

图 9.10　EI 数据库专家检索浏览索引词典

　　系统默认状态为检索所有年代和所有类型的文献，通过这些限制和筛选功能，用户可以更精准地找到所需的文献和信息，优化检索效果。完成以上操作后，单击 Search 按钮，即可得到检索结果。根据示例，要查找近年来人工智能在医疗领域的应用研究文献，在检索框内输入((Artificial Intelligence) WN TI) AND((Medical) WN TI)，单击 Search 按钮。图 9.11 为 EI 数据库"专家检索结果"页面。

　　（3）叙词检索：从 1993 年开始，EI Compendex 放弃了原有的标题词检索语言，全面采用了新的叙词检索语言，即叙词表，以取代 SHE 词表及 EI 其他索引出版物的标引工具。叙词表包含了 18000 多个词和词组，其中规范化叙词达 9300 多个，非规范化叙词接近 9250 个。引入叙词检索功能，是工程科技文献检索的一项重大创新。通过专业的叙词表，用户能够更精准地定位与其研究领域相关的文献，从而显著提升检索结果的准确性和涵盖面。EI 的叙词表涵盖了广泛的专业术语，按照工程和应用科学的不同领域进行分类。用户可以根据自己的研究需求选择适当的叙词进行检索，快速缩小检索范围，确保所得结果的相关性和专业性。此外，叙词表还有助于发现不同研究领域之间的潜在联系，激发新的研究思路。

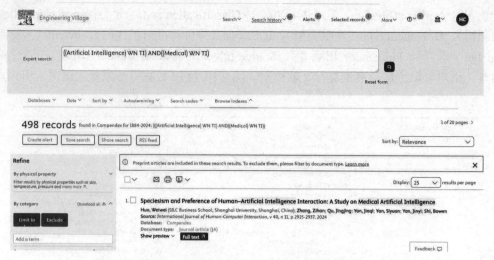

图 9.11　EI 数据库"专家检索结果"页面

　　EI 叙词表中所有主题词均按字母顺序排列，检索词的处理方式统一，不再受主、副标题词固定组合的限制，显著提高了检索主题词的灵活性。任何词都可以作为主题词或说明词，检索概念由主题词自由组合，充分发挥了检索系统的功能。为了进一步增强检索功能，EI 检索系统中还广泛使用了自由词作为助词，以弥补标准词表的不足。

　　单击 Thesaurus search 按钮即可进入"叙词检索"页面。可以选择 Vocabulary search（词汇查询）、Exact term 按钮（精确词汇）或 Browse（浏览）三种选项，在输入框中输入查询词，再单击 Search index 按钮即可进行叙词检索。

　　当使用 EI 数据库的叙词检索功能时，根据选择的不同选项，检索结果会有所不同，并且与输入的检索词之间有着特定的关系。

　　1）Vocabulary search（词汇查询）：用户输入一个或多个词汇或短语，系统将根据输入在 EI 叙词表中查找匹配项。检索结果将包含与输入的词汇或短语相关的主题词或叙词表中的术语，这些术语可以帮助用户更准确地定位相关的文献。这种关系是通过叙词表中的词汇与用户输入的词汇之间的语义相似性来建立的。

　　2）Exact term（精确词汇）：用户直接输入已知的 EI 叙词表中的精确术语或短语。检索结果将精确匹配用户输入的相应术语，确保检索结果的准确性和特定性。这种关系是严格的一对一匹配，确保检索结果与输入的叙词表术语完全一致。

　　3）Browse（浏览）：用户按字母顺序浏览 EI 叙词表，以发现和选择适当的叙词进行检索。该浏览方式允许用户浏览整个叙词表，了解不同主题的覆盖范围，选择最合适的术语进行检索。这种关系是通过用户选择的叙词直接对应叙词表中的特定主题或术语，确保检索范围的精确性和专业性。

　　这三种选项提供了多样化的检索方式，使用户可以根据自己的需求和研究主题以不同的方式使用 EI 的叙词检索功能，从而更精确地定位和获取相关的工程科技文献。下面分别选择三种不同的选项进行检索。图 9.12 为 EI 数据库"叙词检索"页面。

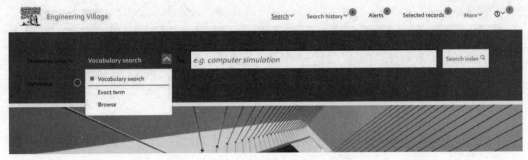

图 9.12　EI 数据库"叙词检索"页面

1）选择 Vocabulary search 选项；在检索框输入检索词 Artificial Intelligence，单击 Search index 按钮进行提交，显示结果为 Artificial Intelligence 在叙词表中的位置及其上位词、下位词和相关词。图 9.13 为 Vocabulary search 检索模式查询 Artificial Intelligence。

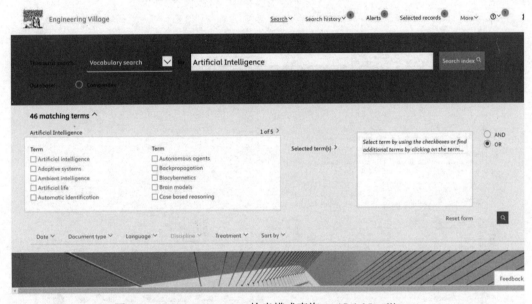

图 9.13　Vocabulary search 检索模式查询 Artificial Intelligence

选择第一个词 Artificial Intelligence，再在文本框中输入 Medical，显示结果为 Medical 在叙词表中的位置及其上位词、下位词和相关词。图 9.14 为 Vocabulary search 检索模式查询 Medical。

选择 Medical applications，选择 AND，单击"搜索"按钮，正式开始文献检索。图 9.15 为 Vocabulary search 检索模式"检索"页面。

最终生成的检索表达式为 (((({Artificial intelligence} WN CV) AND ({Medical applications} WN CV)))), 这里 CV 表示叙词，检索结果为 469 条记录。图 9.16 为 Vocabulary search 检索"模式检索结果"页面。

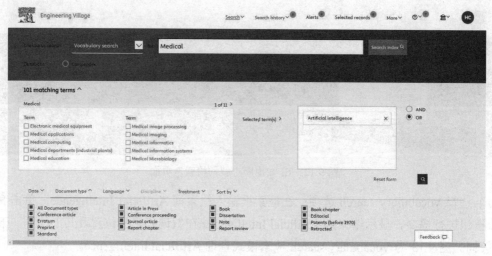

图 9.14　Vocabulary search 检索模式查询 Medical 结果

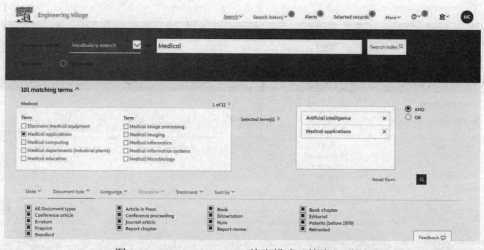

图 9.15　Vocabulary search 检索模式"检索"页面

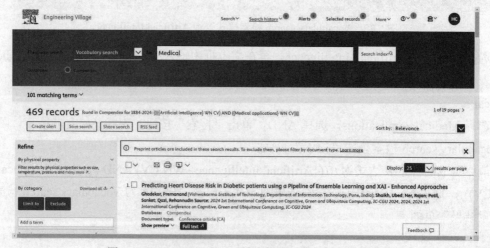

图 9.16　Vocabulary search 检索模式"检索结果"页面

2）选择 Exact term 选项：在检索框输入检索词 Artificial Intelligence，单击 Search index 按钮进行提交，显示结果为 Artificial Intelligence 在叙词表中的位置及其上位词、下位词和相关词。选择 Artificial Intelligence，再在文本框中输入 Medical，进行检索。显示结果提示 Your search did not find any match for "Medical". Did you mean?，也就是在精确词汇检索模式下，找不到 Medical 这个叙词。图 9.17 为 Exact term 检索模式检索 Medical 结果。

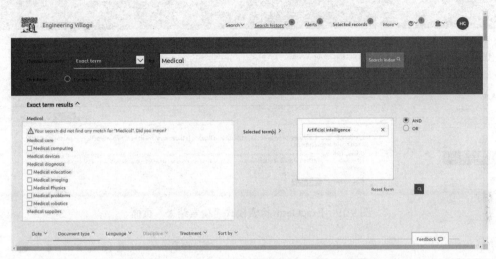

图 9.17　Exact term 检索模式检索 Medical 结果

可以选择一个相近的叙词，这里选择 Medical problems，再选择 AND，单击"检索"按钮。图 9.18 为 Exact term 检索模式"检索"页面。

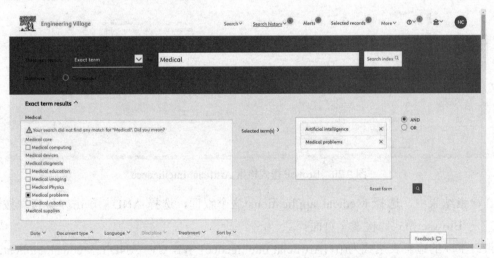

图 9.18　Exact term 检索模式"检索"页面

最终生成的检索表达式为 (((({Artificial intelligence} WN CV) AND ({Medical problems} WN CV))))，检索结果为 160 条记录。图 9.19 为 Exact term 检索模式"检索结果"页面。

3）选择 Browse 选项：在检索框输入检索词 Artificial Intelligence，单击 Search index 按钮进行提交，显示结果为与 Artificial Intelligence 相关的叙词。选择 Artificial Intelligence，再在

文本框中输入 Medical，进行检索。图 9.20 为 Browse 模式检索 Artificial Intelligence。图 9.21 为 Browse 模式检索 Medical。

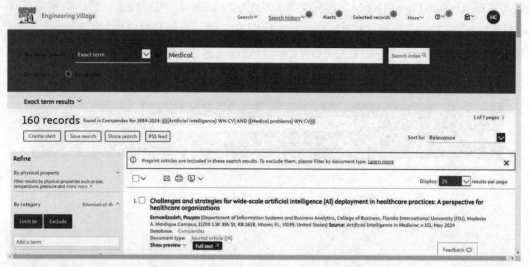

图 9.19　Exact term 检索模式"检索结果"页面

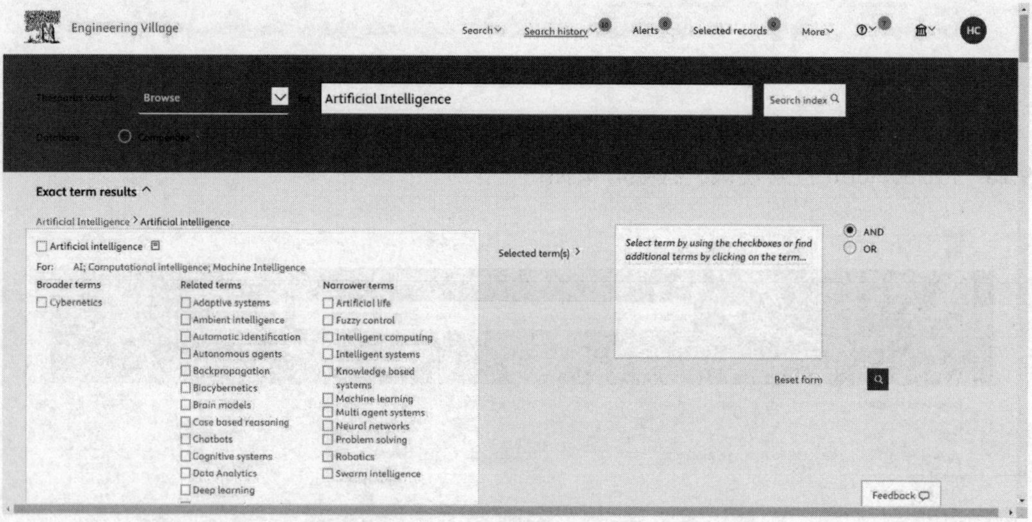

图 9.20　Browse 模式检索 Artificial Intelligence

在检索结果中，选择 Medical applications 这个叙词，选择 AND，单击"检索"按钮。图 9.22 为 Browse 模式"检索"页面。

最终生成的检索表达式为(((({Artificial intelligence} WN CV) AND ({Medical applications} WN CV))))，检索结果为 469 条记录。检索结果与选择 Vocabulary search 选项时的检索结果相同。

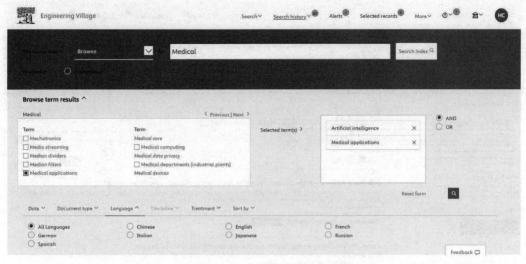

图 9.21　Browse 模式检索 Medical

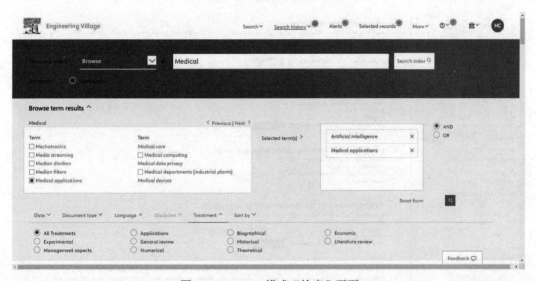

图 9.22　Browse 模式"检索"页面

9.2.3　检索结果的筛选和下载

1. 结果筛选

在 EI 数据库文献检索的过程中，检索结果的初步筛选是至关重要的一环。一旦执行了检索，用户通常会面对大量的文献结果，这些结果可能涵盖了从高度相关到几乎无关的各种文献。为了有效地利用时间和资源，需要对检索结果进行初步筛选。先来看一下"检索结果"页面的功能。图 9.23 为 EI 数据库"检索结果"页面。

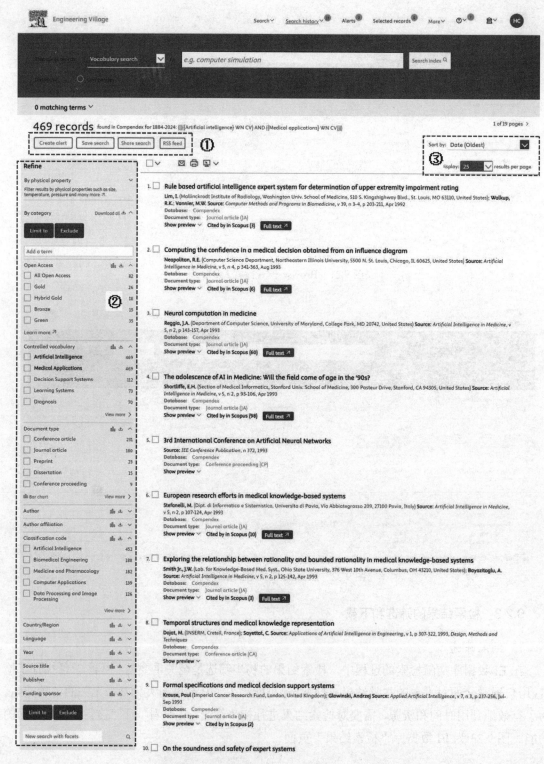

图 9.23 EI 数据库 "检索结果" 页面

图中①页面中间部分有 4 个按钮，分别是：

（1）Create alert（创建警报）：这个按钮允许用户创建警报，即设置一个定期检索的条件，并在新文献符合条件时接收通知。用户可以选择接收通知的方式，如电子邮件或数据库内部的警报系统。

（2）Save search（保存检索）：用户可以通过这个按钮将当前的检索结果保存下来。

（3）Share search（分享检索）：这个功能允许用户分享其当前的检索条件和结果。

（4）RSS feed（RSS 订阅）：如果用户使用 RSS 阅读器来跟踪更新，则可以通过这个按钮获取一个 RSS feed 链接。这样，用户可以将 EI 数据库的检索结果集成到 RSS 阅读器中，方便随时获取最新的文献检索结果。

图中②页面左侧是各种检索结果分类方法，用户可以通过选择分类方法筛选检索结果，具体见表 9.1。

表 9.1　Engineering Village 检索结果分类方法

分类方法	分类项
Open Access（可开放获取）	All Open Access（全开放获取）：文章完全开放获取，用户无需订阅或付费即可免费获取和阅读文献的全文内容。这些文献通常通过开放获取期刊或开放获取数据库发布 Gold（黄金开放获取）：黄金开放获取指的是文章在期刊出版时即为开放获取状态，作者或其研究机构支付出版费用以确保全文免费向公众开放。这些期刊经过同行评审，并且所有内容都可以免费获取 Hybrid Gold（混合黄金开放获取）：混合黄金开放获取期刊允许作者选择性地将其文章设置为开放获取，通常是通过支付额外费用实现的。除非作者选择开放获取选项，否则文章可能需要订阅或购买才能访问 Bronze（青铜开放获取）：青铜开放获取期刊指的是通过存储库或文档服务器提供免费访问的文章，这些文章可能未经同行评审或是已出版的先前版本。这种类型的开放获取常见于预印本或作者自行归档的文章 Green（绿色开放获取）：绿色开放获取是指作者或出版商在传统出版后，通过向机构或存储库提交文章的副本，并根据出版协议允许在特定条件下免费获取。这些文献通常遵循出版后自行归档的政策
Controlled vocabulary（受控词汇）	受控词汇是一种标准化的术语体系，用于描述特定领域的主题和概念。在 EI 数据库中，这些受控词汇通常源于专门的叙词表，确保所有文献都能够使用统一的术语进行索引和分类
Document Types（文献类型）	Conference article：会议文章 Journal article：期刊文章 Preprint：预印本 Dissertation：学位论文 Conference proceeding：会议论文集 Book chapter：书籍章节 Book：书籍 Data Paper：数据论文 Article in Press：即将发表的文章

分类方法	分类项
Author（作者）	按作者相关文献数量由多到少排序
Authors affiliation（作者所属机构）	按作者所属机构相关文献数量由多到少排序
Classification code（分类代码）	分类代码是指用于对文献进行主题分类和标记的特定代码或数字。这些代码通常基于受控词汇系统或专门的主题分类体系，帮助用户快速定位与特定主题或领域相关的文献
Countries/Regions（国家/地区）	按国家或地区相关文献数量由多到少排序
Language（语种）	按每类语言相关文献数量由多到少排序
Year（年份）	按年度文献数量由多到少排序
Source title（来源标题）	根据文献发表的期刊、会议名称或出版物的标题对检索结果进行分类，按来源标题相关文献数量由多到少排序
Publisher（出版商）	按每个出版商相关文献数量由多到少排序
Funding sponsor（资助机构）	按基金资助机构相关文献数量由多到少排序

图中③页面有 2 个按钮 Sort by（排序方式）和 Display（每页显示文献数量）。

（1）Sort by 共有以下 9 种排序方式，默认是关联度。

Relevance：关联度。

Date(Oldest)：日期（最旧）。

Date(Newest)：日期（最新）。

Author(A～Z)：作者（A～Z）。

Author(Z～A)：作者（Z～A）。

Source(A～Z)：来源（A～Z）。

Source(Z～A)：来源（Z～A）。

Publisher(A～Z)：出版商（A～Z）。

Publisher(Z～Z)：出版商（Z～A）。

（2）Display 有 25、50、100 三个选项，系统默认是 25。

可以先利用 EI 数据库提供的排序和筛选功能，缩小检索范围。在"文献检索结果"页面的 Document Type 分类中，选择 Journal article，单击 Limit to 按钮后，文献数量剩下 180 个。图 9.24 为 EI 数据库初步筛选后"结果"页面。

在"结果"页面中可以按照相关性、发表日期或来源等指标对结果进行排序，优先查看与研究主题高度相关、最新发表或被广泛引用的文献。还可以根据研究主题和范围，从标题、摘要和关键词等关键信息入手，快速浏览检索结果，排除那些与研究主题明显不符的文献。例如，如果研究主题是"人工智能在医疗领域的应用"，那么可以迅速识别并排除那些讨论人工智能在其他领域（如教育、金融等）应用的文献。也可以找到目标文献，单击文献标题或下载链接进入"文献详情"页。在详情页中，用户可以看到文献的详细信息，包括作者、摘要、关键词等。此时，用户需要确认文献的版权信息，确保下载行为符合相关规定。图 9.25 为 EI 数据库检索结果"文献详情"页面。

图 9.24　EI 数据库初步筛选后"结果"页面

图 9.25　EI 数据库检索结果"文献详情"页面

2. 文献的保存下载

在"文献检索"页面，勾选已筛选出的文献前面的单选框，也可一次选择整页的全部记录（select all on page）。对已经勾选的文献，可以选择邮件发送、打印、下载等方式，按指定格式进行输出。图 9.26 为 EI 数据库"检索结果"页面。

（1）单击"邮箱"图标，执行 Email selected records 操作，页面如图 9.27 所示，填写好资料后单击 Send Email 按钮。

（2）单击"打印机"图标，执行 Print selected records 操作，页面如图 9.28 所示，单击 Print 按钮进行打印。

图 9.26　EI 数据库"检索结果"页面

图 9.27　EI 数据库检索结果执行 Email selected records 操作页面

图 9.28　EI 数据库检索结果执行 Print selected records 操作页面

　　（3）单击"下载"图标，执行 Download selected records 操作，直接弹出"文件下载"页面，如图 9.29 所示，选择默认的文件类型。单击下载图标右侧的下拉小三角按钮，进入"下载选项"页面。

在文献下载选项设置中，主要有三个选项：

1）Location（下载位置）：

①My PC：下载文献到本地计算机。

②Mendeley：下载文献到 Mendeley 文献管理软件中。

③Google Drive：下载文献到 Google Drive 云存储中。

④Dropbox：下载文献到 Dropbox 云存储中。

⑤Your Folder(s)：下载文献到自定义文件夹中（用户自行指定的文件夹）。

2）Format（文献格式）：

①EndNote (RIS, Ref. Manager)：以 EndNote 格式下载，支持 RIS 和 Ref. Manager 格式。

②BibTeX：以 BibTeX 格式下载，适用于 LaTeX 文档的引用管理。

③Text (ASCII)：以纯文本格式下载，使用 ASCII 编码。

④CSV：以逗号分隔值格式下载，便于导入电子表格软件。

⑤Excel® include columns without data：以 Excel 格式下载，包括无数据的列。

⑥PDF add search summary：下载 PDF 格式的文献，并添加搜索摘要信息。

⑦RTF (Word®)：以 RTF 格式下载，兼容 Microsoft Word。

3）Output（输出内容）：

①Current page view：下载当前页面视图的文献。

②Citation：下载文献的引用信息。

③Abstract：下载文献的摘要信息。

④Detailed record：下载文献的详细记录。

图 9.29　EI 数据库检索结果更改下载选项页面

也可在"文献检索结果"页面进行文献勾选后，单击 Save search 按钮，即可将结果文献添加到 Selected records 列表，在 Selected records 列表页面（图 9.30）中，同样可以选择邮件发送、打印、下载等操作，下载文献可选择 Citation format（引用格式）、Abstract format（摘要格式）和 Detailed format（详细格式）。

本例选择"摘要格式"，下载 PDF 文件，勾选的几个文献都列在同一个 PDF 文件中。图 9.31 为 EI 数据库下载 PDF 文档。

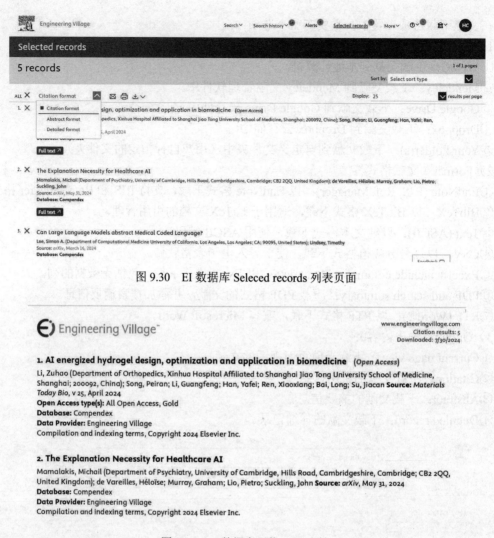

图 9.30　EI 数据库 Seleced records 列表页面

图 9.31　EI 数据库下载 PDF 文档

　　在文献下载完成后，用户需要对文献进行保存和管理。建议用户将下载的文献或文献集按照研究主题或项目进行分类保存，以便后续查找和使用。同时，用户也可以利用文献管理软件（如 EndNote、NoteExpress 等）对文献进行标注、引用和分享等操作。这些软件不仅能够帮助用户更好地管理文献资源，还能够提高文献的利用率和学术价值。

9.2.4　检索经验与技巧

　　在 EI 数据库文献检索中，以下是一些有效的技巧和策略，帮助用户优化检索体验和检索结果。

　　（1）精确检索与模糊检索的选择：在开始检索前，根据具体的研究需求选择合适的检索方式。精确检索适用于确切的术语或短语，而模糊检索则更适合于扩展相关主题的搜索范围。

　　（2）使用布尔逻辑运算符：布尔运算符能够帮助用户组合关键词，以精确定义检索条件。例如，将多个相关的关键词组合起来，可以有效缩小检索结果的范围。

（3）限定字段检索：通过指定检索字段（如标题、摘要、作者），可以提高检索的精确度。这种方式特别适用于需要专注于特定文献元素的情况。

（4）高级检索功能的利用：EI 数据库提供了丰富的高级检索选项，如日期范围、文献类型、语言等筛选条件。合理使用这些功能可以更快速地找到符合特定需求的文献。

（5）利用受控词汇系统：受控词汇系统确保文献使用统一的术语进行分类和检索，有助于避免信息重复和错过。

（6）创建警报和保存检索：用户可以利用 EI 数据库的警报功能，定期接收符合特定条件的新文献通知。同时，保存检索条件可以节省时间，避免重复输入检索条件。

（7）反馈机制的应用：根据检索结果的质量和相关性，不断调整和优化检索策略。分析不理想的检索结果，并调整关键词、运算符或字段限定，以获取更准确的结果。

通过这些技巧和策略，用户可以更加高效地利用 EI 数据库，快速找到与其研究需求最为相关的高质量文献资源。

第10章　英文专利数据库

10.1　英文专利数据库概述

在深入了解英文专利数据库的分类之前，首先需要认识到专利信息在当今快速发展的技术世界中的重要性。专利不仅保护了发明者的知识产权，而且也是技术创新和市场竞争的关键指标。随着全球化的不断深入，英文专利数据库成为连接世界各地创新者和研究人员的重要桥梁。它们不仅提供了一个平台来分享和利用全球的专利知识，还促进了跨学科和跨国界的合作。因此，对英文专利数据库进行分类和理解，对于任何希望在全球范围内进行技术研究、开发和商业化的个人或组织来说，都是至关重要的。

10.1.1　英文专利数据库的分类

英文专利数据库按照其功能和来源可以分为四大类：官方专利数据库、商业专利数据库、学术专利数据库和开放专利数据库。

1. 官方专利数据库

官方专利数据库由各国或地区的专利局或知识产权机构运营，提供最权威和官方的专利信息。这些数据库通常包含从申请到授权的全过程信息，包括专利的法律状态、专利文献、审查过程等。美国专利商标局（United States Patent and Trademark Office，USPTO），提供美国专利和商标的全面信息，用户可以访问自 1790 年以来的专利文档。欧洲专利局（European Patent Office，EPO），涵盖了在欧洲范围内申请和授权的专利，以及相关的法律和审查信息。

2. 商业专利数据库

商业专利数据库由私营公司运营，它们通常提供更深入的分析工具和增值服务，如专利引证分析、技术趋势分析等。汤森·路透集团的 WoS 是一个综合性的学术研究平台，它不仅包括专利信息，还涵盖了广泛的科学文献和引文数据。Clarivate Analytics 的 Derwent Innovation 专注于提供专利信息的深度分析，包括专利家族、引证关系和专利强度等指标。

3. 学术专利数据库

学术专利数据库主要服务于学术研究和教育领域，它们通常侧重于文献的引用和学术影响。Google Scholar 虽然不是一个纯粹的专利数据库，但它提供了广泛的学术文献搜索服务，包括专利文献，并支持引文链接和引用分析。

4. 开放专利数据库

开放专利数据库提供免费访问，使得更广泛的用户群体能够访问专利信息，促进了知识的共享和创新。Google Patents 提供了一个用户友好的页面来搜索和浏览专利，支持多种语言的专利文献，并且完全免费。

每种类型的数据库都有其特定的用户群体和使用场景。例如，研究人员可能更倾向于使用学术数据库来追踪引用和学术影响，而企业研发人员可能更依赖商业数据库来获取深度分析和市场洞察。开放数据库则为公众提供了一个低成本的途径来了解和利用专利信息。随着技术的发展和用户需求的变化,这些数据库也在不断地演进和完善,以提供更加丰富和高效的服务。

10.1.2 全球主要英文专利数据库介绍

全球范围内的英文专利数据库构成了一个庞大而复杂的信息网络,它们为研究人员、发明家、企业和法律专业人士提供了宝贵的资源。以下是全球知名的英文专利数据库的简介。

1. WIPO PATENTSCOPE

WIPO PATENTSCOPE 是世界知识产权组织(World Intellectual Property Organization,WIPO)提供的全球专利检索系统,具备强大的检索功能和多语种页面,支持用户查找和理解专利文献。它涵盖了 WIPO 运营的 PCT 专利申请、多个地区专利局和包括中国、日本、韩国、美国等国家专利文献。用户可以免费注册账户,享受保存搜索结果、导出数据和设置提醒等服务。图 10.1 为 WIPO PATENTSCOPE 主页。

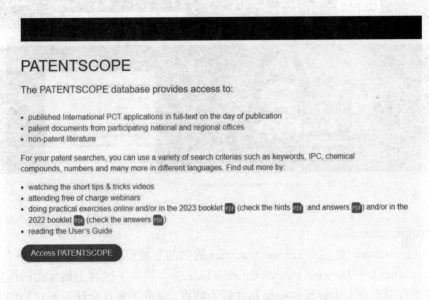

图 10.1 WIPO PATENTSCOPE 主页

2. EPO Worldwide Espacenet

EPO Worldwide Espacenet 是由欧洲专利局提供的专利检索平台,拥有超过 1 亿篇来自世界各地的专利文献,包括专利申请和已授权专利。它提供同族专利、法律状态信息、引证信息等,支持用户跟踪技术发展、研究竞争对手和获取专利文献服务。图 10.2 为 EPO Worldwide Espacenet 主页。

3. USPTO

美国专利商标局的官方网站提供全面的美国专利信息检索服务。USPTO 致力于保护知识产权,推动科技进步和经济发展,提供包括专利检索系统 Patent Public Search、专利电子申请管理和查询系统 Patent Center 等在内的多种在线服务和工具,以帮助用户获取和利用专利信息。图 10.3 为 USPTO 主页。

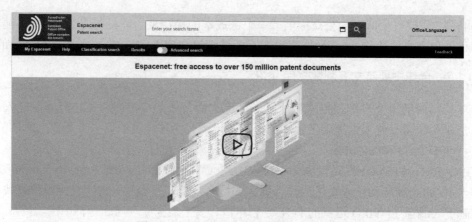

图 10.2　EPO Worldwide Espacenet 主页

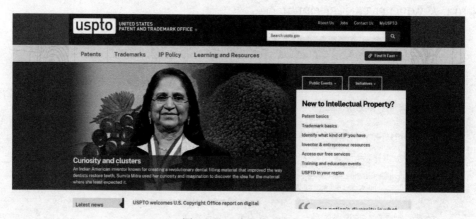

图 10.3　USPTO 主页

4. Derwent Innovation

Derwent Innovation 是由 Clarivate Analytics 提供的专利信息检索平台，它整合了 Derwent World Patents Index®和 Derwent Patents Citation Index®，提供了世界上最全面的国际专利信息数据库。该平台以专业人士编写的摘要和注释为特点，涵盖了来自全球专利机构的大量发明记录，提供了丰富的分析工具，帮助用户快速挖掘科技情报。图 10.4 为 Derwent Innovation 主页。

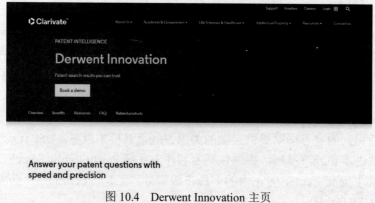

图 10.4　Derwent Innovation 主页

5. incoPat

incoPat 是一个全球专利文献数据库，收录了自 1782 年以来逾 1.6 亿篇专利文献，覆盖 157 个国家/组织/地区。它支持中英文双语检索，提供全面的专利信息链，包括摘要、全文、附图、权利要求、说明书等。incoPat 还提供多种检索方式，如简单检索、高级检索、引证检索和语义检索，并通过 300 多个字段支持检索、统计、筛选和下载。图 10.5 为 incoPat 主页。

图 10.5　incoPat 主页

这些数据库各有侧重点，为用户提供了从基础专利文献检索到深度分析的多层次服务，是全球专利信息检索和分析的重要资源。

10.2　英文专利数据库检索应用

以 USPTO 为例，在 USPTO 数据库中检索专利文献。首先，进入美国专利局的网站主页后，单击左侧 Patents（专利）选项，进入"专利栏目"主页，如图 10.6 所示。

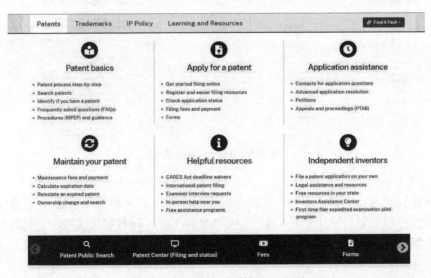

图 10.6　USPTO "专利栏目"主页

单击"专利栏目"主页左下角 Patent Public Search 按钮，进入 Patent Public Search（专利公共检索）主页，主页上显示有两个检索模式入口：Basic Search（基础检索）、Advanced Search（高级检索）。图 10.7 为 Patent Public Search（专利公共检索）页面。

图 10.7　Patent Public Search 页面

10.2.1　基础检索

单击 Basic Search 进入 Basic Search 页面，在该页面中，可以看到有两种检索方式：Quick Lookup（快速查找）和 Basic Search（基本搜索）。图 10.8 为 Basic Search（基础检索）页面。

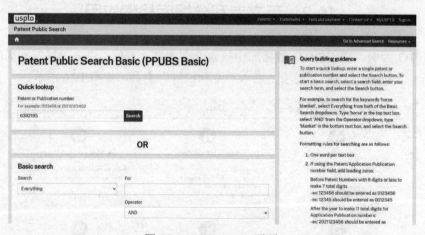

图 10.8　Basic Search 页面

1. 快速查找

在快速查找查询框中输入专利号或公布的专利申请号。专利号应该是 7 位数字，如果需要的话，前面可以补零。设计专利（D）或植物专利（PP）前有字母前缀，它将取代 7 位数字中的一位。编号超过 1000 万的实用专利将有 8 位数字。公布的专利申请号应该是 11 位数字，前四位是公布年份。

输入专利申请号后，单击 Search 按钮，检索出一条专利，检索结果如图 10.9 所示。

图 10.9 Quick Lookup（快速查找）结果

在"结果"页面，单击 Preview 可以对专利文献进行预览。图 10.10 为"专利文献"预览页面。

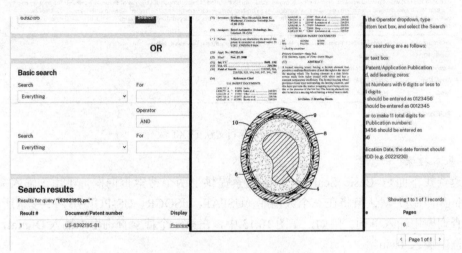

图 10.10 "专利文献"预览页面

也可以查看和下载 PDF 或 TEXT 格式的专利文献。图 10.11 为专利文献 PDF 版，图 10.12 为专利文献 TEXT 版。

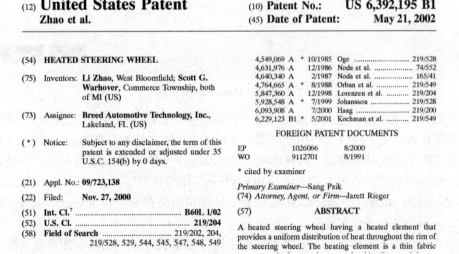

图 10.11 专利文献 PDF 版

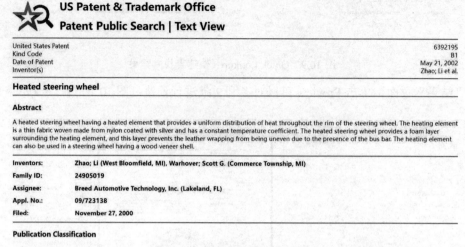

图 10.12　专利文献 TEXT 版

2. 基本搜索

快速查找下面是 Basic Search，基本搜索提供了两个搜索查询框，可用于输入关键字。Everything（一切）默认值将在三个数据库（USPAT、USOCR、US-PGPUB）中搜索所有专利，在搜索查询框中输入单词。例如，在图 10.13 中，在第一个搜索查询框中输入 Digital，在第二个查询框中输入 Twin。

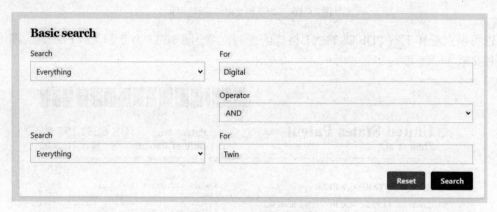

图 10.13　Basic Search 页面

首先选择搜索字段，搜索字段可以将单词或数字搜索限定在专利记录的指定区域，以搜索出那些仅包含特定字段或文档部分中那些单词或数字的文档的结果列表。如图 10.14 所示，两个检索词的下列表单都提供了选择选项：Everything（一切）、Applicant name（申请人姓名）、Assignee name（授予人姓名）、Attorney agent/firm（律师代理/事务所）、Attorney name（律师姓名）、Patent/Application publication number（专利/申请公布编号）、Inventor name（发明人姓名）、Publication date（公布日期）。

然后，在搜索文本框中输入需要搜索的术语。这里要注意，在每个搜索查询框中输入的术语只能输入一个单词。如果只使用了一个查询框，则将只搜索该单词。

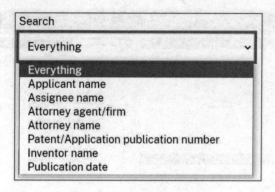

图 10.14 检索词可选择选项

　　输入搜索术语后，需要设置逻辑操作符。从 Operator（操作符）下拉列表中选择逻辑操作符。如果结果文档必须同时包含术语 1 和术语 2，选择 AND。如果结果文档必须包含术语 1 或术语 2，选择 OR。如果结果文档必须包含术语 1 但不包含术语 2，选择 NOT。

　　完成以上操作后，单击 Search 按钮，检索出结果文献列表。搜索结果提供了预览功能和 PDF 格式文献查看下载功能。图 10.15 为 Basic Search 结果页面。

Search results

Results for query "**Digital AND Twin**"　　　　　　　　　　　　　　　　　　　　　　　　Showing 1 to 50 of 50021 records

Result #	Document/Patent number	Display	Title	Inventor name	Publication date	Pages
1	US-20240256361-A1	Preview PDF	Predictive load modeling using a digital twin of a computing infrastructure	Albero; George et al.	2024-08-01	14
2	US-20240255307-A1	Preview PDF	INTERSECTION DETECTION FOR MAPPING IN AUTONOMOUS SYSTEMS AND APPLICATIONS	Lin; Yixuan	2024-08-01	42
3	US-20240256591-A1	Preview PDF	IMPACT SCORE FOR ONTOLOGY CHANGES	Suhre; Oliver et al.	2024-08-01	20
4	US-20240256741-A1	Preview PDF	System and Method for Authentication of Rareness of a Digital Asset	Emanuel; Jeffrey	2024-08-01	32
5	US-20240259201-A1	Preview PDF	Virtual environment-to-real world secured communication channel	Enciso; Catalina et al.	2024-08-01	20
6	US-20240256524-A1	Preview PDF	SYSTEMS AND METHODS FOR GENERATING AN UPDATE CHARACTERISTIC VALUE FOR A CAPACITY PLAN HAVING MULTIPLE SUB-LEDGERS	Ronzon; Clement et al.	2024-08-01	80
7	US-20240251965-A1	Preview PDF	SMART BED WITH MATTRESS THAT RESPONDS TO PHYSICAL INPUTS	Bennett; Thomas Andrew	2024-08-01	13
8	US-20240256733-A1	Preview PDF	THREE-DIMENSIONAL PRINTING SOLUTION FOR PROBLEM CORRECTION DURING 3D OBJECT ASSEMBLY	Lu; Fang et al.	2024-08-01	13

图 10.15　Basic Search 结果页面

10.2.2　高级检索

　　在专利 Patent Public Search 页面，单击 Advanced Search 按钮进入 Advanced Search 页面。图 10.16 为 Advanced Search 页面。

　　从图 10.16 中可以看到，Advanced Search 页面主要分三个大的区域：

　　（1）Search 检索区（左上）：这个区域是用户输入搜索条件的地方，可以使用各种字段代码进行高级搜索，用户可以通过构建检索式，利用布尔逻辑运算符（AND、OR、NOT 等）以及邻近位置运算符（ADJ、NEAR 等）来精确地检索专利信息。

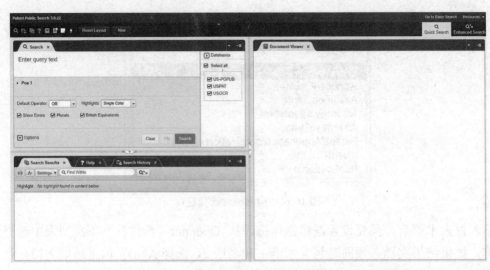

图 10.16　Advanced Search 页面

（2）Search Results 检索结果列表区（左下）：在这个区域，系统会展示根据用户输入的检索条件所匹配到的专利列表。列表中会显示专利的基本信息，如专利号、标题、申请人、发明人、公开日期等。用户可以从这个列表中选择具体的专利进行查看。

（3）Document Viewer 结果文献预览区（右边）：当用户从检索结果列表中选择某一项专利后，可以在该区域预览专利的详细信息，包括专利的扉页、全文 PDF、图像文件等。

接下来描述高级检索的整个过程。

（1）选择数据库：在 Advanced Search 页面的 Search 检索区，有 3 个可选择的数据库：

1）US-PGPUB：这个数据库包含了自 2001 年 3 月至今的美国专利申请公布文献的全文搜索数据。用户可以通过这个数据库检索到美国专利申请公布文献的详细信息。

2）USPAT：这个数据库收录了美国授权专利数据，包含从 1971 年至今的大多数专利的全文，以及 1790 年以来的专利的有限信息，如专利号、日期和分类。

3）USOCR：这个数据库由 1836 年至 2000 年间的美国专利组成，这些专利是通过光学字符识别技术扫描的，支持有限的特定字段文本搜索。该数据库也包含了 1790 年至 1836 年的专利文件，但这些文件只有有限的信息，如专利号可供搜索。图 10.17 为"数据库选择"页面。

图 10.17　"数据库选择"页面

默认情况下，3 个数据库都被选中，可以根据实际情况取消其中一个数据库，也可以使用 Databases 旁边的箭头按钮来隐藏数据库菜单。

（2）输入检索内容：选择好数据库后，在 Search 面板上的文本框中输入检索内容。

检索内容可以用术语加搜索索引的方式，搜索索引可以将搜索限定在搜索记录的指定区域，搜索索引代码两侧的句号或方括号告知数据库要搜索的特定的搜索索引，例如，digital.ti. 或 digital[ti]代表搜索的是标题中有 digital 的专利。不使用任何搜索索引（字段代码标签）的搜索语句则将在整个文档中搜索该术语。图 10.18 为"输入检索内容"页面。

图 10.18 "输入检索内容"页面

根据需要可输入多个检索词进行组合。图 10.19 为"输入多个检索词"页面。

图 10.19 "输入多个检索词"页面

完整的可搜索索引列表有 300 多个字段，表 10.1 列出了 USPTO 常用的搜索索引（字段代码）。

表 10.1 USPTO 常用的搜索索引（字段代码）列表

后缀	描述	示例
AB	Searches the abstract text（搜索摘要文本）	amethyst.ab.
AD	Searches the application filing date（搜索申请提交日期）	20120616.ad.
APP	Searches the application number（搜索申请编号）	10/501576.app.
AS	Searches the assignee name text（搜索受让人名称文本）	Microsoft.as.
ATT	Search the attorney name text（搜索律师名称文本）	(john NEAR3 smith).att.
ATTY	Search the attorney/agent/firm name text（搜索律师/代理人/公司名称文本）	(cantor NEAR3 colburn).atty.
AY or FY	Searches the application filing year（搜索申请提交年份）	2006.ay.

后缀	描述	示例
BSUM	Searches the brief summary section（搜索摘要部分）	medicinal.bsum.
CCLS	Searches the U.S. Patent Classification and subclass（搜索美国专利分类及子类）	138/26.ccls.
CLAS	Searches the USPC Classification text of the patent（搜索专利的 USPC 分类文本）	435.clas.
CLM Or CLMS	Searches the claims section（搜索权利要求部分）	tube.clm. or tube.clms.
CPC	Searches all Cooperative Patent Classifications（搜索所有合作专利分类）	F16L11/00.cpc.
DID	Searches a specific Document ID (use hyphens)（搜索特定文档 ID）	US-11449323-B2.did.
FD	Searches the application filing date（搜索申请提交日期）	20110811.fd.
IN or INV	Searches the inventor name（搜索发明人名称）	(Smith NEAR2 John).in.
IPC	Searches all International Patent Classifications（搜索所有国际专利分类）	G06F17/00.ipc.
PD	Searches publication date（搜索发布日期）	20150217.pd.
PN	Searches a specific publication number（搜索特定发布编号）	7557042.pn.
SPEC	Searches the specification section（搜索说明书部分）	collar.spec.
TI	Searches the title（搜索标题）	concrete.ti.
URPN	Searches the references cited patent numbers（搜索引用的专利号）	80525207.urpn.
XA	Searches the assistant examiner's name（搜索助理审查员的名称）	smith.xa.
XP	Searches the primary examiner's name（搜索主要审查员的名称）	hook.xp.

（3）设置搜索查询选项：输入检索内容后，设置搜索查询的选项。高级搜索在 Search 面板中提供了多个选项。默认情况下，会显示以下选项。

1）Default Operator（默认运算符）：可以为未指定布尔运算符的搜索语句选择一个默认的布尔运算符。例如，如果 OR 是默认的布尔运算符，搜索内容是 Cars Automobiles Vehicles，则将对搜索中的每个术语应用 OR，这将与搜索语句 Cars OR Automobiles OR Vehicles 产生相同的搜索结果。

2）Highlights（高亮显示）：有三个选项，Single Color（单色）、Multi-color（多色）、None（无），Single Color 表示让搜索术语在全文搜索记录中以单一颜色高亮显示，Multi-color 表示每个搜索术语（及其变体）以多种颜色高亮显示，None 表示所有术语不进行高亮显示。

3）Show（显示错误）：如果选中 Show 项，搜索查询中的错误将显示在查询框下方。

4）Plurals（复数形式）：如果选中 Plurals 项，将搜索术语的复数和单数形式。

5）British Equivalents（英式等价词）：如果选中 Birtish Equivalents 项，将执行对美式英语

单词的英式等价词搜索（例如，tyre 对应 tire，colour 对应 color）。

设置好搜索查询选项后，单击 Search 按钮，在"搜索结果"面板中生成结果列表。图 10.20 为"高级检索结果"页面。

图 10.20　"高级检索结果"页面

在搜索结果列表区域（左下），单击对应的专利号，在右侧区域就可以看到专利文献的详细信息。图 10.21 为"专利文献详情"页面。

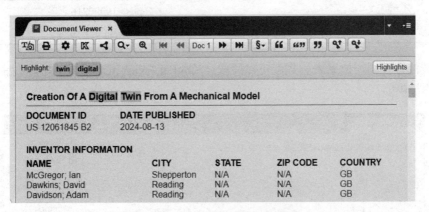

图 10.21　"专利文献详情"页面

"详情"页面上方按钮的功能如下：

⬛：image view（图片视图）和 text view（文本视图）的切换按钮。

⬛：打印专利文献内容。

⬛：Document Viewer Preferences（文献查看器偏好设置），包括对 Hit Terms（点击术语）、Images（图片）、Fonts（字体）、Colors（颜色）、Navigation（导航）等偏好的设置。

⬛：切换在文献中隐藏或者显示关键词。

⬛：切换在文献中隐藏或者显示关键词 metadata（元数据）。

10.2.3 检索技巧

以 USPTO 为例，在使用英文专利数据库进行专利文献检索时，掌握一些检索技巧可以帮助用户更高效、更精确地找到所需信息。以下是一些关键的检索技巧：

（1）如何检索词组：在高级检索文本框中，如果检索词没有加引号的话，系统会把两个单词单独拿去搜索，这会产生很多结果。但是如果把两个单词一起加上引号后，就会变成一个词组，检索出来的结果数会变少。

（2）比较运算符：如果要在检索内容中增加日期范围，比如申请年份、申请日期、发布日期和专利年份，可以使用相应的搜索索引代码加上比较运算符来实现。例如，@pd>2024，@符号表示后续的搜索条件是一个特定的搜索运算符或搜索字段，pd 是专利文档的发布日期，>是一个比较运算符，表示"大于"。USPTO 高级检索比较运算符主要有 7 个，见表 10.2。

表 10.2 USPTO 高级检索比较运算符

运算符	示例
Equal（等于）	@pd=20011118
Greater than（大于）	@ad>19961231
Greater than or equal to（大于或等于）	@ay>=2014
Less than（小于）	@py<1975
Less than or equal to（小于或等于）	@py<=1975
Not equal to（不等于）	@pd<>19990216
Range（范围）	@ay>=1980<=1986

加上其他检索词，检索表达式就可以写成："Digital Twin" .ti. @pd>"2024"。图 10.22 为比较运算符用法展示。

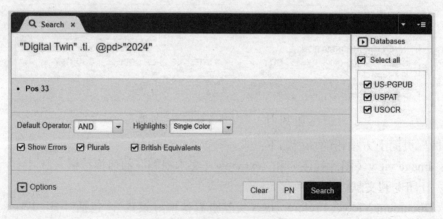

图 10.22 比较运算符用法展示

（3）逻辑运算符：在 Advanced Search 页面，除了可以在 Default Operator 中选择操作符，如果需要搜索多个术语，可以直接在文本框中用 AND 等逻辑运算符进行连接。例如，搜索 2020 年前发布的与数字和孪生有关的专利，则检索框中应输入 digital.ti. AND twin AND @pd<2020。

用户可以使用逻辑运算符在查询中组合搜索术语，USPTO 高级检索逻辑运算符见表 10.3。

表 10.3　USPTO 高级检索逻辑运算符

运算符	说明
OR	Two terms joined by "OR" means at least one of the terms must occur in the document. 用 OR 连接两个术语，表示文档中至少必须出现其中一个术语
AND	Two terms joined by "AND" must occur within the same document. 用 AND 连接两个术语，表示两个术语必须在同一个文档中出现
NOT	The first term must occur, the second term must not. 用 NOT 连接两个术语，表示在同一个文档中第一个术语必须出现，第二个术语不得出现
XOR	Two terms joined by "XOR" means at least one of the terms must occur in the document, but not both terms. 用 XOR 连接两个术语，表示文档中至少必须出现其中一个术语，但两个术语不能同时出现

（4）邻近运算符：在 Advanced Search 页面，除了可以在 Default Operator 中选择操作符，如果需要搜索多个术语，也可以直接在文本框中使用邻近运算符，USPTO 高级检索邻近运算符见表 10.4。

表 10.4　USPTO 高级检索邻近运算符

运算符	说明
WITHn	这个运算符用来搜索在任意给定的 n 个句子内共同出现的术语。例如，如果使用 WITH3，则系统会在三个句子的范围内查找同时出现的术语。假设想要找到在专利文档中，某个技术术语（如 semiconductor）和另一个术语（如 transistor）在四个句子内同时出现的情况，可以构造搜索查询为 semiconductor WITH4 transistor
SAMEn	这个运算符用来搜索在 n 个段落内共同出现的术语。例如，如果使用 SAME2，则系统会在两个段落的范围内查找同时出现的术语。假设想要找到在专利文档中，某个技术术语（如 semiconductor）和另一个术语（如 transistor）在两个段落内同时出现的情况，可以构造搜索查询为 semiconductor SAME2 transistor
ADJn	这个运算符用来搜索在同一个句子内，按照指定顺序在 n 个词以内的两个或多个术语。例如，如果使用 ADJ3，则系统会在同一个句子内寻找按照指定顺序相隔不超过三个词的术语。假设想要找到在专利文档中，术语 semiconductor 和 transistor 在同一个句子内并且按 semiconductor 后面紧跟 transistor 的顺序出现的情况，可以构造搜索查询为 semiconductor ADJ3 transistor
NEARn	这个运算符用来搜索在同一个句子内，相隔不超过 n 个词的两个术语。例如，如果使用 NEAR5，则系统会在同一个句子内寻找相隔不超过五个词的术语，不论这两个术语的顺序。假设想要找到在专利文档中，术语 semiconductor 和 transistor 在同一句子内出现，且它们之间不超过五个词的距离，可以构造搜索查询为 semiconductor NEAR5 transistor
x NOT SAME y	这个运算符用来搜索第一个术语（x）出现，但第二个术语（y）不在同一段落中的情况。这意味着，如果两个术语在同一个段落中一起出现，那么这个文档将不会被搜索结果所包含。假设想要找到术语 semiconductor 出现的文档，但不希望包含那些在同一段落中也提到了 transistor 的文档，可以构造搜索查询为 semiconductor NOT SAME transistor

续表

运算符	说明
x NOT WITH y	这个运算符用来搜索第一个术语（x）出现，但第二个术语（y）不在同一句子中的情况。这意味着，如果两个术语在同一个句子中一起出现，那么这个文档将不会被搜索结果所包含。假设想要找到术语 semiconductor 出现的文档，但不希望包含那些在同一句子中也提到了 transistor 的文档，可以构造搜索查询为 semiconductor NOT WITH transistor
x NOT ADJ y	这个运算符用来搜索第一个术语（x）出现，但第二个术语（y）不按指定顺序紧邻在同一个句子中的情况。这意味着，如果两个术语以特定的顺序相邻出现，那么这个文档将不会被搜索结果所包含。假设想要找到术语 semiconductor 出现的文档，但不希望包含那些在同一个句子中紧邻着也提到了 transistor 的文档，可以构造搜索查询为 semiconductor NOT ADJ transistor
x NOT NEAR y	这个运算符用来搜索第一个术语（x）出现，但第二个术语（y）不在同一句子中的情况。这意味着，如果两个术语在同一个句子中一起出现，那么这个文档将不会被搜索结果所包含。假设想要找到术语 semiconductor 出现的文档，但不希望包含那些在同一句子中也提到了 transistor 的文档。可以构造搜索查询为 semiconductor NOT NEAR transistor

在专利公开检索"高级检索"页面运算符优先级为 ADJ > NEAR > WITH > SAME。

（5）通配符和截断符号：在检索表达式中，可以使用通配符或截断符号搜索单词的不同拼写（包括单词的不同开头或结尾）。表 10.5 为 USPTO 高级检索通配符和截断符号用法。

表 10.5　USPTO 高级检索通配符和截断符号用法

符号	描述	示例	行为
?	匹配任何单个字符，可以出现在单词的开头、中间或结尾	m?cro	返回在文档文本中的任何地方包含 micro 或 macro 这一单词的所有文档。用户将看到每个术语分别以不同的高亮进行显示
$[#]	与给定的字符数相匹配	micro$3	$3 表示最多可以匹配 3 个字符，检索到的术语包括像 microvia、microbio、microsec、microgel 这样的词

（6）专利号搜索：专利号搜索是在高级搜索中使用最频繁的搜索之一，可搜索的索引缩写是.pn.。使用的格式取决于正在搜索的出版物类型，请参阅以下示例。注意：数字内部不要使用逗号。

1）"1234567".pn.：对于实用新型专利，至少需要 7 位数字。

2）"0000009".pn.：根据实用新型专利号的长度，如果需要，请用前导零填充。

3）"11000000".pn.：最近发布的实用新型专利（自 2018 年 6 月 19 日起）将接受 8 位数字。

4）"D123456".pn.：对于设计专利，D 加上至少 6 位数字，如果需要，请用前导零填充。

5）"PP12345".pn.：对于植物专利，PP 加上 5 位数字，如果需要，请用前导零填充。

也可以使用.pn.搜索公布的专利申请号，格式为 YYYYnnnnnnn，如果有需要，在年份（'YYYY'）之后可以补零，以满足所需的 11 位数字格式，如"20180093696".pn.。

可以在搜索框直接输入检索表达式，还有一种更便捷的检索方案，即使用 Search 按钮左侧的 PN 按钮（如图 10.23）。

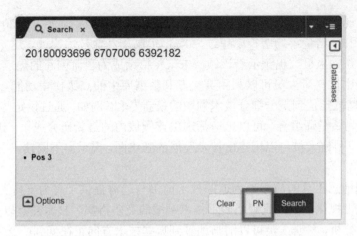

图 10.23　PN 按钮

如果输入多个专利/公布的专利申请号，且每个号码之间用空格隔开，如在文本框中输入
"20180093696" "6707006" "6392195"，单击 PN 按钮执行搜索。系统将执行 OR 操作，搜索
结果将返回一个包含所有这些单独号码的专利文档的集合，而不是它们的交集。每个号码都被
单独搜索，并且所有匹配的结果都会被返回。图 10.24 为"专利号检索结果"页面。

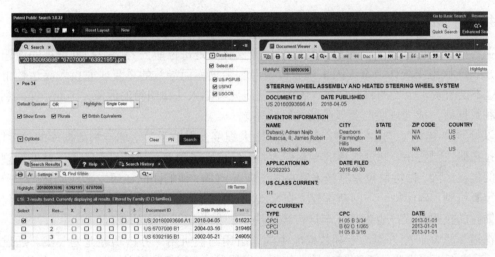

图 10.24　"专利号检索结果"页面

10.3　英文专利数据库在科研创新中的应用

10.3.1　追踪技术前沿与趋势

在科研创新的征途中，追踪技术前沿与趋势是不可或缺的一环。英文专利数据库作为汇
聚全球创新智慧的宝库，为科研人员提供了洞察行业动态、把握技术脉搏的窗口。通过深入分
析这些数据库中的专利信息，人们能够揭示出某一领域的技术演进路径和未来发展方向。

以人工智能领域为例，近年来，随着深度学习、自然语言处理等技术的飞速发展，相关专利的申请量呈现出爆发式增长。据欧洲专利局发布的最新数据显示，2020—2022 年间，人工智能领域的专利申请量年均增长率超过 20%，远高于其他技术领域。这一数据不仅反映了人工智能技术的蓬勃生机，也预示着该领域未来将持续成为科研创新的热点。

在具体实践中，科研人员可以利用英文专利数据库中的高级检索功能，结合布尔逻辑、通配符等技巧，精准定位到某一细分技术领域的最新专利。例如，通过设定"深度学习"与"自然语言处理"作为关键词组合，可以迅速筛选出该领域内的最新研究成果。进一步地，通过引用与被引用分析，科研人员可以构建出技术发展的脉络图，揭示出不同技术分支之间的关联与演进关系。

此外，专利地图工具的应用也为追踪技术前沿与趋势提供了有力支持。这些工具能够基于专利数据生成可视化图表，直观地展示技术领域的竞争格局、技术热点以及未来发展趋势。通过专利地图的分析，科研人员可以清晰地看到哪些技术方向正在受到广泛关注，哪些技术瓶颈亟待突破，从而为自己的科研选题和研究方向提供有力指导。

正如著名科学家爱因斯坦所言："我没有什么特别的才能，我只是热情地好奇。"在科研创新的道路上，保持对技术前沿的敏锐洞察和持续追踪，是每一位科研人员必备的素养。而英文专利数据库作为人们探索未知世界的得力助手，正以其独特的魅力和价值引领着我们不断前行。

10.3.2　避免重复研究与侵权风险

在科研创新的征途中，避免重复研究与侵权风险是每位研究者必须高度重视的课题。据世界知识产权组织统计，每年因未充分检索专利数据库而导致的重复研究投入高达数十亿美元，这不仅浪费了宝贵的科研资源，还可能使研究者陷入法律纠纷的泥潭。因此，深入利用英文专利数据库，成为规避此类风险的关键策略之一。

以特斯拉电动汽车技术为例，其成功在很大程度上得益于对全球专利数据库的深度挖掘。特斯拉在研发过程中，通过详尽的专利检索，不仅识别了现有技术的空白点，还精准地规避了潜在的侵权风险。据特斯拉首席技术官斯特劳贝尔透露，他们团队在研发初期就建立了严格的专利审查机制，确保每一项创新都建立在坚实的法律基础之上。这种前瞻性的策略，不仅加速了特斯拉的技术迭代，也为其在全球市场的快速扩张奠定了坚实的基础。

在避免重复研究方面，专利数据库中的"引用与被引用"分析功能尤为关键。通过这一功能，研究者可以清晰地看到某项技术的历史发展脉络，以及当前的研究热点和空白区域。例如，在人工智能领域，通过检索并分析谷歌 DeepMind 的专利引用网络，研究者可以迅速定位到该领域的核心技术和前沿趋势，从而避免在低价值或已饱和的研究方向上浪费精力。

此外，高级检索功能与专利地图工具的应用，也为避免重复研究与侵权风险提供了有力支持。这些工具能够帮助研究者构建复杂的检索策略，精准定位到目标专利，并通过可视化的方式展示专利之间的关联关系。正如微软首席研究官埃里克·霍维茨所言："在知识爆炸的时代，有效的信息检索和分析工具是创新的加速器。"通过充分利用这些工具，研究者可以更加高效地开展科研工作，确保研究成果的独特性和合法性。

综上所述，避免重复研究与侵权风险是科研创新过程中不可或缺的一环。通过深入利用英文专利数据库及其高级检索功能和专利地图工具，研究者可以更加精准地把握技术前沿和趋势，有效规避潜在的法律风险，为科研创新之路保驾护航。

10.3.3　科研合作与专利布局规划

在科研合作与专利布局规划领域，英文专利数据库发挥着至关重要的作用。科研合作不仅促进了知识的交流与共享，还加速了技术创新的步伐。通过利用英文专利数据库，科研人员能够跨越国界，与全球范围内的同行建立合作关系，共同探索技术前沿。例如，在新能源材料的研究中，国内外多个研究团队通过共享英文专利数据库中的最新研究成果，成功开发出具有更高能量密度的电池材料，这一成果不仅推动了新能源汽车产业的发展，也为全球能源结构的转型做出了重要贡献。

专利布局规划则是科研合作的重要延伸，它要求科研人员在研发过程中，不仅要关注技术的创新性和实用性，还要充分考虑专利的申请与保护。通过英文专利数据库的检索与分析，科研人员可以清晰地了解某一技术领域内的专利布局情况，识别出潜在的竞争对手和合作伙伴。在此基础上，科研人员可以制定出科学合理的专利布局规划，确保自己的研究成果能够得到有效保护，并为未来的技术转化和市场拓展奠定坚实的基础。

在专利布局规划的过程中，引用名人名言也能为我们提供有益的启示。比尔·盖茨曾言："技术只是一种工具。在让孩子们一起合作并激励他们方面，老师是最重要的。"这句话虽然直接指向教育领域，但同样适用于科研合作。在科研合作中，科研人员需要像老师一样，积极引导学生（即合作伙伴）共同探索未知领域，激发彼此的创新潜能。同时，科研人员还需要像老师一样，具备敏锐的洞察力和判断力，能够准确识别出有价值的专利布局点，为科研合作和专利布局规划提供有力的支持。

此外，数据分析与模型应用也是专利布局规划不可或缺的一部分。通过利用英文专利数据库中的大量数据资源，科研人员可以运用数据分析工具和技术手段，对专利布局情况进行深入剖析和预测。例如，可以运用聚类分析、关联规则挖掘等数据挖掘技术，识别出不同技术领域之间的关联性和互补性；可以运用专利地图、技术路线图等可视化工具，直观地展示专利布局的全貌和趋势。这些分析模型和工具的应用，不仅提高了专利布局规划的准确性和科学性，还为科研合作和技术创新提供了有力的数据支撑和决策依据。

英文专利数据库通过其全面的数据收录、先进的搜索工具、多语言支持和用户友好的页面，已成为科研人员和创新者不可或缺的资源。但是同样面对不少挑战，如数据质量、更新速度、跨语言检索与理解障碍等问题。面对挑战，专利数据库提供商正通过采用人工智能和机器学习技术来提升检索效率和准确性。随着技术的不断进步，未来的专利数据库将更智能化，提供个性化服务，进一步推动全球创新和科技发展。

第三篇　科技论文选题

　　"题好文一半"指的是确定了好的题目，就等于文章成功了一半，这一现象在核心期刊中表现尤为明显，可以看到核心期刊论文的题目几乎都有一定的创新性和应用性。优质的选题首先意味着论文具有较好的方向性，同时也为内容框架的搭建建立了良好的前期基础。本篇在前两篇文献检索内容介绍的基础上阐述科研论文选题的方法、步骤、程序和途径，帮助科研人员迈出学术论文写作的第一步。

第11章 选题方法

科技论文是科学技术人员或其他研究人员在科学实验（或试验）的基础上，对自然科学、工程技术科学以及人文艺术研究领域的现象或问题进行科学分析、综合的研究和阐述，进一步进行一些现象和问题的研究，总结和创新另外一些结果和结论，并按照科技期刊的要求进行电子和书面的表述。社科论文是学术论文的一种，是对社会科学领域中的某些问题进行比较系统、深入的讨论、研究，以探讨其本质特征及发展规律的理论性文章。一般来说，自然科学类的论文以定量分析为主，社会科学类的论文则主要采用的是定性分析方法，前者是求证性的，后者则是探索性的，同时求证和探索也可能出现交叉的情况。归根到底，学术论文有其特点，主要表现为专业性、学术性以及独创性。学术论文的写作过程主要包括如下几个基本步骤：科研选题，资料搜集，课题研究与实验，选材，拟定提纲，撰写论文初稿，修改定稿。

科研论文是以研究成果的产出为基础，现在不少科研成果没有做到理论联系实际，坚持应用性、对策性的研究方向，针对性不强，导致一般性的泛泛而谈或纯理论的分析较多，也就直接影响了论文的层次和质量。本书将论文写作的内涵进行适当扩展，将科研工作的4个核心步骤——科研选题、资料收集、研究试验和论文撰写全部囊括到论文写作的过程中，即从科研选题开始，通过资料收集、研究试验取得满意的研究成果后，再进行具体的论文撰写工作。事实上，上述几个过程是不断往复、螺旋式展开的。研究试验阶段包含：试验方案的设计，设备的准备和调试，实验研究，实验结果的处理等环节。研究试验的具体方法和步骤随学科特点、研究对象和研究手段等的变化而变化，这里不便一概而论。

11.1 选题准备

选题从概念上来看是指出版社、期刊社等对于准备出版或发表的图书、作品的一种设想和构思，一般包括书名、作品名、作者、内容设想、读者对象以及字数等部分，其本质是作为编辑工作的基础。具体到科技论文上来看，则主要是指针对科技类期刊要发表的论文方向。可以说，选题在一定意义上就是选择和确立论文所研究的对象和目标，但是"选题"并不完全等同于"题目"。题目是完成课题研究后，为成果确定的标题；选题则是主观上确定的研究对象，选题一旦确定一般不轻易变动。选题的本质就是要选准所要研究的某一个问题，问题选准了，研究就有了基础。因而，可以说选题的关键是能否提出新的问题。这一逻辑与科技论文的问题导向一脉相承。

11.1.1 选题方向

选题的方向主要包括结合研究兴趣、结合理论研究、结合现实意义、结合研究综述、结合前沿研究、结合研究方法等六个方面。

1. 结合研究兴趣

科技论文是研究成果的展现，首先要开展研究才有成果。若是没有研究兴趣，研究是难以推进的,无论是作为个人研究还是团队研究,挖掘其中的兴趣点,持续放大研究成效是发展的关键。在科技论文撰写前期,建议结合个人兴趣和职业发展方向进行选题,有针对性地探求相关研究问题。如研究兴趣为增强现实技术,则可沿着该方向加强在应用领域的拓展衍生,在高校虚拟教育空间设计中加强虚实融合的元宇宙环境设计与开发,开发双重知识孪生架构的元宇宙场景等;在出版编辑中加强多维视角的出版物设计,开发增强现实儿童电子书,强化学前儿童增强现实绘本的交互体验等;在博物馆馆藏展示领域加强数字化展示研究,开发增强现实展示系统等。

2. 结合理论研究

初始阶段的科技论文选题可能是旧瓶装新酒、旧瓶装旧酒,有了理论层面的指导和支撑,则可以过渡到新瓶装旧酒,如果理论层面具有对应研究问题的科学性、合理性、创新性发展空间或研究角度,还可以实现新瓶装新酒。这样的选题是值得深入开展研究的。如在元宇宙技术背景下加强元宇宙多模态等出版理论研究,探讨借助多语种即时交互技术实现元宇宙多模态的生产、组织、审核、评审、传播、存储等实施路径的发展方向,为科技出版发展提供前瞻性支撑。

3. 结合现实意义

选题对应研究最终要落地实现,因而现实层面的实践意义和应用价值是需要考虑的。一个好的选题应该结合现实问题的实际意义,从行业发展、技术提升等层面了解痛点、难点,甚至是冰点,把时代性融入其中提出解决方案或改进思路,确保选题的适用性与落地性。如据河南开封消防发布的消息,2024 年 5 月 2 日 23 时 22 分,开封市消防救援支队指挥中心接到报警称河南大学明伦校区一建筑房顶着火。接警后,火势得到控制。可惜的是河南大学大礼堂经过火灾,房顶已经基本坍塌。据悉,着火大礼堂全名为"河南大学河南留学欧美预备学校旧址大礼堂",河南留学欧美预备学校旧址作为现代重要史迹及建筑,2006 年被列为第六批全国重点文物保护单位。可以说该事件的发生在一定程度上推进了文化遗产展示和传播的应用开发,促进了基于增强现实推进文化遗产保护与发展研究。

4. 结合研究综述

现在一些核心期刊论文对研究综述有明确的硬性要求,如要求在论文中充分开展研究现状、问题和方法等说明。一方面为后面的研究主体内容提供理论支撑和科学依据,另一方面也可以从中发掘研究空白或新的研究视角,这些都是比较好的选题来源。在具体研究中可以关注相关研究成果的研究综述部分的展望内容。综述文章主要展现述评部分内容,以先叙述后评论的方式呈现,其中评论部分包含展望未来发展内容,和选题思路相符。如《基于增强现实技术的儿童电子书研究与发展》(作者:李振华、楼向雄)在第三部分增强现实技术在儿童电子书中应用的研究现状与发展趋势中分析研究现状,并提出增强现实儿童电子书的开发技术与应用发展两个方面的发展趋势,为相关研究选题提供了思路。

5. 结合前沿研究

科技论文瞄准的方向就是前沿技术、平台等研发应用,对于这种面向未来发展趋势和方向的研究需要做到及时跟踪前沿发展,了解尚未解决的问题或未被充分研究的问题,在此基础上提出新的研究问题与观点,此类选题来源具有前瞻性和先进性。从资料查询看,不仅要关注科技论文还要关注时效性更佳的研究报告,可以重点关注学术会议交流中研究报告中的讨论部分。多数研究报告以实证论文形式展现,其中有相应的数据支撑,对于这类文章重点关注其中的讨论部分内容，这类文章按照写作要求通常会指出未来研究的方向，而这正好与选题思路相符。

6. 结合研究方法

结合研究方法的选题方向接近于结合研究综述的思路，主要考虑研究问题从不同研究方法和技术手段的选择入手开展研究。即根据研究问题的特征和要求，选择合适的研究方式和技术手段，保证研究的准确性和可靠性，同时还要从不同的研究技术视角为研究带来创新性。如增强现实儿童电子书的相关研究主要针对技术应用展开，也有从增强现实儿童电子书营销推广角度开展研究的，如采用基于社交媒体时代消费者行为 SIPS 模型来探讨增强现实儿童电子书品牌营销现状与发展新路径。不同的研究模型、研究方法会带来不同的研究创新，也会为观点的呈现带来新的空间。结合研究方法的选题有理论研究，其基本以阐述观点为主，着重表达其中的观点、看法以及其中存在的问题等，通过假设推理加以证明，也有实践研究，则通过案例研究、数据实例等加以佐证。

11.1.2 资料收集

选题方向基本找到之后，需要继续收集资料加以充实。从写论文的角度看，资料是文章的血肉，是内容的组成部分，是论文论点的依托和支柱。如果只有论点，资料贫乏而论据不足，就不能明确、具体、有力地证明观点，论点会显得苍白无力。发现问题和解决问题的线索总是存在于资料之中，资料占有越充分，问题也会越清楚。论文写作可以说是一项主题研究工作，而资料收集则是其中一个重要的步骤，它贯穿论文写作的全过程。首先，资料提供了选题的依据。其次，当研究主题确定后，还必须围绕选题广泛地查阅资料，这是在继承前人研究成果基础上创新的起点，关系到研究的速度、质量以及研究成果的形成。最后，可以帮助研究人员全面准确地掌握所要研究问题的情况，为所研究的问题提供科学的论证依据和研究方法，避免重复劳动，提供科学研究的效益。

1. 资料收集在选题各阶段的应用

（1）在选题、论证阶段的应用。规律总是存在于大量的现象之中，借助资料有助于选准研究课题。开展课题研究时，科研人员必须借助资料、查阅资料，对课题研究背景状况做调查，了解所选课题的价值和意义，如课题是否属于改革和发展中亟待解决的，是否具有普遍推广的意义等。科研人员必须从已有的有关文献资料中汲取营养，以一定的资料为基础，以研究前人或他人的成果为起始，让自己"站在巨人的肩膀上"，选准突破口，选择好相应的研究方法和研究手段。借助资料可以为课题的论证提供依据。论证阶段同样离不开对资料的查阅，只有通过查阅资料，借助资料，才能了解课题题目表达是否完善，是否具有科学性、可行性。另外在论证时，一些主管领导、有关专家、同行所发表的意见或提供的建议以及对课题研究设计的修改要求，签署的评审鉴定书等，同样是资料的一部分，俗称原始资料，具有极大的针对性与时效性，它为完善课题研究设计提供了极为可靠的依据。

（2）在主题研究实施运行阶段的应用。真谛总是蕴含在纷繁的资料之中，运用资料可以加速课题研究的进程。在这个过程中，调研人员要及时了解相关的学术期刊、专著中的最新研究成果，随时掌握有关学术会议的快报，研讨会的纪要、综述、述评或有关会议的报道等最新的专业、学术研究动态与国外的发展趋向，密切注意同类课题研究的进展情况，要求调研人员重视搜集那些非公开于社会、非经过记录整理、非正式传递的直接作用于研究人员的原始资料，这样的资料大都以口头、书信、实物展示等形式存在，具有较高的时效性，也是调研人员快速获取第一手原始资料的重要来源。

（3）在成果撰写、评价和推广阶段的应用。只有详尽地占有资料，才有可能从对这些资料的分析研究中找出其固有的规律而不是臆造结论。引用资料有助于解释研究成果、撰写研究报告或论文。在课题研究后期，要进行成果的总结，撰写实验报告或研究论文。对于与课题有关的理论、有关研究的情况和结论了解得越多，那么对自己研究结果的解释分析和得出的结论就越恰当，就越易于充分显示研究结果的理论价值和应用价值。

通过资料有助于成果的鉴定、评价和推广。在成果鉴定时，首先是对前面阶段积累、分析研究所取得各种资料、数据等实验结果进行归纳整理，与此同时，还要借鉴、运用有关的理论、原理；有关的研究结论、动态等资料来阐述本研究的结果与结论，然后在此基础上进行解释和讨论，进行自我鉴定。成果的社会评价与推广同样需要依靠各种资料载体，调研人员只有通过各种渠道、方法和媒体才能捕捉到社会对该成果的评价，以及传播、推广的动向信息反馈等。

2. 资料收集的主要方法

收集资料要求必要（必不可少）而充分，真实（不虚假，来自客观实际）而准确，典型（材料能反映事物的本质特征）而新颖。资料收集的主要方法包括如下几种。

（1）实验获得资料。主要是指参加有关实验、试验、问卷收集等，取得第一手的事实资料，包括定量法、定性法、对照法、模拟法等。这些获得的第一手资料是真实而准确的。

（2）会议获得资料。参加学术报告会、技术鉴定会、学术交流会、技术研讨会、项目论证会等有关会议，并索取相关资料。也包括从能够接触到的同行、专家等人士那里借阅、复印有关方面的书籍或资料，并及时购买新出版的有关书籍。

（3）网络获得资料。利用计算机在网络上查阅资料。计算机互联网上的信息量大，内容丰富，信息传递快，在网上可以查找与自己的科研方向有关的材料和信息，了解国内外新动态。但这些资料可以为科研提供参考，而不能作为依据。

（4）查询获得资料。查看全国新书目并到书店选购有关著作及期刊。到图书馆检索、查阅、复印并索取或借阅有用的资料。

（5）访谈获得资料。与研究对象进行直接交流与沟通，获得第一手的资料。具体在方法上还包括面谈调查法、书面调查法、留置问卷调查法、电话调查法等。

（6）积累获得资料。对报纸上有关的文章进行剪贴、归类整理。包括阅读法、购买法、收听法、询问法、观看法、预测法、采集法等。

11.2　选题过程

11.2.1　选题基本逻辑

一般来讲，主要有以下两种确定学术论文选题的过程。

第一种：关键词或领域（可以是学者或机构）确定初始文献集合—感兴趣的方向—分析缺点或空白点，设想新的方法或拟解决的空白点—查新—新方案（组内讨论、导师指导），概括来讲就是从关键词或领域开始，找研究选题。这种论文选题出现的背景与研究人员长期研究和兴趣关注点息息相关，这类选题的出现更为自然，与现实需求相关度较高，在研究机构和相关高校多以团队式形成集群式发展态势，其研究成果较为聚合，是一种良性的研究形态。

第二种：学者（或机构）文献（初始文献集合）—感兴趣的文献（文献题录—重要文献原文—原文重要参考文献的原文）—阅读分析—瞄准空白点，选择方向（或者是瞄准缺陷，设想新的方法）—查新—新方案（组内讨论、导师指导），概括来讲就是从一篇重要的参考文献开始，找研究选题。这种论文选题对于缺乏发展方向的初期研究人员较为合适，对以理论研究为主的研究也比较有指导作用。相关机构与学者在逐渐推进研究的过程中，逐步积累相关研究成果，相关研究成果一般具有同一脉络的特征，因而在梳理相关学者的研究成果时可以从中寻找发展思路，在跟踪学者或研究机构的研究成果时也可以从理论分析、框架设计等角度对自身研究的发展有一定的助益。

11.2.2　选题过程实例

撰写科技论文的过程就是发布研究成果或学术思想的过程，也是接受同行评价并接受同行建议的重要介质，因此撰写学术论文是科研人员的主要任务之一。当研究人员考虑申报相关课题项目前，一般都要花费大量的时间进行选题研究，最后的课题研究成果形成相关的学术论文。下面就举例说明如何使用万方知识服务平台的选题工具进行选题。

1. 进入万方知识服务平台的选题服务

访问万方知识服务平台首页，如图 11.1 所示。单击首页左侧"万方选题"按钮，进入"选题服务"页面，研究人员可以利用选题服务阅读经典文献，领悟学术精髓；查看最新文献，关注最新进展；跟踪领域大牛，预测未来方向；研习综述文献，把握发展脉络。

图 11.1　万方知识服务平台

2. 使用万方数据知识服务平台进行检索

以"人工智能"为关键词检索，单击"搜论文"按钮，检索结果默认按照关注度从高到低进行排列。作者可以单击"新发表论文""综述性论文""优秀学位论文"更改排序标准。

3. 从选择感兴趣的论文入手查找文献。

例如，研究人员对其中一篇期刊论文《人工智能时代的价值审度与伦理调适》的研究内容比较感兴趣，直接单击该文献下方的"下载"按钮，即可下载 PDF 格式的论文。或在"检索文献"页面，下载 CAJViewer 软件阅读"专用格式"，也可以选择 PDF 格式。

单击图 11.2 中的论文标题，进入"论文"页面，可以看到该论文的知识网络，如图 11.3 所示，整体展示了这篇论文的引文网络，包括参考文献和引证文献（也即施引文献），同时提供该数据库中收录的本文献的相关文献。研究人员在查阅时感觉哪些文献可以对其研究有帮助，可以一并下载全文。

图 11.2　在万方选题检索页面搜索论文

4. 分析关键论文的参考文献

锁定几篇关键论文，随后仔细分析这些论文中有价值的参考文献。一般可以通过如下几种方式获取参考文献的原文：在知网、万方、维普等数据库中检索获得期刊论文、会议论文、学位论文等；在中国国家知识产权局中检索获得专利文献等。

5. 阅读文献并提出选题猜想

基本掌握了上述锁定的关键文献后，可以尝试选题猜想。例如，"人工智能+高等教育"与"人工智能+图书馆"的选题，研究人员可以通过数据库进一步查询确认，若相关开展的研究较少，同时这些文献与主题词关联度不高，则相关选题具有较高的价值，可以考虑采用。

6. 研究主题相关信息查询

同样可以按照学者或研究机构来搜索。如在页面中选择"搜专家"，在其中输入关键词"人工智能"，检索到研究主题相关的专家信息，如图 11.4 所示。

7. 查询相关领域专家相关信息

结合相关研究领域情况，可有针对性地查询相关专家的研究成果情况，其中可查询专家的学术发文总量、核心发文量、总被引频次、篇均被引频次、相关研究成果、合作机构、研究兴趣以及研究趋势等内容，为宏观学习资料提供一个视角。

图 11.3　某篇论文引文网络

图 11.4　搜索研究主题相关的专家信息

第 12 章 文 献 阅 读

从某种程度上来看，科技论文写作的输入端是文献，输出端是论文也是文献，期间文献的阅读占据了科研工作的不少时间。因而如何阅读有效文献，如何有效地阅读文献是值得关注的事情。不少研究人员对于文献阅读不是很在意，有的认为自身不断追寻科研实践前沿，对相关研究情况比较了解；有的认为文献阅读比较费时间，文献阅读前的查询文献也是如同大海捞针，不如采用突击式的方式集中几天完成文献阅读工作。这两种典型的形态不值得推崇。文献是研究人员获取灵感的一个重要途径，通过阅读同行的论文可以使研究工作更加顺利地开展。熟知文献的各项标识符号，掌握被引频次的查找方法，学会如何阅读文献以及使用文献阅读与管理工具都可以助力研究与论文写作。

12.1 了 解 文 献

文献信息检索过程中获取原文线索的途径一般有两种：数据库中检索到的文献著录信息，文献后面的参考文献列表。有些数据库对检索结果中的文献出版类型进行提示，而有些却没有。下面就通过说明解释一些获取文献信息原文的线索。

12.1.1 文献标识码

文献标识码（Document code）是按照《中国学术期刊（光盘版）检索与评价数据规范》（CAJ-CD B/T 1-2006）规定的分类码，作用在于对文章按其内容进行归类，以便于文献的统计、期刊评价、确定文献的检索范围，提高检索结果的适用性等。

文献标识码的规范具体如下。

A——基础性理论与应用研究。

B——应用性技术成果报告（科技）、理论学习与社会实践札记（社科）。

C——业务指导与技术管理性文章（包括领导讲话、政策性评论、标准技术规范等）。

D——一般动态性信息（通讯、报道、会议活动、专访等）。

E——文件、资料（包括历史资料、统计资料，机构、人物、书刊、知识介绍等）。

需要说明的是，不属于上述各类的文章以及文摘、零讯、补白、广告、启事等不加文献标识码。中文文章的文献标识码以"文献标识码："或"［文献标识码］"作为标识，如"文献标识码：A"，英文文章的文献标识码以"Document code:"作为标识。

A 类文献是期刊质量的一个标志，学术价值较高；综述性文章一般篇幅较长，以汇集文献资料为主，或着重评述，具有权威性，对学科的进一步发展有引导作用，定为 A。论著摘要、病例报告、经验交流等类文章，文章标志码的统一存在一定困难，有的定为 B，有的定为其他，需根据文章的具体情况分别对待。述评、专题讨论等一般标志定为 C；简短的病历报告、短篇报道一般定为 D。

文献标识码一般不需要作者标注，而是由期刊专职人员根据文章内容划分。因有些专业期刊有时很难绝对区分各类文献的差异，所以不同时期，期刊同类文章格式的标识码有所不同，这与编辑人员对上述规范的理解程度不同有一定的关系；同一种期刊同类文章的标识码也有不同，这与文章的篇幅及论述的详尽程度有关。总之，目前文献标识码还存在一定的问题，还有待进一步的规范和统一。

12.1.2 各类文献著录的通用格式

每篇文章或资料应有一个文献标识码，并且规定了与每种文献标识码相对应的文献中的数据项，即格式。

参考文献类型标识码如下所示。

M——专著（Monograph）；

C——论文集（Collection）；

N——报纸文章（News）；

J——期刊文章（Journal）；

D——学位论文（Degree）；

R——报告（Report）；

S——标准（Standard）；

P——专利（Patent）；

A——专著、论文集中的析出文献（Article）；

Z——其他未说明文献；

DB——数据库；

CP——计算机程序；

EB——电子公告。

在一篇文章中，参考文献通常要置于结论段或致谢段之后，以下是参考文献类型标识符的书写标准和部分示例。注意，其中用不同的标记字母来区别文献的类型。

1. 专著

[序号]主要责任者. 书名[M]. 出版地：出版者，出版年：起止页码（选择项）.

示例：

[1]肖安崑，刘玲腾. 自动控制系统及应用[M]. 北京：清华大学出版社，2006.1：221-228.

[2]刘振西，李润松，叶茜. 实用信息检索技术概论[M]. 北京：清华大学出版社，2006.

2. 期刊中析出的文献

[序号]主要责任者. 文献题名[J]刊名，年卷，（期）：起页-止页. 作者姓名.

注意：西文作者名，姓在前，名在后，名可用缩写，作者在三人以下的全部列出，三人以上的列出前三名，后加等（中文）、他（日文）、etal（西文）；[]内为文献标识码。

示例：

[3]汪杰锋. 高校本土化双语教材的选题策划探讨[J]. 科技与出版，2013，15（3）：41-43.

3. 报纸中析出的文献

[序号]主要责任者. 文献题名[N]. 报纸名，出版日期（版次）.

示例：

[4]本报评论员. 推进社会主义新农村建设的重要举措[N]. 人民日报，2005.12.2（2）.

4. 专利文献

[序号]专利所有者. 专利题名[P]. 专利国别：专利号，出版日期.

示例：

[5]姜锡洲. 一种温热外敷药制备方案[P]. 中国专利：881056073，1989.07.26.

5. 论文集中的析出文献

[序号]析出文献主要责任者. 析出文献题名[A]. 原文献主要责任者. 原文献题名[C]. 出版地：出版者，出版年，析出文献起页-止页.

示例：

[6]别林斯基. 论俄国中篇小说如果戈里君的中篇小说[A]. 伍蠡甫. 西方论文选：下卷[C]. 上海：上海译文出版社，1979，377-380.

6. 学位论文

[序号]主要责任者. 文献题名[D]. 出版地：出版者，出版年.

示例：

[7]陈淮金. 多机电力系统分散最优励磁控制器研究：[D]. 北京：清华大学电机工程系，1988.

7. 国际、国家（技术）标准

[序号]起草责任者. 标准代号、标准顺序号、发布年标准名称. 出版地：出版者，出版年.（也可省略起草责任者、出版地、出版者和出版年。）

示例：

[8]全国量和单位标准化技术委员会. GB 3100、3102、1993 量和单位. 北京：中国标准出版社，1994.

8. 会议论文

[序号]主要责任者. 题名[C]. 会议名称，会址，会议年份.

示例：

[9]惠梦君，吴德海，柳蔡凯，等. 奥氏体——贝氏体球铁的发展[C]. 全国铸造学会奥氏体——贝氏体球铁专业学术会议，武汉，1986.

9. 各种未定义类型的文献

[序号]主要责任者. 文献题名[Z]. 出版地：出版者，出版年.

示例：

[10]黄华. 论思维[Z]. 北京：北京大学出版社，1999.

12.1.3　检索号、收录号与书刊号

被收录进各大数据库的文献均进行了标准化的加工处理，下面对文献的各种标识符号作简单介绍，增进检索人员对文献的了解，便于进一步对文献进行管理与处理。

1. DOI 检索号

投向某个期刊的文章发表后，期刊会给作者文章检索号或收录号。文献中最常见的检索号就是 DOI。这一系统在 1997 年法兰克福图书博览会首次亮相，自此 DOI 正式成为数字化资源命名的一项标准。DOI 的主要功用就是对网络上的内容能做唯一的命名与辨识。DOI 是一

组由数字、字母或其他符号组成的字符串。包括前缀（Prefix）和后缀（Suffix）两部分，中间用一道斜线区分。前缀由辨识码管理机构指定，后缀由出版机构自行分配。前缀又由两部分组成，中间用一个圆点分开。第一部分<DIR>有两个字符，代表该 DOI 由哪个注册中心分配，目前都是以 1 和 0 两个数字代表。以后可能会有多家注册中心，例如一个国家一个，或一个行业一个（如出版、摄影、音乐、软件等行业）。前缀的第二部分<REC>代表被分配使用该 DOI 前缀的出版机构，或在辨识码注册中心进行登记的任何版权所有者。后缀由出版商或版权所有者自行给号，是一组唯一的字符串，用来代表特定的数字化资料。许多出版商选用已有的识别符号作为后缀，如 ISBN、ISSN 等。DOI 标志通常在文献的首页最上面或者最下面，也有在摘要和正文之间的。Springer 出版社期刊的 DOI 是在首页最上面，Elsevier 出版社的 DOI 是在首页最下面。

2．SCI 收录号

SCI 收录号被很多人认为是文献记录中的 IDS Number。在 ISI Web of Science 中，IDS Number 是识别期刊和期号的唯一编号，用于订阅 Document Solution 中文献的全文。每种期刊每一期上发表的文献 IDS Number 都相同，IDS Number 并不是 SCI 收录号。正确的应该是将 UT ISI 作为 SCI 文章的收录号。

在老版的 WoS 数据库中正确地获取 SCI 收录号的方法是，进入 WoS 数据库，通过检索找到需要的文献后，可以看到包括文献作者、标题、IDS Number 等信息。将文献进行输出，并保存为 HTML 格式。从保存的 HTML 格式网页（一般其文件名为 savedrecs.html）中可以找到 UT ISI，即 SCI 对应的收录号。在新版 WoS 数据库中获取文章检索号或收录号更为方便。图 12.1 为新版 WoS 中的某篇文章收录信息。其中，WOS 为 Web of Science 的简称，这个号码称为入藏号，也即 SCI 论文检索号或收录号，是某篇论文被数据库收录的唯一标记。在检索到的"论文信息"页面上单击三个点图标，在弹出的菜单中选择复制入藏号、DOI 等，如图 12.2 所示，以便于查找相关文献。DOI 则放在了来源出版物部分，如图 12.3 所示。

图 12.1　WoS 中的某篇文章入藏号信息

在科学文献和学术出版领域，Accession Number（入藏号）与 DOI（数字对象唯一标识符）是不同的概念。入藏号是分配给文献的唯一标识符，用于图书馆或数据库管理其馆藏，它可能由字母和数字组成，格式因机构而异，可以是简单的序列号，也可以是包含年份、购买或入藏日期等的信息。DOI 作为一个永久的数字标识符，用于唯一标识电子文档或对象，确保其在互联网上的永久可访问性，它可以帮助用户直接导航到文章的出版商页面。此外 IDS number

作为 Clarivate Analytics（原 Thomson Reuters Intellectual Property & Science 业务部门）维护的科学引文索引（即 SCI）中的论文的标识号，也具有唯一表示 SCI 期刊及其期号的作用。也即同一期刊同一卷期的所有论文共享同一个 IDS 号。

1
Experiencing Social Augmented Reality in Public Spaces
Nijholt, A
ACM International Joint Confer
UbiComp) /
ACM International Symposium
2021
UBICOMP/ISWC '21 ADJUNCT: F
AL JOINT
CONFERENCE ON PERVASIVE A
GS OF THE 2021
ACM INTERNATIONAL SYMPOSI
, pp.570-574
We present various views on th
es. The views
address enhanced walking, soc
futuristic social
aspects of future outdoor augr
ore
Free Full Text From Publisher
Add to marked list
Copy accession number
Copy DOI
Copy article link
View Citing Articles
View Related Records
View Cited References

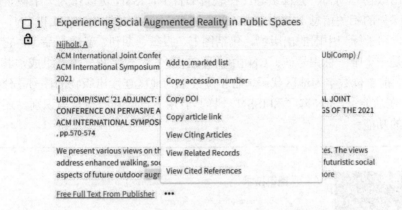

图 12.2　复制入藏号、DOI 号页面

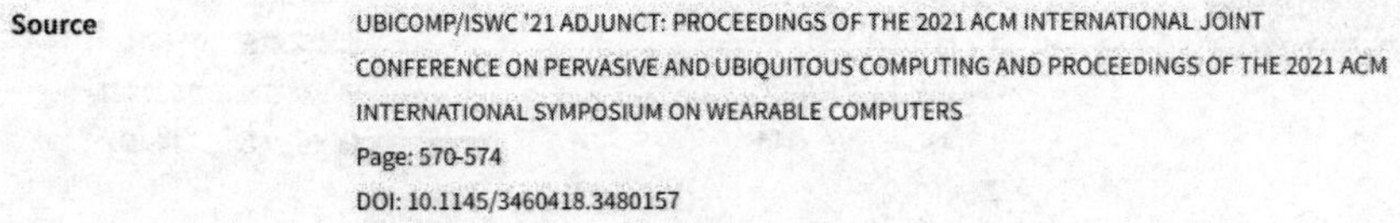

Source
UBICOMP/ISWC '21 ADJUNCT: PROCEEDINGS OF THE 2021 ACM INTERNATIONAL JOINT CONFERENCE ON PERVASIVE AND UBIQUITOUS COMPUTING AND PROCEEDINGS OF THE 2021 ACM INTERNATIONAL SYMPOSIUM ON WEARABLE COMPUTERS
Page: 570-574
DOI: 10.1145/3460418.3480157

图 12.3　WoS 中的某篇文章 DOI 号信息

3. EI 收录号

SCI 与 ISTP 由同一家数据商经营，设在同一个检索平台上，所以具有完全相同的检索页面，使用与获取方式相同。EI 与 SCI 并非同一家数据商，但检索方式基本类似。EI 收录号可以在检索到的文献中查看，其中的 Accession number 就是文章收录号。图 12.4 为 EI Village 数据库中的某篇文章收录信息。

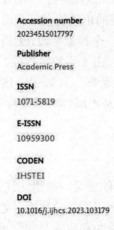

Accession number
20234515017797
Publisher
Academic Press
ISSN
1071-5819
E-ISSN
10959300
CODEN
IHSTEI
DOI
10.1016/j.ijhcs.2023.103179

图 12.4　EI Village 数据库中的某篇文章收录信息

4. ISSN

国际标准期刊号（International Standard Serial Number，ISSN）是标识定期出版物（如期刊）和电子出版物的唯一编号。ISSN 共有 8 位数字，分为两个部分：序号和检验码。采用 ISSN 编码系统的出版物有期刊、会议录等。在联机书目中，ISSN 可以作为一个检索字段。图 12.5 为《电讯技术》的相关信息，其中包含 ISSN 和 CN。期刊通常有 ISSN 和 CN，其中 CN 为国内统一标号，用于标识中国的出版物，包括图书、报纸、期刊、音像制品等，它由国家新闻出版署颁发，是一个唯一标识号码。CN 由字母 CN 和 6 位数字及分类号组成，其中 CN 为中国的国名代码，前 2 位数字为地区代码，后 4 位数字为地区连续出版物的序号，分类号与刊号用"/"隔开。在功能上，CN 除了和 ISSN 一样具有用于出版物的检索与识别，还具有出版管理和市场监督的功能。

图 12.5　《电讯技术》的相关信息

5. ISBN

国际标准书号（International Standard Book Number，ISBN）是专门为识别图书等文献而设计的国际编号。ISO 于 1972 年颁布了 ISBN 国际标准，并设立了实施该标准的管理机构——国际 ISBN 中心。现在，采用 ISBN 编码系统的出版物包括：图书、小册子、缩微出版物、盲文印刷品等。在联机书目中，ISBN 可以作为一个检索字段，为用户增加了一种检索途径。从 2007 年开始，新书的 ISBN 从 10 位变为 13 位，由 5 组数字构成，前缀为 978 或 979，后跟国家或地区代码、出版社代码、出版物编码和校验码。可以说，ISSN 是用于连续出版物的识别，而 ISBN 则用于单本图书的识别，两者都是出版物的重要标识，有助于出版物的分类、检索和管理。

12.1.4　查询文献的被引频次

根据《图书馆·情报与文献学名词》的定义，被引频次是以一定数量的统计源（来源期刊）为基础而统计的特定对象被来源期刊所引用的总次数。文献的被引频次一定程度上反映了文献的社会显示度和学术影响力，也可以反映科研人员的学术水平。下面简单讲述如何使用百度学术搜索、中国知网 CNKI 数据库及 WoS 数据库查询文献被引用的次数。

1．百度学术

打开"百度学术"页面，在输入框中输入文献标题查找文献。经过学术搜索查询文献后，可以看到显示百度找到的相关结果页面，查看文献右侧的"被引量"即可知道该篇文献目前的引用次数。百度学术搜索的被引量以方框形式显示，简洁大方，一目了然。

2．中国知网 CNKI 数据库

检索人员若是查找中文文献，利用中国知网 CNKI 数据库比较适合。登录中国知网数据库后，在输入检索条件后单击下方的"检索"按钮开始检索。在显示的"检索结果"页面中，单击文献后面的"被引"（即文献被引用的次数）可以查看到在指定数据库中检索到的引用本文的文献。在中国知网数据库中显示的"被引"并没有排除自引的情况，因此最好排除论文第一作者自引后的被引次数，参考使用"他引次数"。

同时，由于每个数据库的收录内容不同，同样一篇文献在不同的数据库中被查询到的被引用次数也会有差异；再者，因数据库更新，在不同时间点查询同样的数据库也会有差异。例如，文献《基于心智模型的虚拟现实与增强现实混合式移动导览系统的用户体验设计》（作者为林一、陈靖、刘越、王涌天）发表于 2015 年 2 月的《计算机学报》。截至 2024 年 5 月 20 日，在中国知网 CNKI 数据库的被引用次数为 163 次，而百度学术搜索显示的被引用次数为 113 次。

3．WoS 数据库

权威的查询文章被引用次数是在 WoS 数据库查询。现在的 WoS 数据库版面布局非常清晰，引用的参考文献、被引频次、影响因子等显示得很清楚。查询的方法与前面所述内容类似，注意查询到文献后，查看文献后面的"被引频次"即可。另外，一般来说，每年 SCI 收录的期刊都有一个汇总表，会以 Excel 的格式提供下载。汇总表中也会显示出每一个 SCI 期刊的英文名称（Full Journal Title）、文章被引频次（Total Cites）等信息。

12.2　阅读文献方法

据美国科学基金会统计，一个科研人员花费在查找和消化科技资料上的时间占全部科研时间的 51%，计划思考占 8%，实验研究占 32%，书面总结占 9%。由这些统计数字可以看出，科研人员花费在科技文献出版物上的时间为全部科研时间的 60%。如何从海量的数据中查找、获取到与研究课题相关度高的文献，并高效地阅读文献、消化文献变得越来越重要。本节从以下五个方面，阐述阅读文献的几个方法。

1．勤加练习，养成习惯

阅读文献应成为科研人员的日常功课。对科研人员来说，不仅在学术研究期间，甚至人生过程中，都应该将阅读文献作为一种日常操练的科目。

培养阅读文献习惯的初期，甚至可强制自己阅读。科研人员可以通过订阅研究领域的权威期刊、关注学科领域权威学者的发文来主动给自己布置文献阅读"作业"，充实自己的阅读材料。阅读范围可以放眼整个学科乃至跨学科领域。在阅读中寻找研究思路，锻炼自己的科学鉴赏力，把握学术热点。当然也要用好碎片时间来进行阅读练习。当强制学习达到一定量时，会渐渐发现不用强制也会自觉开始阅读文献，也就是说这是一个渐入佳境的过程，一般坚持三周就可以看到成效。

此外，积极与同行交流文献阅读心得也有助于养成阅读习惯。阅读文献时，遇到问题可以与同行进行交流，产生观点与思想的碰撞，容易获得研究灵感。交流的方式可以是非正式的聊天，也可以是撰写评述文章。

2. 集中时间，研究经典

由于科学研究都有周期时间，阅读文献要集中时间，主要阅读与论文主题相关的文献。一个有用的小技巧是，首先找出研究领域中那些最经典和研究前沿的文献。例如，可以通过万方数据库就某个研究领域进行知识脉络分析。根据其检索出来的图示结果，可以看出以论文发表情况为代表的本领域历年来的研究趋势情况，本领域的经典文献和研究前沿文献，以及相关学者的情况（发文数、被引、H 指数等）。

另外，还可以参考一些有用的书目，例如导师推荐的阅读书目列表、相关专业课程表等，这些可以让科研人员对研究领域有一个初步的印象。如果对自己研究的某个子领域感兴趣，则可以向该领域的前辈或专家请教本领域最重要的几篇论文是什么，如果允许的话，可以向其获取相关的文献。回顾最近几年的出版物，将那些非常感兴趣的复制下来。这不仅是由于其中很多都是意义重大的论文，并且对于研究工作也是很重要。定期到图书馆翻阅其他院校出版的与自己研究领域相关的技术报告，选出感兴趣的加以仔细阅读，并注意归纳、整理资料与数据。

集中阅读还有一种好处是能集中精力吃透相关研究内容。在一段时间内把合适的、优秀的文献集中阅读，集中看某一研究组的成果能看到其研究脉络和研究技术，还能把相关研究串起来为个人研究形成系统化的研究思路，同时还能避免战线拉得太长而导致实际看得文献很少，或者是文献被长时间搁置或文献被割裂着学习研究。

3. 阅读分析，注重技巧

一般来说，核心及重要期刊上的论文会有比较多的创新、创意。因此，虽然阅读起来比较累，但收获较多而深入，值得花心思去阅读分析。在阅读文献的第一阶段，总是习惯于从头到尾地阅读文献，看论文中是否有感兴趣的东西，这样的做法浪费时间且看多了会迷失了当初的阅读目标。大多数论文完全可以通过查看题目和摘要来判断这篇论文和自己的研究有没有直接的关联，由此决定是否要把论文全部读完整。如果研究人员有能力只根据摘要和题目就能筛选出最密切相关的几篇论文，其学术研究及做事的效率就会比其他人高出好几倍。再者，论文主要内容也不需要完全看懂。除了其中两三个关键公式以外，其他公式都可以看不懂。公式之间的推导过程也可以完全忽略。如果要看公式，重点是要看明白公式推导过程中引入的假设条件，而不是恒等式的转换。甚至有些论文通篇都可以粗略地跳跃式阅读，阅读时只要把觉得有需要的部分看明白，其他不需要的部分只要了解它的主要点就可以了。

在看了大约 30~40 篇文献后，将进入到下一个阶段——找出论文真正有价值的部分。也就是把文献读薄的过程，不少二十多页的论文可以整理成一页左右的篇幅。从文献中找出那些真正对研究有作用的地方。论文作者从其工作中所发现的感兴趣的地方，未必是你感兴趣的，反之亦然。当然，如果觉得该论文确实有价值，则需要通篇甚至反复精读，务必理解论文。理解论文得到了什么结论并不等同于理解了该论文。理解论文，就要了解论文的目的，作者所做的选择，假设和形式化是否可行，论文指出了怎样的方向，论文所涉及领域都有哪些问题，作者的研究中持续出现的难点模式是什么，论文所表达的策略观点是什么，诸如此类。当阅读文献达到了对本研究领域的主要内容、主要方法、文献之间的关系等相当熟练之后，就表示已经基本掌握了本领域主要的论文。

4. 拓展学习，构建思路

在经过前三个阶段之后，可根据实际课题研究或论文写作的需要，进一步拓展相关文献的学习，主要体现在三方面。第一方面，在广度上，横向拓展相关研究的比较分析研究，在主要关键词相关研究领域增加文献阅读，从不同领域进一步深化对该主题研究的认识探索与思考。第二方面，在深度上，着重于在本研究领域进行本质挖掘式分析研究，通过本领域的文献特别是北大核心、南大核心期刊等的文献学习，加强理论分析能力，学习研究框架的构建与内容的组织，同时在实际论文写作中还可以继续从文字表述上进一步进行学习与模仿。第三方面，在厚度上，主要是指研究人员为了强化本领域、本研究，对某个已经确定的研究及其内容进行全覆盖式的文献学习，同时也为研究人员的持续发展做好了充分工作。

5. 精准导向，构建体系

当文献阅读形成一定的思路，构建出一些研究框架，并且已经撰写相关论文的初稿或已经投稿录用后，对于研究的精准度要不断把控，一方面是在积累成果中形成体系化的研究大框架，由此不断形成个人独特的核心竞争力，另一方面也是由成果积累带来的自信心的不断强大，由此推进研究进程与研究成果的提档升级。文献检索与论文写作是作为学术研究存在的，其具有精准定位工具特性明显，同时对于学术深入研究的杠杆作用也比较突出。知识技能的生成与发展离不开检索分析研究的深入探索，这个过程并非所有人都可以胜任，它需要专业化与精英化的专业人才来撬动并实现研究问题分析准确，形成研究对策方案，由此不断强化这一过程，形成良好的循环互动，促进多条研究思路的拓宽与多路研究成果的累积，由下而上形成一个较为稳定研究方向的研究体系，为后续研究的开展与研究成果的发展提供了帮助。然而对于文献较少的相关研究，在梳理时如果发现相关文献低于 20 篇时，需要清楚不充分的文献数量可能对自身研究带来影响，也可能是此方面研究的成功率问题无法把控，也可能是研究问题的对象、变量等存在不稳定性；如果文献有 50 篇或以上，说明这个方向研究是可以考虑继续推进的，这个方向有可能是一个交叉研究的好方向，适合长期研究挖掘。

12.3　管 理 文 献

阅读文献入门之后，阅读数量与深度均有所增加，新的心得与灵感涌现，如何有序管理好手头的文献资料、及时记录和整理零散的灵感心得，是每一个科研人员在学术生涯中不可避免的问题。本节将对几款主流的思路整理和文献管理软件做简单介绍，助力科研人员进行科研选题、思路整理、文献管理和论文撰写。

12.3.1　笔记工具

笔记工具可以帮人们克服时空障碍，随时随地记录和查看生活和科研中的体悟和心得。一款好的笔记工具可以极大地提升写作效率，方便文档的保存和查找。本书将介绍印象笔记、有道云笔记、One Note 等几种笔记工具。这几款工具各有千秋，可以按个人习惯选择使用。

印象笔记源自 2008 年正式发布的多功能笔记类应用——Evernote，是一款功能成熟、用户多的经典笔记工具。图 12.6 为印象笔记主页面。

图 12.6　印象笔记主页面

　　印象笔记支持多个系统的设备，具有一键保存网页、管理任务清单、绘制思维导图、文档扫描识别、音频转写、智能搜索笔记、多人多屏协作编辑等多种功能。

　　有道云笔记是网易旗下的有道于 2011 年推出的笔记工具，功能与印象笔记类似，操作更贴近中国人习惯。图 12.7 为有道云笔记主页面。

图 12.7　有道云笔记主页面

　　有道云笔记全面兼容 office、PDF 等办公常用文档，无需下载即可查看编辑。满足文档、手写、名片等多场景需求，支持 PDF 一键转 Word 功能。

　　OneNote 是微软公司于 2002 年发布的一款适用于台式电脑、笔记本电脑和支持手写功能的平板电脑的笔记产品。图 12.8 为 OneNote 主页面。

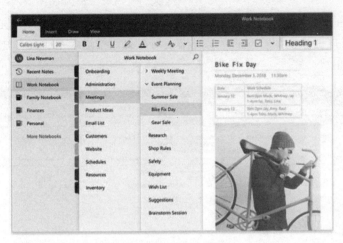

图 12.8　OneNote 主页面

OneNote 软件的页面实际上就是人们所熟悉的，带有标签的三环活页夹的电子版本，可用于直接记录笔记，也可用于收集打印的"页面"，或由其他应用程序发送过来的页面。页面可以在活页夹内部移动，同时可通过电子墨水技术添加注释、处理文字，或绘图，并且其中还可内嵌多媒体影音或 Web 链接。作为容器以及收集自不同来源的信息仓库，OneNote 笔记本非常适用于整理来自某个课程或研究项目的大量信息。

12.3.2　文献生产和管理工具软件

文献生产和管理代表性工具软件包括 NoteExpress、NoteFirst、EndNote，这几款软件各有特点。

NoteExpress 是北京爱琴海软件公司开发的一款专业级别的文献检索与管理系统，其核心功能涵盖"知识采集、管理、应用、挖掘"等知识管理的所有环节，是学术研究、知识管理的必备工具，是国内主流的文献管理软件。图 12.9 为 NoteExpress 主页面。

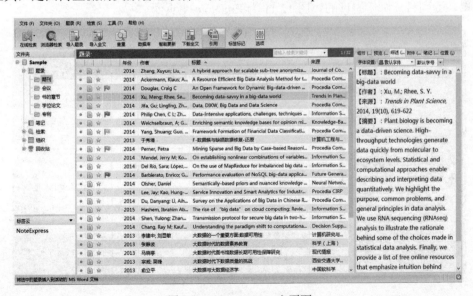

图 12.9　NoteExpress 主页面

　　NoteFirst 是通过题录（文献、书籍等条目）对文献进行管理的。其核心功能包括知识采集、管理、应用、挖掘等知识管理的所有环节，可以有效推进学术研究和知识管理。图 12.10 为 NoteFirst 主页面。

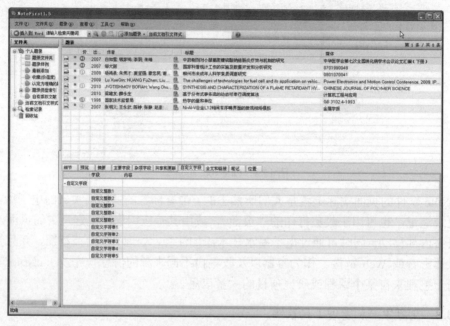

图 12.10　NoteFirst 主页面

　　EndNote 在分析国内外文献管理、知识管理、协同工作、科学社区等软件功能的基础上，结合中国科研人员的文化特点、使用习惯，实现了团队科研协作和个人知识管理的统一，为科研人员提供文献、笔记、知识卡片、实验记录等资源的便捷管理，文献订阅，参考文献自动形成，电子书自动形成等功能；在此基础上，科研人员把个人资源一键分享给团队，实现团队资源的积累，达到科研协作的目的。图 12.11 为 EndNote 主页面。

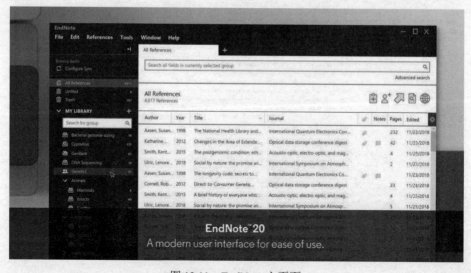

图 12.11　EndNote 主页面

Endnote 是由 Thomson Corporation 下属的 Thomson ResearchSoft 开发的一款文献管理软件,支持国际期刊的参考文献格式有 3776 种,写作模板数百种,涵盖各个领域的杂志,适用于需要撰写 SCI 论文的科研人员。

12.3.3 知网研学平台使用

研学平台是面向高校师生、科研人员以及各行业专业技术人员,融合专业内容和学习工具的个人学习平台。平台提供中外文献检索、文献管理、文献阅读、论文写作、笔记整理、知识体系建构、学术订阅等学习功能。平台提供网页版、桌面端、移动端,多端数据云同步。图 12.12 为知网研学平台页面。

图 12.12　知网研学平台页面

单击首页左侧"研读学习"项,加入板块有"我的专题""我的资源包""我的课程"三块内容。加入"我的专题",单击"新建专题"按钮,设置专题名称 A。在研学平台首页的检索框中输入检索词,单击"搜索"或"高级检索"按钮进入"检索"页面。在检索结果中可选择多篇文献,单击"收藏到我的专题"按钮或单击"单篇收藏"按钮到"我的专题"的待分类区域。之后,在待分类区域,逐条进行文献分类,选中需要的文献,单击"更多"中的"移动到"按钮,在弹出的页面中选择指定的专题 A,分类后的页面如图 12.13 所示。建立学习专题,目的是对不同的文献进行分类,方便查阅与学习。

图 12.13　分类后的页面

经过创建专题、子专题以及文献的分类后，研学平台中的文献资源更为集中，实现多层级的学习资源体系化管理。专题内按被引、下载、笔记数、文献重要度、学习时间等查阅学习资料。图 12.14 为学习专题的页面。同时在此页面也可将本地学习资料上传到研学平台专题中统一管理与学习，上传资料支持图书、期刊论文、学位论文、会议、报纸、年鉴、论文集、专利、标准、研究报告、电子文献等资源类型。系统可自动识别和提取本地上传文献的题录和参考文献。本地上传的 PDF 文献则可提取文献内容，包括目录、图表、全文、参考文献等。

图 12.14　学习专题的页面

在文献阅读方面，研学平台的在线阅读提供 XML 阅读、PDF 阅读两种阅读模式。通过图标区分 XML 文献和 PDF 文献。单击"文献详情"按钮后，可以打开文献知网信息，了解文献的具体信息，包括期刊、年卷期、页码、知识网络等详细信息。同样的，单击作者、单位名称、关键词、基金等信息，也会跳转到知网。

文献矩阵是研学平台值得关注的功能，它为文献学习与文献间比较分析提供了支持，在功能上它支持同一研究主题文献的笔记整理并提供发现其中研究思路、研究问题等技术支撑。它主要提供单篇文献矩阵分析、引文矩阵分析、专题矩阵分析三种矩阵分析。从操作步骤上来看主要分为两个部分：第一，设定文献矩阵分析要素，采集、梳理文献的分析要素内容；第二，按三种矩阵分析中的一种来对文献研究的要点进行横向与纵向对比分析。从逻辑上来说，文献矩阵的分析是从文献阅读、笔记整理转向论文创作的关键环节，其中梳理关键内容、架构新的框架逻辑，并依循此逻辑寻找新的文献并加以写作应用。

在创作投稿方面，主要包括新建创作、上传模板、在线创作、智能排版、投稿分析、学术规范知识库等模块。图 12.15 为"创作投稿"页面。单击"文档"按钮可新建空白文档进行论文创作，其中提供了多种基于 Word 的写作辅助工具，包括插入引文、编辑引文、编辑著录格式及布局格式等。撰写论文时，可以直接将文献作为引文插入 Word 文档，也可以直接引用笔记中的内容，并自动生成包含笔记来源的参考文献。投稿分析模块则通过题目、摘要、关键词、研究领域和选择期刊几项指标进行检索，便捷快速地找到匹配度较高的期刊进行一键投稿。研学平台提供了多种期刊的官方投稿地址和 CNKI 腾云采编平台投稿地址，由此可导航并筛选出所需的核心期刊、普通期刊等官方投稿地址，并按照投稿说明及参考文献样式说明整理论文内容与格式，解决期刊论文板块选择等问题；对于已经完成撰写与修改的论文，则可以实现一键投稿。

图 12.15　"创作投稿"页面

第四篇 科技论文写作

　　"熟读唐诗三百首，不会吟诗也会吟。"在做好文献检索、文献阅读后，论文选题逐步清晰，按照循序渐进的逻辑，在科研论文写作环节，可循着建立提纲、撰写初稿、初改稿件、细改稿件、论文投稿等步骤推进，完成科研论文写作的全过程。前期的文献检索与阅读与论文写作相互呼应，为论文写作奠定扎实的基础，为之提供科学可靠的基本数据、方法与相关内容。理论上科研论文写作也是一种形成新文献的方式，从现有研究出发寻求新的研究方向，开展创新性研究，形成具有开创性或颠覆性的研究成果是值得期待与奋进的。

第13章 提纲拟定

学术论文又称学术文本或研究论文，是讨论或研究某种问题的文章，是作者向社会描述自己研究成果的工具。《学术论文编写规则》（GB 7713.2—2022）将它定义为："对某个学科领域中的学术问题进行研究后，记录科学研究的过程、方法及结果，用于进行学术交流、讨论或出版发表，或用作其他用途的书面材料。"与其他文章不同，学术论文有其学术方面的特殊特性，即具有科学性、学术性和创新性的特征。其中，创新性是学术论文的基本特征，是世界各国衡量科研工作水平的重要标准，是决定论文质量高低的主要标准之一，也是反映它自身价值的标志。学术论文的种类包括期刊论文、会议论文和学位论文等。另外，文献综述、专题述评和可行性报告（开题报告）三种类型的情报调研报告也属于学术性论文的范畴。

13.1　提纲拟定原则

13.1.1　论文提纲的作用

在正式撰写学术论文之前，一般先拟定一个论文写作提纲，然后按提纲写作。提纲实际上是作者对论文的总体设计，是作者思路外部形态的一种体现。编写提纲可以保证一篇文章结构合理、层次清晰、前后照应、内容连贯、重点突出、比例协调。提纲不能凭空捏造，而是在对材料和主题深入思考研究的基础上，对论文的整体进行全面设计。构思谋篇非常重要，所以必须编制写作提纲，以便有条理地安排材料、展开论证。一个好的提纲，利于纲举目张、提纲挈领，掌握全篇论文的基本骨架，使论文的结构完整统一；利于分清层次、明确重点，周密地谋篇布局，使总论点和分论点有机地统一起来；也利于按照各部分的要求安排、组织、利用资料，决定取舍，最大限度地发挥资料的作用。

有些作者不愿意写提纲，喜欢直接写初稿。如果没有在脑海中先把全文的提纲想好，如果心中对于全文的论点、论据和论证步骤还是混乱的，那么编写一个提纲是十分必要的，其好处至少有如下三个"有利于"。

第一，有利于体现作者的总体思路。提纲是由序码和文字组成的一种逻辑图表，是帮助作者考虑文章全篇逻辑构成的写作设计图。其优点在于，使作者易于掌握论文结构的全局，使论文层次清楚、重点明确、简明扼要、一目了然。

第二，有利于论文前后呼应。提纲可以帮助作者树立全局观念，从整体出发，检验每一个部分所占的地位、所起的作用，相互间是否有逻辑联系，每部分所占的篇幅与其在全局中的地位和作用是否相称，各个部分之间的比例是否恰当和谐，每一字、每一句、每一段、每一部分是否都为全局所需要，是否都丝丝入扣、相互配合，成为整体的有机组成部分，是否都能为展开论题服务。经过这样的考虑和编写，论文的结构才能统一且完整，才能很好地为表达论文的内容服务。

第三，有利于及时调整，避免大返工。在毕业论文的研究和写作过程中，作者的思维活动是非常活跃的，一些不起眼的材料，或从表面看来不相关的材料，经过熟悉和深思，常常会产生新的联想或新的观点，如果不认真编写提纲，动起笔来就会被这种现象所干扰，不得不停下笔来重新思考，甚至推翻已写的。这样，不仅增加了工作量，也会极大地影响写作情绪。毕业论文提纲犹如工程的蓝图，只要动笔前把提纲考虑得周到严谨，就能形成一个层次清楚、逻辑严密的论文框架，从而避免许多不必要的返工。另外，初写论文的作者，如果把自己的思路先写成提纲，再去请教他人，被请教者一目了然，较易提出一些修改、补充的意见，便于得到有效的指导。

13.1.2　论文提纲的拟定原则

论文提纲就是整篇论文的骨架，有了提纲作者便能有条不紊地展开论证、写作等工作。从拟定论文提纲的原则来看，主要包括这几点：

第一，要有全局观念，从整体出发去检查每一部分在论文中所占的地位和作用。看看各部分的比例分配是否恰当，篇幅的长短是否合适，每一部分能否为中心论点服务。

第二，要有中心论点，在撰写论文的过程中，应从中心论点出发，决定材料的取舍，把与主题无关或关系不大的材料毫不吝惜地舍弃。有所失，才能有所得。必须时刻牢记材料只是为形成自己论文的论点服务的，偏离了这一点，无论是多好的材料都必须舍得抛弃。

第三，要有逻辑层次，要考虑各部分之间的逻辑关系。初学撰写论文的人常犯的错误主要有论点和论据没有必然联系，有的只限于反复阐述论点，而缺乏切实有力的论据；有的材料一大堆，论点不明确；有的各部分之间没有形成有机的逻辑关系。这样的论文都是不合乎要求的，是没有说服力的。为了使论文有说服力，必须做到有论点有例证，理论和实际相结合，论证过程有严密的逻辑性，拟提纲时特别要注意这一点。

13.2　提纲拟定的方法、步骤及注意事项

13.2.1　提纲拟定的方法

（1）先拟定标题，以最简洁、最鲜明的语言概括论文内容。

（2）写出总论点，确定全文的中心论点。

（3）考虑全篇总体上的安排：从几个方面，以什么顺序来论证总论点，这是论文结构的骨架。

（4）大的项目安排妥当之后，再逐个考虑每个项目的下位论点，最好考虑到段一级，写出段的论点句，即段旨。

（5）依据考虑各个段落的安排，把准备使用的材料按顺序编码，以便写作时使用。

（6）全面检查写作提纲，做必要的增、删、改。

13.2.2　提纲拟定的步骤

论文提纲是论文写作的设计图，是全篇论文的框架，它起到疏通思路、安排材料、形成机构的作用。编写提纲的步骤一般包括如下几点。

（1）确定论文提要，再加进材料，形成全文的概要。论文提要是内容提纲的雏形。一般的书籍，包括教学参考书都有反映全书内容的提要，以便读者对书的内容有初步了解。写论文时也需要先写出论文提要。在执笔前把论文的题目和大标题、小标题列出来，再把选用的材料插进去，就形成了论文内容的提要。

（2）文章篇幅的安排。写好论文的提要之后，要根据论文的内容考虑篇幅的长短，文章的各个部分大体上要写多少字。有了安排便于资料的配备，能使写作更有计划。

（3）编写各章节提纲。提纲可分为简单提纲和详细提纲两种。简单提纲是高度概括的，只提示论文的要点，如何展开则不涉及。这种提纲虽然简单，但由于它是经过深思熟虑构成的，能够保证写作的顺利进行。详细提纲是将文章的主要内容叙述出来，在大小标题下列出所探讨的问题，这样就可看出文章的逻辑系统，把握各章节大意，在写作时可以按提纲一层层的来写。

13.2.3　提纲拟定的注意事项

撰写学术论文提纲有两种方法。一是标题式写法，即用简要的文字写成标题，把这部分的内容概括出来。这种写法简明扼要，一目了然，能清晰地反映文章的结构和脉络，是最常用的一种形式，但这种形式只有作者自己看得明白。学术论文提纲可以采用这种方法编写，但是毕业论文提纲一般不能采用这种方法编写。二是句子式写法，即以一个能表达完整意思的句子形式把该部分内容概括出来，这种形式的标题对文章每一部分的意思表达得比较详细。这种写法具体而明确，别人看了也明了，但费时费力。毕业论文的提纲编写要交予指导教师阅读，所以，建议采用这种编写方法。

提纲写好后，还有一项很重要的工作不可疏忽，即提纲的推敲和修改，具体过程要把握如下两点：一是推敲题目是否恰当，是否合适；二是推敲提纲的结构是否合理。先围绕所要阐述的中心论点或者说明的主要议题，检查划分的部分、层次和段落是否可以充分说明问题，是否合乎道理；各层次、段落之间的联系是否紧密，过渡是否自然。然后进行客观总体布局的检查，再对每一层次中的论述秩序进行"微调"。最后，就可以按照提纲一层一层地进行论文写作。

13.3　提纲拟定实践

下面以 2024 年 3 月 16 日发表于《中国教育报》智慧教育版的《构建场景式互动平台畅通家校沟通》为例，说明论文提纲拟定的基本过程。2024 年初《中国教育报》发出智慧教育版"教育数字化转型微创新"文章征集活动，要求聚焦教育数字化应用，从小切口、小角度探讨和呈现数字化、智能化在教育治理、教育教学应用中的微创新，为广大读者提供实实在在的启发和借鉴。首期的征集文章主题为数字化如何有效赋能课后服务、切实提高课后服务管理效能。

结合当时征集文章的主题，拟定了《数字化有效赋能课后服务管理》题目，了解相关资料后发现 2022 年 8 月，杭州市教育局等 9 个部门联合发文，明确全市层面义务教育学校课后服务扩面提质工作要求，形成"1+X"全市课后服务总模式。然而在具体实践中发现，校外俱乐部教育资源与师资引入的外包课后服务管理形式在教学环境、课程师资、教学方式等层面，与引入方学校仍需要"空窗期"调和，因而得出相关建议，主要包括通过数字化赋能课后服务管理，引导义务教育有效开展个性化、科学化教育工作，为区域基础教育高质量发展提供先行经验。拟定第一版提纲：

题目：数字化有效赋能课后服务管理

一、技术先行，重构课后服务管理的区域基础教育技术体系

二、培训融合，强化课后服务管理的区域基础师资发展机制

三、群智发展，促进课后服务管理的区域基础教育个性培养

进一步细化每一个板块中的内容，夯实内部结构，强化相互间的逻辑层次关系后，形成第二版提纲：

题目：数字化有效赋能课后服务管理

一、技术先行，重构课后服务管理的区域基础教育技术体系

（1）技术层面加快区域技术教育领域的创新服务。

（2）加强数据清洗系统、"领导驾驶舱"系统、远程课后服务管理查询系统效能。

（3）加强数据的整合与集成，强化关键数据在领导决策等重要过程中的展示、分析与督办成效。

二、培训融合，强化课后服务管理的区域基础师资发展机制

（1）构建区域技术师资发展数字平台。

（2）通过数字化分析与培训，提高校外教师的数字化素养与技能。

（3）着力研究数字化机器判断能力与学生个性化学习发展的功能关系。

三、群智发展，促进课后服务管理的区域基础教育个性培养

（1）依托合力构建的区域技术教育实体与数字平台，开展增强现实类实验创新活动。

（2）通过数字平台中行业、企业、社会等数据源、感知实体的信息汇入，为课后服务参与主体提供个性化、科学化、精准化的支持与服务。

（3）迭代升级带动师资培训数字平台演进。

考虑到数字化如何有效赋能课后服务管理是个比较大的框架结构，其中至少包括五块内容。第一，数据资源管理，主要是指帮助学校和教师更好地管理和共享教学资源，包括课件、教学视频、练习题等，从而提高教学效率和质量。第二，沟通与反馈，主要是通过数字化平台，学生、家长和教师可以更方便地进行沟通和反馈，及时了解学生的学习情况和需求，从而更好地进行课后服务管理。第三，效率提升，主要是指数字化可以帮助学校和教师更高效地进行课后管理服务，包括排课、学生管理、教师管理等，从而节省时间和人力成本。第四，数据分析和预测，主要是通过数字化技术，收集和分析学生的学习数据，包括学习成绩、学习行为等，从而更好地了解学生的学习情况，预测学生可能遇到的问题和困难，以及提前采取措施进行干预和支持等。第五，个性化服务，主要是指根据学生的学习数据和行为，为每个学生提供个性化的学习建议和指导，帮助他们更好地学习和成长。结合征集文章要求中的微创新说法，重新考虑小切口的思路，主要从场景式互动平台构建的角度延伸进行撰写，由此调整为第三版的提纲，其中一级标题下的小点为该部分的关键内容阐述，在实际写作时可根据写作方式进行调整。

题目：构建场景式互动平台畅通家校沟通

一、从传统点赞式关注中走出来，明确整体建设逻辑

（1）以"通"为核心，多元主体协同。

（2）强化课后学习与多素养一体化发展目标。

（3）搭建支持教师与家长对于课后服务实时互动和建议反馈的数字场景。

二、在建设实现场景式互动平台中，凝练出课后服务课程的典型化、特色化的关键场景

（1）搭建课后服务多类云场景，提供自主选择学习与成果展示的服务功能。

（2）提供课后服务需求发布与对接、课程教师选择与调整、课后服务课程场景实时跟踪展示与建议反馈等功能。

（3）实现自动录制、截取关键片段、分类发布到指定云场景空间、实时监控并对关键行为与非安全行为作出提醒或反馈等功能。

三、构建场景式互动平台是一种教育创新

（1）畅通家校融合发展数字化发展服务。

（2）推动课后服务的数字化革命。

（3）创新课后服务管理乃至区域基础教育高质量发展。

第 14 章 图 表 制 作

图表在论文写作中扮演着至关重要的角色，它泛指可直观展示统计信息属性（时间性、数量性等），对知识挖掘和信息直观生动感受起关键作用的图形结构，它不仅增强了论文的可读性和吸引力，还帮助读者更直观、更快速地理解复杂数据与相关概念，是一种很好的将对象属性数据直观、形象地"可视化"的手段。规范、美观的图表，可以让论文如虎添翼，达到清晰展示数据、简化复杂信息、增强说服力、提高论文质量、促进跨学科交流、节省篇幅、辅助解释和讨论等作用，更重要的是能提高论文的吸引力，更好地被审稿人理解，达到事半功倍的效果。

14.1 Office 软 件

14.1.1 Word 软件

智能办公软件 Microsoft Office 中最核心的组件之一：Word，是文字处理软件。它具有页面美观、操作方便、实用性强等特点，利用它可以创建和编排各式各样的文档，如公文、报告、论文、试卷、手册、备忘录、日历、名片、简历、杂志和图书等，还可以制作各种图文并茂的文档以及网页，是现代企业办公中处理文档的首选软件。本书以 Microsoft Office 为例，对 Word 制作目录、表和格式的自动编号、参考文献的编号和引用等的使用方法进行介绍。不同版本的 Microsoft Office 软件在操作细节及功能上略有差别。

1. 目录的制作

目录是用来列出文档中的各级标题及标题在文档中相对应的页码。首先介绍 Microsoft Word 的一个概念：大纲级别。Word 使用层次结构来组织文档，大纲级别就是段落所处层次的级别编号，Word 提供 9 级大纲级别。Word 的目录提取是基于大纲级别和段落样式的，模板中已经提供了内置的标题样式，命名为"标题 1""标题 2"……"标题 9"，分别对应大纲级别的 1~9。也可以不使用内置的标题样式而采用自定义样式，操作步骤会较内置模式更多。下面讲述直接使用 Word 的内置标题样式制作目录的方法，关于自定义样式的方法请参阅 Word 的帮助文档。以 Microsoft Word 2016 为例，目录的制作分为以下三步。

（1）修改标题样式的格式。通常 Word 内置的标题样式不符合论文格式要求，需要手动修改。在菜单栏的"样式"方框中选择相应的标题样式，在下拉框中选择"所有样式"项，选择相应的标题样式，然后单击"更改"按钮。可修改的内容包括字体、段落、制表位和编号等，按论文格式的要求分别修改标题 1~3 的格式。图 14.1 为"修改样式"对话框。

（2）在各个章节的标题段落应用相应的格式。章的标题使用"标题 1"样式，节标题使用"标题 2"，第三层次标题使用"标题 3"。使用样式来设置标题的格式还有一个优点，就是更改标题的格式非常方便。假如要把所有一级标题的字号改为小三号，只需在"修改样式"对话框中更改"标题 1"样式的格式设置，然后勾选"自动更新"单选框，所有章的标题字号都变为小三号。关于如何应用样式和自动更新样式，请参考 Word 帮助文档。

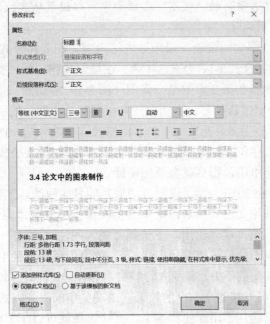

图 14.1 "修改样式"对话框

（3）提取目录。按论文格式要求，目录放在正文的前面。在正文前插入一新页（在第 1 章的标题前插入一个分页符），将光标移到新页的开始位置，添加"目录"二字，并设置好格式。新起一段落，在菜单栏中选择"引用"→"目录"，打开"自定义目录"选项卡，设置"显示级别"为 3 级，其他不用更改，确定后 Word 就自动生成目录了。若有章节标题不在目录中，则是没有使用标题样式或使用不当，请检查相应章节。此后若章节标题改变或页码发生变化，只需更新目录即可。图 14.2 为"目录"对话框。

图 14.2 "目录"对话框

注：目录生成后有时目录文字会有灰色的底纹，这是 Word 的域底纹，打印时是不会打印出来的。在"工具"→"选项"的"视图"选项卡中可以设置域底纹的显示方式。

2. 图表和公式的自动编号

在论文写作过程中，图文结合能较清晰地表达内容。图表和公式要求按在章节中出现的顺序分章编号，例如图 1-1、表 2-1、公式 3-4 等。在插入或删除图、表、公式时，编号的维护就成为一个大问题，比如若在第 2 章的第一张图（图 2-1）前插入一张图，则原来的图 2-1 变为 2-2，2-2 变为 2-3……更糟糕的是，文档中还有很多对这些编号的引用，比如"流程图见图 2-1"。如果图很多，引用也很多，想象一下，手动修改这些编号是一件多么费劲的事情，而且还容易遗漏。表格和公式存在同样的问题。如果能让 Word 对图表公式自动编号，在编号改变时自动更新文档中的相应引用，那么就会更加便捷。

下面以 Microsoft Word 2016 为例，说明自动编号的具体做法。自动编号可以通过 Word 的"题注"功能来实现。按论文格式要求，第 1 章的图编号格式为"图 1-X"。将图插入文档中后，选中新插入的图，在菜单栏"引用"下选择"插入题注"，新建一个标签"图 1-"，编号格式为阿拉伯数字（如果不是单击"编号"修改），位置为所选项目下方，单击"确定"按钮后就插入了一个文本框在图的下方，并插入标签文字和序号，此时可以在序号后输入说明，比如"运动规律示例"，还可以移动文本框的位置，改动文字的对齐方式等。再次插入图时，题注的添加方法相同，不同的是不用新建标签了，直接选择就可以了。Word 会自动按图在文档中出现的顺序进行编号。在文档中引用这些编号时，比如"如图 1-1 所示"，分两步做。插入题注之后，选中题注中的文字"图 1-1"，在"插入"菜单中选择"书签"，输入书签名，单击"添加"按钮。这样就把题注文字"图 1-1"制作成一个书签。在需要引用它的地方，将光标放在插入的地方（上例中是"如"字的后面），在"插入"菜单中选择"交叉引用"，在弹出对话框中引用类型选择"书签"，设置"引用内容"为"书签文字"，选择刚才输入的书签名后单击"插入"按钮，Word 就将文字"图 1-1"插入光标所在的地方。在其他地方需要再次引用时直接插入相应书签的交叉引用就可以了，不用再次制作书签。图 14.3 和图 14.4 为"题注"对话框。

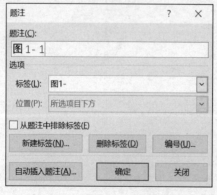

图 14.3 "题注"对话框（1）

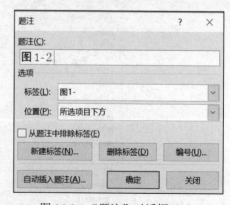

图 14.4 "题注"对话框（2）

至此就实现了图编号的自动维护，当在第一张图前再插入一张图后，Word 会自动把第一张图的题注"图 1-1"改为"图 1-2"，文档中的"图 1-1"也会自动变为"图 1-2"。表格编号的作法与图的相同，唯一不同的是表格的题注在表格上方，且要求左对齐。

公式编号的作法略有不同，插入公式后，将公式单独放在一个段落，版式为"嵌入式"（Word 默认），光标放在公式之后，不要（注意是"不要"）选中公式，在"插入"菜单中选择"题注"，由于没有选中项目，所以"位置"一项为灰色，新建标签"公式 1-"，单击"插入"按钮，Word 就将标签文字和自动产生的序号插入光标所在位置。在文档中引用公式编号的方法与图相同，此处不再赘述。

交叉引用、书签和题注都是 Word 的域。域是文档中可能发生变化的内容，Word 使用域来进行文档自动化。多个域的联合使用可以实现更复杂的功能，各个域的具体使用方法请参考 Word 的帮助。

注：

（1）题注中新建标签时，Word 会自动在标签文字和序号之间加一个空格，看起来不那么舒服，可以在插入题注后将空格删除，然后再将文字制作成书签。

（2）书签名最好用图（表、公式）的说明文字，尽量做到见名知"图"。

（3）图（表、公式）的编号改变时，文档中的引用有时不会自动更新，可以右击引用文字，在弹出的快捷菜单中选择"更新域"命令。关闭文档再打开 Word 会更新所有的域。

3. 参考文献的编号和引用

在论文写作过程中，需要添加参考文献，同时参考文献需要和正文结合对应。纯粹简单地标注参考文献并不是一件麻烦的事情，只要在论文后罗列参考文献即可。但是对参考文献编号后就比较麻烦，产生的问题和图表公式编号的问题是一样的。手动维护这些编号是一件费力且容易出错的事情，如果 Word 能自动维护这些编号，就会便捷很多。实际上，参考上面图表公式的做法，这些也是可以做到的。

具体做法为将光标移动至引用参考文献的地方，在菜单栏上单击"引用"→"插入尾注"选项，在弹出的对话框中选择"尾注"，单击"选项"按钮修改编号格式为阿拉伯数字，位置为"文档结尾"，确定后 Word 就在光标处插入了参考文献的编号，并自动跳到文档尾部相应编号处，请输入参考文献的说明，在这里按参考文献著录表的格式添加相应文献。参考文献标注要求用中括号把编号括起来，目前使用 Word 手动添加中括号还是比较方便的。在文档中需要多次引用同一文献时，在第一次引用此文献时需要制作尾注，再次引用此文献时在菜单栏单击"引用"→"交叉引用"，"引用类型"选择"尾注"，引用内容为"尾注编号（带格式）"，然后选择相应的文献插入即可。

到目前为止，离最后成功还差一步。论文格式要求参考文献在正文之后，参考文献后还有发表论文情况说明、附录和致谢，而 Word 的尾注一般是在文档的结尾，有些是在"节"的结尾，这两种都不符合现在的要求。

首先删除尾注文本中所有的编号（不需要它，因为它的格式不对），然后选中所有尾注文本（参考文献说明文本），单击"插入"→"书签"，命名为"参考文献文本"，添加到书签中。这样就把所有的参考文献文本制作成了书签。在正文后新建一页，标题为"参考文献"，并设置好格式。将光标移到标题下，在菜单栏单击"引用"→"交叉引用"，设置"引用类型"为"书签"，单击"参考文献文本"后插入，这样就把参考文献文本复制了一份。选中刚刚插入的文本，按格式要求修改字体字号等，并用项目编号进行自动编号。

打印文档时，尾注页同样会打印出来，而这几页是不需要的。当然，可以通过设置打印页码范围的方法不打印最后几页。

14.1.2　PPT 软件

1．PPT 的快捷方式

（1）快速放映。在 Microsoft PowerPoint 中，无须单击菜单栏中的"观看放映"选项，直接按 F5 键，就开始放映幻灯片。

（2）快速停止放映。除按 Esc 键外还可以按"-"键，快速停止放映。

（3）任意前进或后退到第 n 张幻灯片：在放映中如果想回到或前进到第 n 张幻灯片，此时只要按数字 n 键，再同时按"+"和回车键，就可以实现。

（4）快速显示黑屏或从黑屏返回到幻灯片放映。在放映中如果想显示黑屏，此时只要按 B 键或者"."键，就可以实现。此时再重复按一下 B 键或"."键，又可从黑屏返回到幻灯片放映。

（5）显示白屏或从白屏返回到幻灯片放映。按 W 键或","键，就可以从放映状态切换到显示白屏，再重复按一下 W 键或","键，又可从白屏返回到幻灯片放映。

（6）隐藏和显示鼠标指针。放映时鼠标指针总是出现在画面上可能会让人感觉不舒服，此时按 Ctrl+H 组合键就可以隐藏鼠标指针；按 Ctrl+A 组合键隐藏的鼠标指针又会重现。

（7）返回到第一张幻灯片。只要同时按住鼠标的左右键 2s 以上，就可以从任意放映页面快速返回到第一张幻灯片。

（8）暂停或重新开始自动幻灯片放映。对于自动放映的幻灯片，如果想暂停或者重新开始自动放映，此时只要按 S 键或"+"键就可以实现。

（9）放映过程中在幻灯片上书写，在幻灯片的放映过程中，有可能要在幻灯片上写写画画，例如画一幅图表或者在字词下面画线加注重号，这时可以利用 PowerPoint 所拥有的虚拟注释笔，在演示的同时也可以在幻灯片上做标记。

首先在幻灯片放映窗口中右击，在弹出的菜单中依次选择"指针选项"→"绘图笔"命令即可，用画笔完成所需动作之后，再按 Esc 键退出绘图状态。

（10）在幻灯片放映过程中显示快捷方式。在放映 PowerPoint 幻灯片时如果忘记了快速快捷方式，只需按下 F1（或 Shift+?组合键），就会出现一个帮助窗口。

2．从已有 PPT 文档中提取母版

（1）用 PowerPoint 打开已有的 PPT 文档。

（2）单击"视图"→"母版"→"幻灯片母版"命令，如图 14.5 所示。

图 14.5　设置幻灯片母版

（3）单击"文件"→"另存为"命令，在"保存类型"中选择"演示文稿设计模板"（文件后缀名为.pot），即可从已有 PPT 文档中提取母版。

3．有关 PPT 模板设计

PPT 演示文稿制作的关键因素之一是选择恰当的模板，一个清新、有个性模板的运用，可以让演讲者一出场就引人注目，让整个演示报告从一开始就成功了一半。

可以从以下几方面考虑 PPT 封面模板、背景模板以及正文中图表模板在封面模板中的设计：

（1）所讨论的主题特点。

（2）所处的行业特点。

（3）所面向的受众群体。始终要清楚该 PPT 所使用的场合，例如严肃的学术报告等。

背景模板尽量简洁流畅，色彩选择能突出演讲的内容。需要注意的是，好背景是为了突出演讲者报告的内容。如果 PPT 里有过多的美丽图片、动感动画，会喧宾夺主，分散听众的精力，将他们的注意点从关注演讲者的报告内容变为接收琳琅满目的美丽图片。

正文图表模板的选择要注意图文结合。好的 PPT 绝对不能整页都是文字。然而，不少演讲者贪图简便省事，PTT 中仅有文字。这样 PPT 会逊色不少。应尽可能地把可以变为图表的文字都转变为图表，当然也千万不要滥用。

4．Flash 动画在 PowerPoint 中应用的 3 种方法

Flash 是美国 Macromedia 公司推出的一款优秀的矢量动画制作软件，它简单易学、功能强大，能制作出声图文并茂的多媒体文件，并且文件体积小，深受广大用户的欢迎。那么如何将 Flash 动画（*.swf）应用在 PowerPoint 中，让这两款各有所长的优秀软件联袂打造出一种摄人心魄的效果？下面通过一个事例介绍 Flash 动画在 PowerPoint 中应用的方法。

（1）使用 Shockwave Flash Object 控件法。

步骤 1：运行 PowerPoint 2016，切换到要插入 Flash 动画的幻灯片。

步骤 2：在菜单栏单击"开发工具"项，在其下拉菜单中单击"其他控件"项，在控件列表中找到 Shockwave Flash Object 并单击，此时系统会自动关闭控件窗口。

步骤 3：将光标移动到 PowerPoint 的编辑区域中，光标变成"十"字形，按住鼠标左键并拖动，画出适当大小的矩形框，这个矩形区域就是播放动画的区域。

步骤 4：右击矩形框，在弹出的快捷菜单中单击"属性"命令，打开"属性"对话框。

步骤 5：单击"属性"对话框中的"自定义"一栏，此栏右端便出现一按钮。单击该按钮，打开"属性页"对话框，在"影片 URL"文本框中输入 Flash 动画的完整路径（如果 Flash 动画与 PowerPoint 文件处于同一目录中，也可以只输入 Flash 动画文件名），且必须带后缀名.swf。最后单击"确定"按钮返回 PowerPoint。

步骤 6：放映该幻灯片，即可播放 Flash 动画。

提示：使用该方法的前提是系统中须有 Shockwave Flash Object 控件，此控件绝大多数计算机中都已安装。

设定的矩形框大小就是放映时动画窗口的大小，可以通过拖动矩形框的句柄改变矩形框大小。Flash 动画播放时，如果鼠标处在 Flash 播放窗口中，则响应 Flash 的鼠标事件；如果处在 Flash 播放窗口外，则响应 PowerPoint 的鼠标事件。

（2）插入超级链接法。

步骤 1：运行 PowerPoint 2016，切换到要插入 Flash 动画的幻灯片。

步骤 2：在其中建立任意一个对象（如一段文字、一张图片等）。选中这个对象，在菜单栏单击"插入"项，在弹出的下拉菜单中单击"超级链接"项（以上操作也可以换为右击对象，

从弹出的快捷菜单中选择"超级链接"项），打开"插入超级链接"对话框，系统默认链接到的对象是对话框左侧上部的"原有文件或 Web 页"。

　　单击右侧的"文件"按钮，在出现的"链接到文件"对话框中从"我的文档"中找到"我的文件"并双击，Flash 动画的路径便自动出现在"插入超级链接"对话框中，最后单击"确定"按钮返回 PowerPoint。

　　步骤 3：放映该幻灯片，当单击设置了超级链接的对象时，会出现询问框，单击"确定"按钮，系统便会调用 Flash 程序播放动画。

　　（3）动作设置法。

　　步骤 1：运行 PowerPoint 2016，切换到要插入 Flash 动画的幻灯片。

　　步骤 2：在其中建立任意一个对象（如一段文字、一张图片等），在菜单栏单击"插入"项，选择"动作"，打开"操作设置"对话框。

　　步骤 3：激活对象的方式可以是"单击鼠标"也可以是"鼠标移动"，本例采用系统默认的"单击鼠标"。再选中"超级链接到"，单击"下拉列表启动"按钮，在弹出的下拉列表中单击最下端的"其他文件"，在弹出的"超级链接到其他文件"对话框中从"我的文档"中找到"我的文件"并双击，Flash 动画的路径便自动出现在"动作设置"对话框中，单击"确定"按钮返回 PowerPoint。

　　步骤 4：放映该幻灯片，当单击设置了动作的对象时，会出现询问框，单击"确定"按钮，系统便会调用 Flash 程序播放动画。

　　上述方法各有优缺点。第一种虽然设置较烦琐，但是动画直接在 PowerPoint 窗口中播放，便于控制，流程显得紧凑；后面两种方法，虽然设置简单，但是播放 Flash 文件时，须启动 Flash 程序，播放完还要关闭 Flash 程序，流程显得松散。

　　5．PowerPoint 中插入和处理视频的方法

　　步骤 1：为了插入、处理和播放的流畅性，建议将需要插入的视频文件下载至本地。运行 PowerPoint 程序，在菜单栏选择"插入"→"此设备"项，在弹出的对话框中选择需要插入视频文件的幻灯片。

　　步骤 2：将鼠标移动到菜单栏中，单击"播放"选项，如图 14.6 所示，即可对视频进行处理。

图 14.6　在 PowerPoint 中处理视频

在"播放"栏中可以对插入视频的尺寸、播放方式、音量、题注、字幕等进行修改。

　　步骤 3：完成视频的处理后，可以进行播放预览。

14.1.3　Excel 软件

1985 年 Microsoft Excel 问世，被公认为是功能最完整、技术最先进和使用最简便的电子表格软件。Excel 可以创建和修改工作表、三维图表，以及分析管理数据。

Excel 工作簿是运算和存储数据的文件，每个工作簿都包含多个工作表。工作表是 Excel 2016 完成一项工作的基本单位，可以用于对数据进行组织和分析。在多个工作表中可以同时进行数据的输入与编辑，依据多个工作表进行汇总计算，还可以用图表图形化工作表数据。Excel 2016 通常使用数据清单实现数据管理，数据清单实际上就是 Excel 的数据库。建立数据清单，要先定义其中的列和列标题，列标题相当于字段名。Excel 强大的数据排序和筛选功能是通过数据清单实现的。

1. 排序工作表数据

排序功能可以使数据按照某一列或某些列的顺序来排列，使表格数据更有条理。Excel 2016 中的数据排序有默认排序和自定义排序两种。

（1）默认排序。就是按照 Excel 2016 默认的排序规则排列，通常是进行升序或降序排序。具体操作如下。

单击数据清单中任意一个单元格，然后选择"数据"→"排序"命令。单击"主要关键字"下拉列表框，选择排序关键字，确定"升序"或"降序"。如果"主要关键字"所在列有重复关键字，可再通过"次要关键字"下拉列表框，选择进一步排序的关键字。在"我的数据区域"选项组中默认选中的"有标题行"按钮，然后单击"选项"按钮，弹出"排序选项"对话框，单击"确定"按钮，返回"排序"对话框，再单击"确定"按钮，即可按照指定方式对数据进行排序。图 14.7 为 Excel 默认排序。

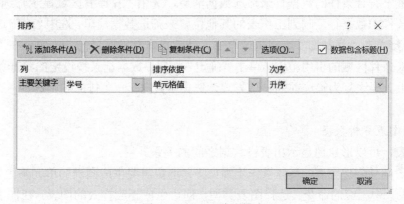

图 14.7　Excel 默认排序

（2）自定义排序。用户也可以自定义排序规则，按照自己的需要来排列数据。具体操作如下。

选择"文件"→"更多"→"选项"命令，在"选项"对话框中，单击左侧"高级"标签，在"常规"栏目中选择"编辑自定义列表"，弹出"自定义序列"对话框，在"输入序列"文本框中依次输入甲、乙、丙、丁（每输入一个字就按回车键一次），输入完成单击"添加"按钮和"确定"按钮。

单击"数据"→"排序和筛选"→"排序"命令，弹出"排序"对话框，勾选"数据包含标题"，单击"选项"→"按列排序"→"确定"命令。单击"主要关键字"后的三角按钮，选择甲乙丙丁列的标题，单击"次序"下方小三角选择"自定义序列"，弹出"自定义序列"对话框，选择刚刚添加的自定义序列"甲、乙、丙、丁"，单击"确定"按钮，即可得到按照自定义序列排序的结果。

2．筛选

Excel 有数据筛选功能，经过筛选后的数据清单将只列出符合指定条件的数据行。筛选方法有两种：自动筛选和高级筛选。

（1）自动筛选。自动筛选的具体操作步骤如下：

单击需要筛选的数据清单中的任一单元格，然后选择菜单栏"数据"→"排序和筛选"→"筛选"命令，数据清单的列标题将全部变成下拉列表框。选择需要的列，从该下拉列表框中选择需要的数据，则只显示该数据所在的数据行。选择下拉列表框中"数字筛选"的"前10 个"选项，打开"自动筛选前 10 个"对话框，可从数据清单中筛选出最大或最小的几项。选择下拉列表框"数字筛选"中的"自定义筛选"选项，打开"自定义自动筛选方式"对话框，自定义筛选条件。选择"数据"→"筛选"→"自动筛选"或"全部显示"命令，可将自动筛选后的数据清单恢复为筛选前的显示状态。

（2）高级筛选。使用高级筛选功能，必须先建立一个条件区域，用于指定筛选条件。条件区域的第一行是所有作为筛选条件的字段名，它们必须与数据清单中的字段名完全一样。条件区域和数据清单不能连接，中间至少有一行空行。具体操作步骤如下：

在需要筛选的数据清单中建一条件区域，然后单击数据清单中的任一单元格。选择"数据"→"排序和筛选"→"高级"命令，打开"高级筛选"对话框。在"方式"选项组中，如果要通过隐藏不符合条件的数据行来筛选数据清单，选中"在原有区域显示筛选结果"；如果要通过符合条件的数据行复制到工作表的其他位置来筛选数据清单，选中"将筛选结果复制到其他位置"，接着在"复制到"编辑框中单击，然后单击粘贴区域的左上角。在"条件区域"编辑框中输入条件区域的引用范围。单击"确定"按钮，数据记录按设定的筛选条件筛选并显示在工作表上。要恢复为筛选前的显示方式，选择"数据"→"排序和筛选"→"清除"命令即可。

3．使用图表分析数据

使用图表，可以形象地显示出表格数据之间的关系。

利用图表向导创建图表，具体操作步骤如下：选定需要生成图表的单元格区域，选择"插入"→"图表"中相应的命令，选择图表类型，即可生成相应样式的图表。在图表上右击，在弹出选项卡上选择"选择数据"命令，可以重新指定要创建图表的数据区域，以及数据序列产生在行还是列。单击"图例项（系列）"标签，在此选项卡中可添加或删除用于创建图表的数据系列。单击"下一步"按钮，打开"…图表选项"对话框，根据需要输入图表标题、分类轴和数值轴的标志。其余选项卡可根据需要进行更改。

更改图表类型，具体操作步骤如下：在要修改类型的图表上右击，在弹出的选项卡上选择 "更改图表类型"命令，重新选择后，单击"确定"按钮即可。

4．分类显示数据

（1）创建分类汇总。插入分类汇总，要先对数据清单进行排序，以便将进行分类汇总的数据行组合在一起。具体操作步骤如下：

按照需要进行分类汇总的字段排序。单击数据清单中的任一数据单元格，选择"数据"→"分类汇总"命令，打开"分类汇总"对话框。在"分类字段"下拉列表框中选择分类汇总的字段名；选择汇总方式和汇总项，下方复选框采用默认，单击"确定"按钮。

（2）分级显示数据。在创建分类汇总后，可以分级显示数据清单中的数据。每一级的数据都被分为若干组。单击代表级数的数字，可指定显示到该级的明细数据，每一组分类数据的左侧都有一个"隐藏明细数据"或"显示明细数据"按钮。单击"隐藏明细数据"按钮，即可隐藏该组的明细数据；单击"显示明细数据"按钮，即可显示。

（3）清除分类汇总。选择"数据"→"分类汇总"命令，打开"分类汇总"对话框，单击"全部删除"按钮即可。

14.2 LaTeX 软 件

LaTeX（LATEX，音译"拉泰赫"）是一种基于 TeX 的排版系统，由美国计算机学家莱斯利·兰伯特（Leslie Lamport）在 20 世纪 80 年代初期开发。即使使用者没有排版和程序设计的知识也可以充分发挥由 TeX 所提供的强大功能，能在几天，甚至几小时内生成很多具有书籍质量的印刷品。对于生成复杂表格和数学公式，这一点表现得尤为突出。因此它非常适用于生成高印刷质量的科技和数学类文档。LaTeX 同样适用于生成从简单的信件到完整书籍的所有其他种类的文档。

LaTeX 编辑和排版的核心思想在于，通过\section 和\paragraph 等语句，规定了每一句话在文章中所从属的层次，从而极大方便了对各个层次批量处理。LaTeX 在使用体验方面，最不易被 Word 替代的有 3 个方面：方便美观的数学公式编辑、不会乱动的退格对齐、非所见即所得。因此可以在编辑时，可用退格或换行整理编写思路，而生成的 PDF 文件不影响。

1. LaTeX 软件的安装和使用

可以在 LaTeX 的官网下载免费的 Latex 软件并安装。目前 LaTex 官网发布的最新版本是 2024 年 6 月版，适用于 Linux、IOS、Windows 系统，也支持在线使用。

2. 新建第一个文档

打开 WinEdt，建立一个新文档，将以下内容复制到文档中并保存，保存类型为 UTF-8。

\documentclass{article}

\begin{document}

    hello, world

\end{document}

然后在 WinEdt 的工具栏中找到"编译"按钮，在下拉菜单中选择 XeLaTeX，单击"编译"命令，生成一个 PDF 文件，单击工具栏中的"放大镜"按钮可以快速打开该文件。

3. 标题、作者和注释

建立一个新文档，将以下内容复制到文档中并保存，保存类型为 UTF-8，编译并观察现象。

\documentclass{article}

\author{My Name}

\title{The Title}

\begin{document}

\maketitle

hello, world % This is comment

\end{document}

%表示符号右边所有内容被注释掉，在生成的 PDF 文件中不会显示。块注释也有专门的语句，更方便的方式是选中一块区域右击，在弹出的菜单中选择 comment 命令。

4. 章节和段落

建立一个新文档，将以下内容复制到文档中并保存，保存类型为 UTF-8，编译并观察现象。

```
\documentclass{article}
    \title{Hello World}
\begin{document}
    \maketitle
\section{HelloChina} China is in East Asia.
\subsection{HelloBeijing} Beijing is the capital of China.
\subsubsection{Hello Dongcheng District}
\paragraph{Tian'anmen Square} is in the center of Beijing
\subparagraph{Chairman Mao} is in the center of Tian'anmen Square
\subsection{HelloGuangzhou}
\paragraph{SunYat-sen University} is the best university in Guangzhou.
\end{document}
```

编译后，章节和段落格式生成，视觉效果规整有序。

5. 加入目录

建立一个新文档，将以下内容复制到文档中并保存，保存类型为 UTF-8，编译并观察现象。

```
\documentclass{article}
\begin{document}
\tableofcontents
\section{HelloChina} China is in East Asia.
\subsection{HelloBeijing} Beijing is the capital of China.
\subsubsection{Hello Dongcheng District}
\paragraph{HelloTian'anmen Square} is in the center of Beijing
\subparagraph{Hello Chairman Mao} is in the center of Tian'anmen Square
\end{document}
```

6. 换行

建立一个新文档，将以下内容复制到文档中并保存，保存类型选择为 UTF-8，编译并观察现象。

```
\documentclass{article}
\begin{document}
Beijing is
the capital
of China.

New York is

the capital

of America.

Amsterdam is \\ the capital \\
of Netherlands.
\end{document}
```

空一行表示另起一段，\\表示段内强制换行。

7. 数学公式

建立一个新文档，将以下内容复制到文档中并保存，保存类型为 UTF-8，编译并观察现象。

\documentclass{article}
    \usepackage{amsmath}
    \usepackage{amssymb}
\begin{document}
The Newton's second law is F=ma.

The Newton's second law is $F=ma$.

TheNewton's second law is
$$F=ma$$

The Newton's second law is
\ [F=ma\]

Greek Letters η and μ

Fraction $\frac{a}{b}$

Power a^b

Subscript a_b

Derivate $\frac{\partial y}{\partial t}$

Vector $\vec{n}$

Bold $\mathbf{n}$

To time differential $\dot{F}$

Matrix (lcr here means left, center or right for each column)
\ [
    \left [
    \begin{array}{lcr}
    a1 & b22 & c333 \\
    d444 & e555555 & f6
        \end{array}
\right]
\]

Equations(here \& is the symbol for aligning different rows)
\begin{align}
    a+b&=c\\
    d&=e+f+g

```
\end{align}

\ [
\left\{
    \begin{aligned}
        &a+b=c\\
        &d=e+f+g
    \end{aligned}
\right.
\]

\end{document}
```

$...$表示开启行内数学模式，用于和文本合在一起使用；$$...$$和\ [...\] 表示另起一行居中开启数学模式。通常用起来差别不是很大，不过$$会修改默认的公式行间距，有时可能会对文章的整体效果有影响。

8. 插入图片

将待插入的图片先命名为 figure1.jpg。建立一个新文档，将以下内容复制到文档中并保存，保存类型为 UTF-8，将其和图片放在同一个文件夹里，编译并观察现象。

```
\documentclass{article}
    \usepackage{graphicx}
\begin{document}
    \includegraphics［width=4.00in,height=3.00in］{figure1.jpg}
\end{document}
```

老版本的 LaTeX 只支持 eps 图片格式，新版本的 LaTeX 对 jpg、bmp、png 等常见图片格式都支持。

9. 简单表格

建立一个新文档，将以下内容复制到文档中并保存，保存类型为 UTF-8，编译并观察现象。

```
\documentclass{article}
\begin{document}
    \begin{tabular}{|c|c|}
        aaa & b \\
    c & ddddd\\
\end{tabular}

\begin{tabular}{|l|r|}
    \hline
    aaaa & b \\
    \hline
    c & ddddd\\
    \hline
\end{tabular}

\begin{center}
    \begin{tabular}{|c|c|}
```

```
        \hline
        a & b \\ \hline
        c & d\\
        \hline
    \end{tabular}
    \end{center}
\end{document}
```

注意观察有无\hline 和有无\begin{center}的区别；注意观察\begin{tabular}后的 lcr 的区别，分别是 left 对齐，center 对齐和 right 对齐。

LaTeX 的软件安装、文本编辑、文档结构、编写内容、数学公式等基本操作已基本说明。如果编译过程出现错误，LaTeX 还会提示错误信息，根据提示检查代码并修正即可。编译成功后，可以用 PDF 阅读器查看生成的 PDF 文档，并与他人分享。至此，已经可以用 LaTeX 自带的 article 模板来书写一篇基本的论文框架了，能够借助搜索，然后复制粘贴这些命令开始用 LaTeX 编辑了。

在论文从框架到完成的过程中，必然还存在许多的细节问题，比如字体字号、图片拼合、复杂的表格等。可以通过搜索引擎或查阅 LaTax 相关书籍解决相应问题。LaTeX 在国内的普及率并不高，许多时候搜英文关键词，会获得更好的效果。

14.3　Axure RP 软件

Axure RP 软件是美国 Axure Software Solution 公司的旗舰产品，其中 Axure 代表公司名称，RP 则表示 Rapid Prototyping 也就是快速原型的缩写。Axure RP 作为一款制作网页原型图（或网页线框图）的软件，可以用它制作出逼真的、基于 HTML 代码的网站原型，用于评估、需求说明、提案、融资、策划等目的。该原型可以响应用户的单击、鼠标悬停、拖动、提交表单、超链接等事件。

1. 快捷功能

打开 Axure RP 软件看到整个软件布局与 Office 软件相似，软件的顶部是快捷功能区，一些常用功能的按钮全部集成在这里（如图 14.8）。其中包括常规功能、编辑功能、发布功能、团队项目功能等按钮。如常规功能按钮是比较常用的按钮，从左到右分别是新建、打开、保存、剪切、复制、粘贴、撤销等按钮。发布功能按钮是比较特殊的按钮，在完成原型设计，展示其跳转逻辑和架构时需要用到，从左到右分别是预览、发布到 AxShare、发布等按钮。如单击"预览"按钮，可以在浏览器中对当前的设计页面进行预览，通常情况下会在系统默认的浏览器中打开。

图 14.8　快捷功能区

2. 站点地图

站点地图位于软件的左上位置（如图 14.9），其作用为增加、删除和组织管理整个原型中的页面。站点地图是树状的，以首页 index 为根节点。如果需要对某个页面进行编辑，则需要在站点地图上找到这个页面，然后双击，该页面就会在页面区域中打开。新建页面里面是空白的，其中的内容需要用户编辑处理。站点地图表示整个原型中页面的逻辑层次结构，显然一个优秀原型产品设计，其站点地图应该是逻辑清晰、内容充实的。因而，尽管在站点地图中添加页面的数量是没有上限的，但是出于整体规划与高效管理的考虑，建议在原型设计开始前就做好整体结构规划，再分别对页面进行编辑处理。

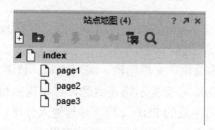

图 14.9　站点地图

3.　元件区

原型设计中涉及的文本、图形、图像等在 Axure RP 中被称为元件。在软件左侧（如图 14.10）为元件区。单击"选择元件库"，可以看到有默认元件库和流程图元件库供选择使用。使用默认元件库就可以实现线框图原型设计。同时，该软件也可以通过载入和卸载元件库等方式，实现创建、编辑自定义元件库等功能。

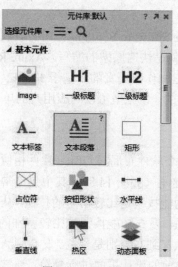

图 14.10　元件区

如图 14.11 所示，大多数的论文图示可以用图片、文本标签、形状、线段、占位符等基本元件绘制实现，同时软件中还包含表单元件、菜单和表格元件等在论文绘图中不常见的元件。表单元件在编程开发中用于向页面中输入数据形成表单并提交到服务器，其主要包含文本框、多行文本框、下拉列表框、复选框、单选按钮、提交按钮等。菜单和表单元件同样不是很常用，包括树状菜单、水平菜单、垂直菜单、表格等。树状菜单常用于一些网站后台的功能列表。水平菜单、垂直菜单则主要用于网站导航栏或者分类标签等。表格是在页面呈现数据表时用到的元件，同时由于 Axure RP 软件的表格功能并不是很强大，有些功能还需要模拟实现。

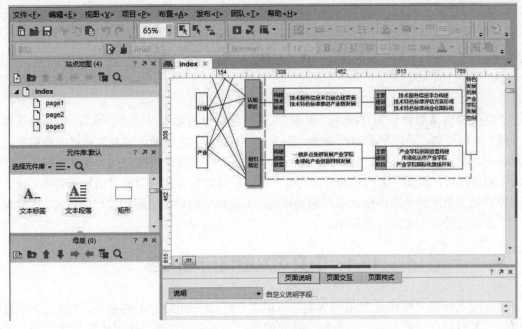

图 14.11　设计图示

4. 元件属性与样式

元件在原型设计时的操作比较方便，只要把元件库中的元件选中，然后拖放到编辑区的指定位置就可以。如当添加图片元件后对应显示的元件属性与样式，可以看到有"属性"和"样式"两个标签，单击这两个标签会出现不同的设置页面。添加不同的元件，其显示的元件属性与样式不同。

5. 生成与预览

原型设计的效果展示用生成与预览功能来实现。单击软件菜单中的"发布"→"预览"选项，打开"预览设置"对话框，单击"配置"按钮。在"配置"对话框中可以设置查看效果所使用的浏览器和是否在生成后显示站点地图，大多数主流浏览器都可以显示并被选择。软件中的生成功能是指将原型设计实现、保存在硬盘上并予以展示的完整过程，其中 3 个环节——设计实现、硬盘保存、效果展示缺一不可。从效果展示的情况看，预览和生成似乎作用差不多，但生成是指保存文件到指定的文件夹地址，而预览并不将文件保存到指定的文件夹，只是把文件上传到网站服务器，再打开展示效果。也就是说同样一个原型在预览和生成时，表现在浏览器地址栏中的地址是完全不一样的。

第15章 论文写作

"问渠那得清如许？为有源头活水来。"科技论文作为学术界的"活水"，其本身具有语言准确、数据可靠、论证严密的严谨性；基于事实、避免主观臆断的客观性；展示新的研究成果或观点，提供原创性贡献的创新性；遵循学术规范和格式要求的规范性；保持内容专业和逻辑清晰的可读性；具有一定的普遍意义，可供不同研究者参考和应用的普适性等特点。论文写作过程也是一个通过不断的创新和严谨的研究，实现科学知识的更新和发展的过程，同时也体现了学术研究的活力和深远的影响。

15.1 中文论文的结构与内容

按照国家标准《学术论文编写规则》（GB/T 7313.2—2022）中的定义，"对某个学科领域中的学术问题进行研究后，记录科学研究的过程、方法及结果，用于进行学术交流、讨论或出版发表，或用作其他用途的书面材料。"学位论文也称毕业论文，可分为学士论文、硕士论文、博士论文三种。学术论文是某一学术课题在实验性、理论性或观测性上的具有新的科学研究成果或创新见解和知识的科学记录；或是某种已知原理应用于实际中取得新进展的科学总结，用以提供在学术会议上宣读、交流或讨论；或在学术刊物上发表；或做其他用途的书面文件。

学术论文一般由 3 个部分组成：前置部分、主体部分和附录部分。前置部分包括题名、论文作者、中英文摘要、关键词、中国图书馆分类法分类号等；主体部分包括前言、材料和方法、对象和方法、结果、讨论、结论、致谢、参考文献等；附录部分包括插图和表格等。

1. 章、条的编号

参照国家标准《标准化工作导则 第 1 部分：标准化文件的结构和起草规则》（GB/T 1.1—2020）第 7 部分"层次的编写"的有关规定，章是文件层次划分的基本单元，应使用从 1 开始的阿拉伯数字对章编号；条是章内编号的细分层次，最多可分到第五层次，条编号应使用阿拉伯数字并用下脚点与章编号或上一层次的条编号相隔；段是章或条内没有编号的细分层次。详细参见 GB/T 7713.2—2022 和 GB/T 1.1—2020。

上述规定的这一章、条编号方式对著者、编者和读者都具有显著的优越性，便于期刊文章的阅读、查询与管理。

2. 题名

题名又称题目、标题或篇名，它是学术论文的必要组成部分。题名要求用最恰当、最简洁的词组反映文章的特定内容，把论文的主题准确无误地告诉读者，恰当反映所研究的范围和深度，并且使之具有画龙点睛、启迪读者兴趣的作用。一般情况下，题名中应包括文章的主要关键词。总之，题名的用词十分重要，它直接关系到读者对文章的取舍态度，务必字字斟酌。据称，期刊论文编辑会根据论文题名确定是否进入下一轮论文评审。题名像一条标签，切忌用冗长的主、谓、宾语结构的完整语句逐点描述论文的内容，应保证达到"简洁"的要求；而"恰当"的要求应反映在用词的中肯、醒目、好读好记上。当然，也要避免过分笼统或哗众取宠的简洁，缺乏可检索性，以至于名实不符或无法反映出文章应有的主题特色。

题名用词应精选，字数要少，尽管题名的字数多少并无统一的硬性规定，但一般来说，对于我国的科技期刊，论文题名用字不宜超过 20 个汉字，外文题名不超过 10 个实词。国际上不少著名期刊都对题名的用字有所限制。使用简短题名而语意未尽时，或系列工作分篇报告时，可借助副标题名以补充论文的下层次内容。题名应尽量避免使用化学结构式、数学公式，以及不太为同行所熟悉的符号、简称、缩写以及商品名称等。

题名实例：《高职院校数字劳动教育的现实问题与优化路径》

该论文题目的关键词为数字劳动教育，体现的场域是在高职院校，属于对策性的研究。该题名问题在于高职院校对于劳动教育较为重视，已经产出了相关成果，对于数字劳动教育这一新领域，理论研究重于实践研究，如果是从作者的出发点来看是为了解决所在高职院校的劳动教育升级等研究，如果站在劳动教育发展的整体性布局角度看，建议将场域升级到包含本科、专科的高校，这样的研究更具有实践应用价值。因而可将题目改为《高校数字劳动教育的现实问题与优化路径》。进一步考虑研究的特色与理论的深度，从某个理论的视角出发加以研究探讨，可进一步修改题目为《活动理论视角下高校数字劳动教育优化路径研究》。

题名实例：《艺术类高职院校计算机基础课程教学改革与实践》

观其题名，发现其比较笼统，缺乏新颖性，再看摘要部分，发现实际撰写的内容是计算机基础"1+X"模块化教学改革与实践。因此，如果能够突出主要内容，将论文题名改为《计算机基础"1+X"模块化教学在艺术类高职实践教学中的应用》将会更清楚。

3. 著者

著者署名是学术论文的必要组成部分，主要体现责任、成果归属以及便于研究人员追踪研究。著者指在论文主题内容的构思、具体研究工作的执行及撰稿执笔等方面的全部或局部上做出主要贡献的人员，能够对论文的主要内容负责答辩的人员，是论文的法定主权人和责任者。文章的著者应同时具备三项条件：课题的构思与设计，资料的分析和解释；文稿的写作或对其中重要学术内容做重大修改；参与最后定稿，并同意投稿和出版。

著者的排列顺序应由主要作者共同决定，每位作者都应该能够就论文的全部内容向公众负责。论文的执笔人或主要撰写者应该是第一作者；对于贡献相同的作者，可用"共同第一作者""通讯作者"来表达。应避免随意"搭车"署名，不能遗漏应该署名的作者，不可擅自将知名人士署为作者之一以提高论文声誉和影响。对于不够署名条件，但对研究成果有贡献者，可以"致谢"的形式列出，作为致谢的对象通常包括协助研究的实验人员；提出过指导性意见的人员；对研究工作提供方便（仪器，检查等）的机构或人员；资金资助项目或类别（但不宜列出得到经费的数额）；在论文撰写过程中提出建议，给予审阅和提供其他帮助的人员（但不宜发表对审稿人和编辑过分热情的感谢）。行政领导人一般不署名。

著者的姓名应给出全名。学术论文一般均有著者的真实姓名，不用变化不定的笔名。同时还应给出著者所在的工作单位、通信地址或电子邮件，以便读者在需要时可与著者联系。

4. 摘要

摘要是现代学术论文的必要附加部分，只有极短的文章才能省略。摘要是对论文内容不加注释和评论的简短陈述，其作用是读者不用阅读论文全文即能获得论文的必要信息。

根据国家标准《文摘编写规则》（GB/T 6447—1986）的定义，摘要是以提供文摘内容梗概为目的，不加评论和补充解释，简明确切地记述文献重要内容的短文。

（1）按摘要内容不同分为报道性摘要、指示性摘要和报道指示性摘要。

1）报道性摘要。报道性摘要也常称为信息性摘要或资料性摘要。其特点是全面、简要地概括论文的目的、方法、主要数据和结论。学术期刊论文一般常用报道性摘要，EI 收录文章大部分属于报道性摘要。通常这种摘要可以部分地取代阅读全文。

2）指示性摘要。指示性摘要也常称为标题性摘要、说明性摘要、描述性摘要或论点摘要。适用于创新内容较少的论文（如综述）、会议报告、学术性期刊的简报、问题讨论等栏目以及技术类期刊等，一般只用两三句话概括论文的主题，而不涉及论据和结论，此类摘要可用于帮助潜在的读者决定是否需要阅读全文。

3）报道指示性摘要。报道指示性摘要是以报道性摘要的形式表达一次文献中信息价值较高的部分，以指示性摘要的形式表述其余部分。

（2）按编写形式可分为传统摘要和结构式摘要。

1）传统摘要。传统摘要多为一段式，在内容上大致包括引言、材料与方法、结果和讨论等主要方面，即 IMRAD（Introduction，Methods，Results and Discussion）结构的写作模式。

2）结构式摘要。结构式摘要是 20 世纪 80 年代中期出现的一种摘要文体，实质上是报道性摘要的结构化表达，即以分层次、设小标题的形式代替原来传统的编写形式。结构式摘要一般分为 4 个层次：目的（Objective）、方法（Methods）、结果（Result）、结论（Conclusion），但不同期刊在具体操作上存在细微的差异。

摘要应包含如下内容：从事这一研究的目的和重要性；研究的主要内容和完成了哪些工作；获得的基本结论和研究成果；突出论文的新见解；结论或结果的意义等。其基本要素如下所述。

1）目的：研究、研制、调查等的前提、目的和任务，所涉及的主题范围。

2）方法：所用的原理、理论、条件、对象、材料、工艺、结构、手段、装备、程序等。

3）结果：实验的、研究的结果，数据、被确定的关系，观察结果，得到的效果、性能等。

4）结论：结果的分析、研究、比较、评价、应用，提出的问题，今后的课题，假设，启发，建议，预测等。

5）其他：不属于研究、研制、调查的主要目的，但就其见识和情报价值而言也是重要的信息。

一般地说，对于报道性摘要，方法、结果、结论宜写得详细，目的、其他可以写得简单，根据具体情况也可以省略；对于指示性摘要，目的宜写得详细，方法、结果、结论、其他可以写得简单，根据具体情况也可以省略。

摘要必须简明，内容需充分概括，它的详简程度取决于文献的内容。通常中文摘要以不超过 400 字为宜，纯指示性摘要可以简短一些，应控制在 200 字上下（GB/T 6447—1986 规定：报道性摘要和报道指示性摘要一般以 400 字为宜；指示性摘要一般以 200 字左右为宜。GB 7713.2—2022 规定：中文摘要的字数，原则上应与论文中的成果多少相适宜，在一般情况下，报道性摘要以 400 字左右、报道/指示性摘要以 300 字左右、指示性摘要以 150 字左右为宜；中文摘要、外文摘要内容宜对应）。对于使用英、俄、德、日、法等外文书写的一次文献，其摘要可以适当详尽一些。学位论文等文献具有某种特殊性，为了评审，可写成变异式的摘要，不受字数限制。摘要的编写应该客观、真实，切忌掺杂进编写者的主观见解、解释和评论。

摘要应具有独立性和自明性，并拥有与一次文献等量的主要信息，即不阅读文献的全文，就能获取必要的信息。因此摘要是一种可以被引用的完整短文。

编写摘要的注意事项。

（1）除在本学科领域已经成为常识的内容。

（2）不得简单地重复文章题名中已经表述过的信息。

（3）要求结构严谨、语义确切、表达简明、一气呵成，一般部分力求少分段落；忌发空洞的评语，不作模棱两可的结论。没有得出结论的文章，可在摘要中做扼要的讨论。

（4）要用第三人称，不要使用"作者""我们"等作为摘要陈述的主语。

（5）要采用规范化的名词术语。尚未规范化的，以采用一次文献所采用的为原则。如新术语尚未有合适的中文术语译名，可使用原文或译名后加括号注明原文。

（6）不要使用图、表或化学结构式，以及相邻专业的读者尚难以清楚理解的缩略语、简称、代号。如果确有必要，在摘要首次出版时必须加以说明。

（7）不得使用一次文献中列出的章节号、图号、表号、公式号以及参考文献号等。

（8）必要提及的商品应加注学名。

当然，应该使用法定计量单位以及正确地书写规范字和标点符号。摘要的书写要求详见国家标准 GB/T 6447—1986 和 GB/T 7713.2—2022。

摘要实例：

题目：《基于汉语多类文本分类的机关公文智能办理系统》

摘要：为了提高党政机关公文办理的自动化、科学化程度，尝试将已成熟的汉语多类文本分类技术应用于机关公文办理系统中，并加入专家评估和反馈模块，使该系统具备'渐进式学习'的能力，将公文办理的经验积累在数据库中，不断提高输出结果的准确度。经过实验证实了文本分类技术在党政机关公文办理中的应用价值。

该篇摘要写得较为妥当，囊括研究目的、研究的主要内容、基本结论等基本要素，并清楚地表达了研究方法和论文的新见解。

5.　关键词

关键词是为了满足文献标引或检索工作的需要从论文中萃取出来的，表示全文主题内容信息条目的单词、词组或术语，可参照《汉语主题词表》列出 3～8 个。关键词作为论文的一个组成部分，列于摘要段之后。在科学技术信息迅猛发展的今天，全世界每天有几十万篇论文发表，学术界早已约定利用主题概念词检索最新发表的论文。作者发表的论文不标引关键词或叙词，文献数据库就不会收录此类文章，读者就检索不到。关键词选得是否恰当关系到该文被检索和该成果的利用率。

（1）关键词分类。关键词包括叙词和自由词。叙词指收入《汉语主题词表》、MeSH 等词表中可用于标引文献主题概念的，即经过规范化的词或词组。自由词反映该论文主题中新技术、新学科尚未被主题词表收录的、新产生的名词术语或在叙词表中找不到的词。

（2）关键词标引。关键词的标引应按《文献主题标引规则》（GB/T 3860—2009）的规定，在审读文献题名、前言、结论、图表，特别是在审读文献的基础上，逐篇对文献进行主题分析，然后选定能反映文献特征内容，通用性比较强的关键词。首先要从综合性主题词表（如《汉语主题词表》）和专业性主题词表（如 NASA 词表、INIS 词表、TEST 词表、MeSH 词表）中选取规范性词（称叙词或主题词）。对于那些反映新技术、新学科而尚未被主题词表录入的新产生的名词术语,也可用非规范的自由词标出,以供词表编纂单位在修订词表时参照选用。要强调的是,一定不要为了强调反映文献主题的全面性,把关键词写成是一句句内容"全面"的短语。有英文摘要的论文,应在英文摘要的下方著录与中文关键词相对应的英文关键词(Key Words)。

6. 引言

论文的引言又叫绪论、前言、导言、序言、绪论等。它是一篇论文的开场白,写引言的目的是向读者交代本研究的来龙去脉,其作用在于唤起读者的注意,使读者对论文先有一个总体的了解。

(1)引言的主要内容。

1)简要说明研究工作的主要目的和范围,即为什么写这篇论文和要解决什么问题。

2)前人在本课题相关领域内所做的工作和尚存的知识空白,即做简要的历史回顾和现在国内外情况的横向比较。

3)研究的理论基础、技术路线、实验手段和方法,以及选择特定研究方法的理由。

4)预期研究结果、作用及其意义。

(2)引言的写作要求。

1)引言应言简意赅,内容不得烦琐,文字不可冗长,应能吸引读者。学术论文的引言根据论文篇幅的长短和内容的多少而定,一般为 200~600 字,短则不足 100 字,长则达 1000 字左右。

2)引言要开门见山,不绕圈子。比较短的论文可以不单列引言一节,在论文正文前只写一小段文字即可起到引言的效果。

3)引言不可与摘要雷同,不要写成摘要的注释。一般教科书中的知识,不要在引言中赘述。

4)为了反映作者确已掌握了坚实的理论基础和系统的专业知识,具有开阔的科研视野,对研究方案做了充分论证,引言部分需要如实评述前人工作,并引出自己写的论文内容,但要防止吹嘘自己和贬低别人。

引言实例:

题目:《基于汉语多类文本分类的机关公文智能办理系统》

引言:自从 20 世纪 90 年代电子政务提出以来,各类办公软件纷纷出版,我国各级党政机关的办公信息化程度迅速提高。然而,作为党政机关最重要的日常工作之一的公文办理工作却仍然沿袭着原始的凭借办报人员个人经验的办法。至多只是把'写在纸上'改为'打在电脑上'而已。笔者将汉语多类文本分类技术应用于机关公文办理工作,把市政府和市直机关各部门作为类别,公文的批办过程变成了将公文分类的过程。这样,积累在办报人员大脑中的经验就能存放在数据库中。对于同一份公文,即使是不同的办报人员来办理,其结果也是一样的;即使是毫无经验的人也能又好又快地办理公文,从而确保公文办理的一致性和高效性。

该论文引言部分言简意赅,突出重点;开门见山,不绕圈子;尊重科学,不落俗套;如实评述。

引言实例:

题目:《基于互动仪式链的自习室直播发展创新策略》

引言:自 2020 年疫情防控以来,"云监工""云阅兵"等参与重大主题事件的慢直播已经成为现象级的网络直播,与此同时慢直播还顺应受众的观光旅游、记录事件、共在陪伴等实际需求，以"云赏花""云种菜""云养猫"等方式为慢直播注入新鲜血液。哔哩哔哩网站的自习室直播，作为一种新形态慢直播以自然态、无修饰、即拍即播的长视频播放形式，打破传统直播视频的时空组合限制，缓解受众身体在陪伴与情感交互缺失的状况，为受众带来拟态陪伴及情感交流等共同体社交的传播价值。自习室直播与近年来渐兴的短视频等构成良好的互补关系，形成了独树一帜的慢直播节目形态。本文聚焦这一慢直播形式，通过对自习室直播的互动仪式链理论解释，探讨基于互动仪式链的自习室直播发展瓶颈，并以此基础提出面向未来的自习室直播创新策略，以期提高自习室直播的传播效能并推进其发展。

该论文引言部分从缘起自然切入自习室直播这一实践主题，并为这一主题的相关研究选取合适的理论背景，理论与实践两者结合为慢直播创新发展提供了一个发展方向。

7. 正文

正文是学术论文的核心组成部分，是用论据经过论证证明论点而表述科研成果的核心部分，也即主要回答"怎么研究"这个问题。正文应充分阐明论文的观点、原理、方法及具体达到预期目标的整个过程，并且突出一个"新"字，以反映论文具有的首创性。根据需要，论文可以分层深入，逐层剖析，按层设分层标题。

正文通常占有论文篇幅的大部分，可分几个段落来写。它的具体陈述方式往往因不同学科、不同文章类型而有很大差别，不能牵强地作出统一规定。一般应包括材料、方法、结果、讨论和结论等几个部分。

试验与观察、数据处理与分析、实验研究结果的得出是正文的最重要成分，应该给予极大的重视。要尊重事实，在资料的取舍上不应该随意掺入主观成分，或妄加猜测，不应该忽视偶发性的现象和数据。

教科书式的撰写方法是撰写学术论文的第一大忌。对已有的知识应避免重复描述和论证，尽量采用标注参考文献的方法；不泄密，对需保密的资料应做技术处理；对用到的某些数学辅佐手段，应防止过分注意细节的数字推演，需要时可采用附录的形式供读者选阅。

8. 结论和建议

结论又称结束语、结语。它是在理论分析和实验验证的基础上，通过严密的逻辑推理而得出的富有创造性、指导性、经验性的结果描述。它又以自身的条理性、明确性、客观性反映了论文或研究成果的价值。结论与引言相呼应，同摘要一样，其作用是便于读者阅读和为二次文献作者提供依据。

结论不是研究结果的简单重复，而是对研究结果更深入一步的认识，是从正文部分的全部内容出发，并涉及引言的部分内容，经过判断、归纳、推理等过程，将研究结果升华成新的总观点。其内容要点主要包括本研究结果说明了什么问题，得到了什么规律性的东西，解决了什么理论或实际问题；对前人有关本问题的看法做了哪些检验，哪些与本研究结果一致，哪些不一致，作者做了哪些修正、补充、发展或否定；本研究的不足之处或遗留问题。

对结论部分的写作要求有以下几点。

（1）应做到准确、完整、明确、精炼。结论要有事实、有根据，用语斩钉截铁，数据准确可靠，不能含糊其词、模棱两可。

（2）在判断、推理时不能离开实验、观测结果，不做无根据或不合逻辑的推理和结论。

（3）结论不是实验、观测结果的再现，也不是文中各段小结的简单重复。

（4）对成果的评价应公允，恰如其分，不可自鸣得意。证据不足时不要轻率否定或批评别人的结论，更不能借故贬低别人。

（5）结论写作应十分慎重，如果研究虽然有创新但不足以得出结论的话，宁可不写也不妄下结论，可以根据实验、观测结果进行讨论。

9. 致谢

现代科学技术研究往往不是一个人能单独完成的，而是需要他人的合作与帮助，因此，当研究成果以论文形式发表时，作者应当对他人的劳动给以充分肯定，并对他们表示感谢。

致谢的对象是，凡对本研究直接提供过资金、设备、人力，以及文献资料等支持和帮助的团体和个人。

致谢一般单独成段，放在文章的最后，但它不是论文的必要组成部分。致谢也可以列出标题并贯以序号。

10. 参考文献

对于一篇完整的论文来说，参考文献著录是不可缺少的。参考文献即文后参考文献，根据《文后参考文献著录规则》（GB/T 7713.2—2022），论文中应引用与研究主题密切相关的参考文献。按规定，在学术论文中，凡是引用前人（包括作者）已发表的文献中的观点、数据和材料等，都要对它们在文中出现的地方予以标明，并在文末（致谢段之后）列出参考文献。这项工作叫作参考文献著录。

参考文献著录的原则为只著录最必要、最新的文献；只著录公开发表的文献；采用标准化的著录格式。被列入的参考文献应该只限于著者阅读过和论文中引用过，而且正式发表的出版物，或其他有关档案资料，包括专利等文献。私人通信、内部讲义及未发表的著作一般不宜作为参考文献著录，但可用脚注或文内注的方式以说明。

文后参考文献的著录方法有"顺序编码制"和"著者—出版年制"。前者根据正文中引用参考文献的先后，按著者、题名、出版事项等顺序逐项著录；后者首先根据文种（按中文、日文、英文、俄文、其他文种的顺序）集中，然后按参考文献著者的姓氏笔画或姓氏首字母的顺序排列，同一著者有多篇文献被参考引用的，再按文献出版年份的先后依次给出。其中，顺序编码制为我国学术期刊所普遍采用。

11. 附录

附录是论文的附件，不是必要组成部分。它在不增加文献正文部分的篇幅和不影响正文主体内容叙述连贯性的前提下，向读者提供论文中部分内容的详尽推导、演算、证明、仪器、装备或解释、说明，以及提供有关数据、曲线、照片或其他辅助资料，如计算机的框图和程序软件等。附录与正文一样，编入连续页码。附录段置于参考文献表之后，依次用大写正体 A、B、C、…编号，如"附录 A"作标题前导词。

附录中的插图、表格、公式、参考文献等的序号与正文分开，另行编制，如编为"图 A1""表 B1""式（A1）""文献［A1］"等。插图必须精炼、清晰、规范，尽量用计算机作图；图序号和图名称必不可少；一般插图规格为 5cm×7cm 或 10cm×15cm。表格必须有表序号、表标题；无线表、文字表、系统表、卡线表、三线表均可使用，但须省去两侧竖线。

12. 注释

解释题名项、作者及论文中的某些内容，均可使用注释。能在行文时用括号直接注释的，尽量不单独列出。

不随文列出的注释称为脚注。用加半个圆括号的阿拉伯数字，如 1)、2) 等，或用圈码如

①、②等作为标注符号，置于需要注释的词、词组或句子的右上角。每页均从数码 1）或①开始，当页只有一个脚注时，也用 1）或①。注释内容应置于该页底脚，并在页面的左边用一短细水平线与正文分开，细线的长度为版面宽度的 1/4。

中文学术论文撰写实例：《合作项目课程开发研究与实践——高职艺术设计网页设计与制作课程为例》

经过对中澳合作主题词的检索与分析，考虑论文写作从学校相关专业的中澳合作教学的项目课程入手，勾勒出实际教育教学过程中的模式、方式、方法和措施，提出若干中澳合作项目课程中所出现的问题及相应的解决方法，为其他相关院校的中外合作办学提供借鉴与参考。在正式论文写作前将基本思路绘制成图，如图 15.1 所示。

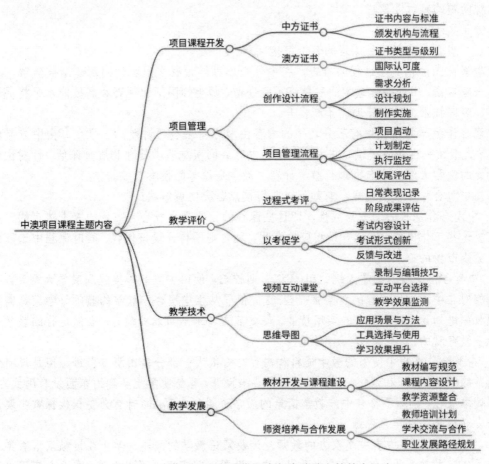

图 15.1　合作项目课程开发研究与实践论文的基本思路

从图 15.1 可知，论文将从中澳合作项目课程开发、项目管理、教学评价、教学技术、教学发展等方面进行论述。考虑到论文篇幅及论文的写作重点，在具体论文撰写过程中，删减了诸如课程教学评价中的以专利为基础的考评方法、以赛促教的考评方法等内容。另外，考虑到课程质量监控是一个重要而庞杂的体系，应单独成文详细叙述，在后续论文中重新撰写。

特别要提到的是论文参考文献的撰写方式，在此建议使用 NoteFirst 软件实现。先将参考文献导入 NoteFirst 软件，使这些参考文献在软件的"文献管理"中可见。然后打开撰写的论文（大多数都是 Word 版本论文），将光标移动到文中需要指明参考文献的位置，在 NoteFirst 软件的参考文献中，右击选择"插入到 Word"选项，一键插入论文，自动生成参考文献。

如下为《合作项目课程开发研究与实践——高职艺术设计网页设计与制作课程为例》论文的摘要和部分正文内容。

摘要：

以高职艺术设计网页设计与制作课程为例，探索中澳合作项目课程的开发研究与实践。就开发理念、开发目标、教学内容的选取与组织及中澳职业资格的对接等进行项目课程的开发，将项目管理、思维导图、网络视频互动课堂等教学方法和技术运用于中澳合作项目课程的实践，同时建立一套开放式的中澳合作高职项目课程的考核评价体系，并提出若干中澳合作衔接过程中所出现问题的可行性建议。

部分正文：

三、中澳合作高职项目课程的若干衔接问题

随着教育国际化教学进程的推进，在中外合作办学过程中出现的问题逐渐被破解，实践经验越来越丰富，中外合作教学的质量将不断递增，师生的国际化视野和高技能水平将促使教育水平、教育技术、教育管理的不断提升。

中澳合作教学的课程中有三分之一的内容由澳方特派教师讲授，三分之二由中方教师讲授。教学大纲统一由澳方提供，并由澳方协助中方共同实施教学管理和质量评估。针对由澳方统一制定的教学大纲，中方再进行教学计划、教学资源等的撰写与编排。

针对中澳合作课程的流程，有如下一些衔接点需要协调解决：

1. 中澳合作课程的动态开放性，即这些课程的设置是由社会、市场的需求决定的。如果市场需要这些工作岗位，则应开设相应的课程，反之则不再开设该课程。同时课程中选取的项目也要紧跟市场的需求。

2. 中澳合作课程的教学大纲的制/修订周期较长，使得中方教师接收到教学大纲后，备课的时间相对非中澳合作课程的要紧张一些。这促使了从事中澳合作教学的教师每学期都需要不断地吸收先进知识，掌握更多的实用技能，使之能更好地从事职业教育，当然这样的教学也是符合职业教育观的。

3. 中澳合作课程中使用的教学资料和内容，有很大一部分是由澳方引进。但是没有经过中方教师的筛选、整理和消化，直接拿这些资料来授课，容易使学生学到的东西没有用武之地。需要强调本土化，剔除不符合中方教学情景的教学资料和内容。同时有必要积极探索中澳双方共同开发教材等先进学习资源。

4. 中澳合作课程中有中澳双方的教师，涉及双语教学的问题。学生在接触双语教学过程中是渐进适应并熟悉的。建议在专业课程之前，设置一门实用口语强化课，在这个实用口语强化课程的缓冲中，学生和中方教师能进入双语教学的环境。随后再进行后续中澳合作课程就更为顺畅。

5. 中澳合作课程的中方教师是有效开展教学活动的关键。为了衔接好澳方的授课指导及持续性支持，每年都有计划地选派中方的专业教师到西澳洲中央技术学院进修。同时，也不能缺少对澳方教师在中方教学过程中的相关指导与培训工作，使其更快、更好地融入中方的教学氛围中，提高中澳合作教学质量。

基本上，在撰写与发表中文核心期刊 5 篇之后，在中文学术论文的撰写和发表上就有了一定的经验和体会。此时，就要考虑在更大范围内分享科研成果、获得学术平台并得到相关领域研究人员的认同，有机会共同集结研究探索。

中文学术论文撰写实例：《高校档案数据治理的区域联盟发展模式研究》

论文的缘起是发现高校档案实践层面的短板，主要包括数据资源共建共享与数据服务互联互通层面的短板，在传统档案管理思维的影响下，高校档案管理还处于条块分割的封闭型协作形式，部分高校的档案查询十分费时。鉴于此，通过文献资料查询，瞄准档案数据治理这一主题开展相关研究。主要从对策研究的角度分解论文的框架，包括三个部分，分别是高校数据档案治理存在的短板、高校档案数据治理的发展逻辑、高校档案数据治理的区域联盟发展模式。论文的摘要循着这一思路撰写。

如下为《高校档案数据治理的区域联盟发展模式研究》论文的摘要和部分正文内容。

摘要：

本文基于高校档案数据治理行动逻辑的耦合与区域联盟发展共识，结合高校档案数据治理命运共同体、高校档案数据治理能力现代化的发展逻辑，从高校档案数据治理的区域联盟治理主体、联动治理机制、治理技术体系、数据共享生态等方面探究了区域联盟发展模式。

部分正文：

3 高校档案数据治理的区域联盟发展模式

3.1 形成高校档案数据治理的区域联盟治理主体

树立档案数据治理协同理念，加强与档案数据治理命运共同体的联盟合作。把档案数据使用者、管理者、志愿者、决策者等发展需求统合起来，由数据联动带动数据治理与质量监控。区域联盟治理主体应包括区域内高校，也即数据治理的核心部门、政府部门、科研机构、档案馆等公共部门、行业企业、大众媒体等传播部门及社会大众等。据此，突破传统治理主体间的多层化组织关系，强化区域联盟各档案数据治理主体在数据资源的建立、保管、分析和应用等方面的关键性档案业务职能。

3.2 构建高校档案数据治理的区域联盟联动机制

高校档案数据治理区域联盟是高校在国家高水平、双一流院校建设大背景下，打通区域数据治理的界限，促进高校内部的纵横双向节点式档案数据治理转向区域联盟的整体发展，建立校际档案开放共建标准与规范机制，实现更为敏捷的高校联盟档案对接发展。由结构治理联动机制和程序治理机制推动高校档案数据资源的共建共享。

第一，在结构治理联动机制方面，区域联盟可由联盟高校轮值方式进行联络与管理。第二，在程序治理机制方面，由轮值联盟高校牵头开展档案数据治理政策、标准与监控机制建设，把档案数据电子化归档、数据清洗、数据挖掘以及数据决策服务等治理目标与成效作出具体规范，对档案数据利用的情况作出评价和改进建议。在数据服务互通互联的治理方面，按照社会大众需求，由高校具体业务推动区域联盟档案数据互联互通。可借鉴美国的常青藤联盟、德国精英大学和 TU9，国内的北京高科大学联盟、成渝地区双城经济圈高校联盟等高校区域联盟组织经验，基于大数据、人工智能等现代信息技术整合、利用区域框架合作下档案数据价值的活动过程，满足高校创新发展、社会大众对高校公共服务等方面的档案数据利用需求。

3.3 重构高校档案数据治理的区域联盟治理技术体系

在技术层面上进一步加快人工智能在区域联盟数据治理领域的创新服务发展步伐，高效组织政府、高校校友、行业企业等多元治理主体，集聚合力共同实现"人工智能+"个性化档案数据服务。

加强数据清洗系统、人财物档案"一表通"系统、决策参考"领导驾驶舱"系统、远程档案查询系统等建设，实现档案数据实时呈现、实时呈报等服务供给模式并提供相应的个性化档案数据服务，有效解决数据标准化不足和数据缺失问题。

加强档案数据的整合与集成，强化关键数据在领导决策等重要过程中的展示、分析与督办功效，进一步促进高校档案数据治理技术的区域联盟合作发展。

区域联盟治理技术体系的内涵理解为，以"人工智能+"模式从"实体+虚拟""技术+逻辑"双主线完善区域联盟治理技术体系。开展基于"人工智能+"支持的档案数据资源的生成与推送、档案数据的可视化思维导图构建、档案数据追踪溯源与隐私保护、档案数据节点验证与决策模型验证等高校档案数据治理的区域联盟治理技术体系建设。

3.4 打造高校档案数据治理的区域联盟数据共享生态

区域联盟数据资源共享生态的实现需充分认识到高校建设中各类档案数据对于事务决策过程所产生的无法忽视的影响与积极的建设作用。共享生态建设要创设有利于高校档案数据治理的模式，弥合数据治理背景下高校自治和政府等外部引导之间的制度管理二元对立，发挥多元治理主体的积聚优势与资源，激发广泛支持的多方联动功能，聚合区域联盟治理主体分散的数据库并由数据清洗等治理技术形成服务共享生态建设的标准统一的数据，探索高校特色档案建设与管理等推进区域联盟档案数据资源的共享生态化发展。

15.2　英文论文的结构与内容

英文学术论文的撰写主要面向国外专业英语期刊和国际会议两种。一般而言，发表在专业英语期刊上的学术论文的文章结构和文字表达上都有其特定的格式和规定，只有严格遵循国际标准和相应刊物的规定，才能投其所好，获得较高的投稿录用率。

1. IMRAD 格式

尽管英文科技论文的形式并非千篇一律，但是基本上还是有一个常用的规范或相对固定的格式，即引言、材料和方法、结果、讨论。因此，撰写国外英文科技论文的第一步就是确定论文的框架结构。最规范并且有效的方法即采用 IMRAD 形式（Introduction，Materials and Methods，Results and Discussion），这是英文科技论文最通用的一种结构方式。IMRAD 格式的基本要求如下。

（1）Introduction（引言）：研究的是什么问题？

引言又称前言、序言，主要简明介绍学术论文的目的、背景和理论依据，主要方法，主要成果，阐述论文的价值和意义。引言部分需要高度概括、画龙点睛、言简意赅、点明主旨。

（2）Materials and Methods（材料和方法）：如何研究这个问题？

材料部分包括样本、检测材料、受检者以及相关搜集到的资料，主要是描述材料的标准化、可靠性、可比性、均衡性及随机性；方法部分包括的内容是测量仪器、测定方法、计算机方法等，主要说明方法的精密度和准确性等。

（3）Results（结果）：发现了什么？

结果部分是论文的主体或核心部分，详细论述研究中所获得的实验数据、观察结果，且与材料和方法中的内容相对应，并经过分析归纳及统计学处理，用文字结合统计表、统计图、照片等分别表述出来。要求指标明确、数据准确、内容真实、尊重事实，如实表述研究结果。

（4）Discussion（讨论）：这些发现意味着什么？

讨论部分主要是从理论上对实验和观察结果进行分析和综合，加以阐明、推理和评价。讨论的内容要从研究结果出发，紧紧围绕研究题目的设想。简明扼要，有的放矢，不能面面俱到，分量不宜太大。讨论得当会使论文增辉。

在此基础上，英文科技论文的基本格式包括 Title（论文题目）、Author(s)（作者姓名）、Affiliation(s) and address(es)（联系方式）、Abstract（摘要）、Keywords（关键词）、Body（正文）、Acknowledgements（致谢，可空缺）、References（参考文献）、Appendix（附录，可空缺）、Resume（作者简介，视刊物而定）。

其中，正文为论文的主体部分，可分为若干章节。按照 IMRAD 格式要求，一篇完整的英文科技论文的正文部分可由 Introduction（引言/概述）、Materials and Methods（材料和方法）、Results（结果）、Discussion（讨论）、Conclusions（结论/总结）构成。

2. 英文科技论文主要构成部分的写法与注意事项

（1）题名。英文题目（Title）以短语为主要形式，尤以名称短语最常见，即题名基本上由一个或几个词语加上其前置和（或）后置定语构成。短语型题名要确定好中心词，再进行前后修饰。各个词的顺序很重要，词序不当会导致表达不雅。题名一般不应是陈述句，因为题名主要起标识作用，而陈述句容易使题名具有判断式的语义，且陈述句不够精练和醒目，重点也不易突出。少数情况（评述性、综述性和驳斥性）下可以用疑问句作题名，疑问句可有探讨性语气，易引起读者兴趣。

题名不应过长。国外科技期刊一般对题名字数有所限制。例如，英国数学会要求题名不超过 12 个词。总的原则是，题名应确切、简练、醒目，做到文题相符，含义明确。在能准确反映论文特定内容的前提下，题名词数越少越好。同一篇论文，其英文题名与中文题名英文内容上应一致，但不等于词语要一一对应。在许多情况下，个别非实质性的词可以省略或变动。题名字母的大小写有三种格式：全部字母大写；每个词的首字母大写，但三个或四个字母以下的冠词、连词、介词全部小写；题名第一个词的首字母大写，其余字母均小写。此外，标题应反映论文所属的学科，题目大小要合乎分寸，切忌华而不实。不要使用过于笼统、夸张或是过大的题目，使人看了不知道其研究主题。醒目的标题，其含义能让人一望即知，而且能立刻引起读者的阅读兴趣。同时，应尽量在标题中使用论文中的关键词语，一方面有助于概括论文的基本思想并减少标题中的词语数量，另一方面可增加论文的被检次数，从而可能增加被引次数，因为用机器检索时，机器只显示标题中的关键词语而不是整个标题。就此而言，标题中关键词语的使用应该引起论文作者和学刊编辑的重视。如果想在标题中表达较多的内容，例如，既想概括地表达出文章的论述范围，又想表明对问题的看法或者对某一问题的评论，这时标题就会写得太长，而且一个标题也难以表达两层意思。解决的办法是在主标题下加一副标题。副标题作为主标题意思的补充和引申。但有的期刊明确不要加副标题，所以在投稿前需看该期刊的"投稿须知"。另外，缩略词、代号与数字在标题中使用时，也易出现错误，但掌握这些内容，相对比较容易。

（2）作者。作者（Author(s)）中最重要的自然是第一作者，其次是通讯作者，通讯作者有时是第二作者，有时也可以放在最后。一般来说，导师充当第二作者或通讯作者。有些期刊当稿件被录用并在检查修改——校稿时，允许将作者顺序改一下，当然，这个改动不应引起纠纷。

在作者姓名的英译过程中，中国人名按汉语拼音拼写。作者单位名称要写全（由小到大），并附上地址和邮政编码，确保联系方便。

（3）摘要。如果不是综述性文章，文章的摘要（Abstract）可以按照结构式摘要进行写作。结构式摘要是指按照（Objective）目的、Methods（方法）、Results（结果）以及 Conclusions（结论）逐一阐述论文的梗概。其中，研究目的指向研究范围与重要性，研究方法表征课题的基本设计，结果指明研究价值与局限，结论给出总结与展望。

英文摘要时态的运用则以简练为佳。以下几种时态适用于不同的情况：

1）一般现在时：用于说明研究目的、叙述研究内容、描述结果、得出结论、提出建议或讨论等；涉及公认事实、自然规律、永恒真理等，也要用一般现在时。

2）一般过去时：用于叙述过去某一时刻的发现、某一研究过程（实验、观察、调查等过程）。用一般过去时描述的发现、现象，往往是尚不能确认为自然规律、永恒真理，只是当时情况；所描述的研究过程也明显带有过去时间的痕迹。

3）现在完成时和过去完成时：完成时要少用，现在完成时把过去发生的或过去已完成的事情与现在联系起来，而过去完成时可用来表示过去某一时间已经完成的事情，或在一个过去事情完成之前就已完成的另一过去行为。

作为一种可阅读和检索的独立使用的文体，摘要一般只用第三人称而不用其他人称。有的摘要出现了"我们""作者"作为陈述的主语，这会减弱摘要表述的客观性，有时也会出现逻辑上讲不通。由于主动语态的表达更为准确，且更易阅读，因而目前大多数期刊都提倡使用主动语态，国际知名科技期刊 *Nature*、*Cell* 等尤其如此。主动语态表达的语句文字清晰、简洁明快，表现力强，动作的执行者和动作的承受者一目了然，给人一种干净利落、泾渭分明的感觉。再者，摘要一定要避免出现图表、公式和参考文献的序号。图 15.2 和图 15.3 为英文实例摘要。

摘要实例：*Research on official documents intelligent processing system on the basis of multi-categories document classification of chinese text*。

Abstract: This study aims to improve the party and government organs for document processing automation and scientific levels, to change their empirical doctrines on document processing. Trying to make use of multi-categories document classification of Chinese text for official documents processing system, and Join expert assessment and feedback module. It enables the system to a "lifelong learning" capability, witch can improve the accuracy of the output. Finally, the experiments confirmed that the application of multi-categories document classification of Chinese text in the party and government documents processing is valuable.

Key words: E-government; document classification; machine learning; document

图 15.2 英文学术论文摘要实例 1

摘要实例：*Interaction design of menu type APP based on implicit memory*。

ABSTRACT: It aims to discuss the design principles and practice of menu type APP based on implicit memory, and propose the methodology guidance for menu type APP interaction design. It analyzes the characteristics and development trend of the menu type APP, according to the implicit memory theory, it proposes the interaction design principles of menu type APP and put them in practices. The APP interaction design principle based on implicit memory is defined. The applicability of the APP interaction design in recipes is verified through examples. It can read recipes, share communities, generate shopping lists, find restaurants, order meals, record food and other functions.

KEY WORDS: implicit memory; menu; APP; interaction design

图 15.3 英文学术论文摘要实例 2

（4）关键词。关键词（Keywords）是为了满足文献标引或检索工作的需要而从论文中取出的词或词组。国际标准和我国标准均要求论文摘要后标引 3～8 个关键词。关键词可以作为文献检索或分类的标识，它本身又是论文主题的浓缩。读者从中可以判断论文的主题、研究方向、方法等。关键词包括主题词和自由词两类：主题词是专门为文献的标引或检索而从自然语言的主要词汇中挑选出来的，并加以规范化了的词或词组；自由词则是未规范的即还未收入主题词表中的词或词组。关键词以名词或名词短语居多，如果使用缩略词，则应为公认和普遍使用的缩略语，如 IP、CAD、CPU，否则应写出全称，其后用括号标出其缩略语形式。

关键词或主题词的一般选择方法为，由作者在完成论文写作后，纵观全文，选出能表示论文主要内容的信息或词汇，这些词汇可以从论文标题中寻找和选择，也可以从论文内容中寻找和选择。从论文内容中选取出来的关键词，可以补充论文标题所未能表示出的主要内容信息，也提高了所涉及的概念深度。

（5）引言。引言（Introduction）作为学术论文的开场白，应以简短的文字介绍写作背景和目的，以及相关领域内前人所做的工作和研究概况，说明本研究与前人工作的关系，目前研究的热点和存在的问题，以便读者了解该文的概貌，起导读作用。引言也可点明本文的理论依据、实验基础和研究方法，简单阐述其研究内容、结果、意义和前景，不要展开讨论。应该注意的是，对前人工作的概括不要断章取义，如果有意歪曲别人的意思而突出自己方法的优点就更不可取了。

引言的第一句话很重要，应当明确提出这篇文章的目的。引言包含的要素：文章的目的；对目的的证实；背景，其他人已经做了的，怎样去做的，我们以前已经做的；读者应该在文章中看到什么；概括和总结。

论文引言部分写作要求如下。

1）尽量准确、清楚且简洁地指出所探讨问题的本质和范围，对研究背景的阐述做到繁简适度。

2）在背景介绍和问题的提出中，应引用"最相关"的文献以指引读者。要优先选择引用的文献包括相关研究中的经典、重要和最具说服力的文献，力戒刻意回避引用最重要的相关文献（甚至是对作者研究具有某种"启示"性意义的文献），或者不恰当地大量引用作者本人的文献。

3）采取适当的方式强调作者在本次研究中最重要的发现或贡献，让读者按照一定逻辑阅读论文。

4）解释或定义专门术语或缩写词，以帮助编辑、审稿人和读者阅读稿件。

5）适当地使用 I、We 或 Our，以明确地指示作者本人的工作。叙述前人工作的欠缺以强调自己研究的创新时，应慎重且留有余地。可采用类似如下的表达：To the author(s) knowledge…；There is little information available in literature about…；Until recently, there is some lack of knowledge about…，等等。

6）引言的时态运用：①叙述有关现象或普遍事实时，句子的主要动词多使用现在时，如 little is known about X 或 little literature is available on X；②描述特定研究领域中最近的某种趋势，或者强调表示某些"最近"发生的事件对现在的影响时，常采用现在完成时，如 few studies have been done on X 或 little attention has been devoted to X；③在阐述作者本人研究目的的句子中应有类似 This paper，The experiment reported here 等词，以表示所涉及的内容是作者的工作，而不是指其他学者过去的研究。

英文学术论文引言实例：*Research on A FLASH Card Production and Test System Based on PC LPT*

1. Introduction

FLASH Memory is a kind of semi-conductor memory based on Fowler-Nordheim tunneling[1]. Intel Corporation put out its new quickly-erasable nonvolatile mass storage on the market in 1988, which is what we call Flash memory (called FLASH for short). FLASH Memory is nonvolatile storage developing on the basis of EPROM and EEPROM, It has the merits as EPROM and EEPROM have; such as higher density of integration, less cost than DRAM, flexible and easy reading/writing and quick visit speed, and it doesn't need to store condenser and it's not easy to lose information because of sudden power-off. With these above characteristics, FLASH is very popular with users and semiconductor manufactures.

FLASH includes many different types. Structurally, there are AND, NAND, NOR and DiNOR, etc. among those types NAND and NOR are the most common. NOR is the kind of FLASH which has been most used and it has the similar storage format and Reading/Writhing method to that of the commonly used memory card that supports random accessing with quick speed, which makes it suitable to store procedures and relative data, so NOR can be used in mobile phone. But the great drawback of NOR is low capacity. Compared to NOR, NAND's capacity is very high and the chip with capacity of 8G is very common. But NAND operates slowly because it has less I/O ports than NOR. As it just has 8 ports, it had to take turns to transmit signals to finish transmitting address and data. Obviously, this kind of serial transmission is slower than parallel transmission of NOR and other memory chips. Nevertheless, the storage and transmission of NAND is measured in page and block (one page includes several bytes, and several pages constitute one block), which is very suitable for continuously transmitting huge data and partly makes up a deficiency of serial transmission. So the most suitable work for NAND is to store high capacity data and be used as mass storage device.

There is a co-existence of many standards of FLASH card in recent years. The SD card and MMC card enjoy promising market outlooks and the standards of these two will become the main ones. Relatively, MS and XD enjoy a stable market while PC, SM and CF occupy a decreasing market share. So, it is of practical value and significance to research into the production and testing system of SD and MMC card.

At present, there are companies specializing producing FLASH card production and testing system in the world. These products are suitable to be produced in a large amount because they have powerful product function and good performance function, and it is fast to realize sequence with hardware. But is has to be based on mature standards, it's not convenient to update system and the developing cost is very large. Actually in the early period of developing products, there isn't any mature standard. Considering performance price ratio and flexibility, it's necessary to develop producing and testing system with low cost and high performance function. With the rapid development of computer technology and abundant software/hardware of PC, it has offered many good methods and measures for FLASH producing and testing system and it also bring a change to the technology of producing and testing.

This paper puts out solutions to producing and testing FLASH card both in hardware and software for small and medium-size customers, which is of practical value and application prospect.

（6）材料和方法。材料和方法（Materials and Methods）这个部分如果是以介绍实验为主，需要文字配合图表的方式介绍实验流程，按实验步骤写出实验过程和方法，实验所用的材料和其特征、一些工艺条件也需简单或重点介绍，当然属于重要或保密的细节可以略过。另外，还要叙述测量设备和测量方法，应该包括设备名称、型号、测试参数、测量量程或范围等。在实验时要注意做实验笔记，记下实验过程、实验条件、实验方法和材料，如果条件允许，在某个重要步骤进行拍照。论文材料和方法部分具体要求如下：

1）对材料的描述应清楚、准确。材料描述中应该清楚地指出研究对象（样品或产品、动物、植物、病人）的数量、来源和准备方法。对于实验材料的名称，应采用国际同行所熟悉的通用名，尽量避免使用只有作者所在国家的人所熟悉的专门名称。

2）对方法的描述要详略得当、重点突出。应遵循的原则是给出足够的细节信息以便让同行能够重复实验，避免混入有关结果或发现方面的内容。如果方法新颖且不曾发表过，应提供所有必需的细节；如果所采用的方法已经公开报道过，引用相关的文献即可（如果报道该方法期刊的影响力很有限，可稍加详细的描述）。

3）力求语法正确、描述准确。由于材料和方法部分通常需要描述很多的内容，因此通常需要采用很简洁的语言，故使用精确的英语描述材料和方法是十分必要的。需要注意的方面通常有不要遗漏动作的执行者；在简洁表达的同时要注意内容方面的逻辑性；如果有多种可供选择的方法能采用，在引用文献时提及一下具体的方法。

4）时态与语态的运用。①若描述的内容为不受时间影响的事实，采用一般现在时；②若描述的内容为特定、过去的行为或事件，则采用过去式；③方法章节的焦点在于描述实验中所进行的每个步骤以及所采用的材料，由于所涉及的行为与材料是讨论的焦点，而且读者已知道进行这些行为和采用这些材料的人就是作者本人，因而一般都习惯采用被动语态；④如果涉及表达作者的观点或看法，则应采用主动语态。

（7）结果。结果（Results）部分描述研究结果，它可自成体系。对结果的叙述也要按照其逻辑顺序进行，使之既符合实验过程的逻辑顺序，又符合实验结果的推导过程。该部分还可以包括对实验结果的分类整理和对比分析等。同时，确定结果用图或表来表达。对图表进行编排，例如横向或者纵向，顺序，大小等，使之简洁，并且特别注意单位用国际单位制度（SI）。结果中的图一般来说最多不要超过 8 个，以免显得累赘。在结果和讨论分开写的情况下，结果部分尽量不要涉及对结果的评论，陈述结果就可以了。论文结果部分写作要求如下：

1）对实验或观察结果的表达要高度概括和提炼，不能简单地将实验记录数据或观察事实堆积到论文中，尤其要突出有科学意义和具有代表性的数据，而不是没完没了地重复一般性数据。

2）对实验结果的叙述要客观真实，即使得到的结果与实验不符，也不可略而不述，而且还应在讨论中加以说明和解释。

3）数据表达可采用文字与图表相结合的形式。如果只有一个或很少的测定结果，在正文中用文字描述即可；如果数据较多，可采用图表形式完整、详细地表述，文字部分则用来指出图表中资料的重要特性或趋势。切忌在文字中简单地重复图表中的数据，而忽略叙述其趋势、意义以及相关推论。

4）适当解释原始数据以帮助读者理解。尽管对于研究结果的详细讨论主要出现在"讨论"章节，但"结果"中应该提及必要的解释，以便让读者能清楚地了解作者此次研究结果的意义或重要性。

5）文字表达应准确、简洁、清楚。避免使用冗长的词汇或句子来介绍或解释图表。为简洁、清楚起见，不要把图表的序号作为段落的主题句，应在句子中指出图表所揭示的结论，并把图表的序号放入括号中。

6）时态的运用。①指出结果在哪些图表中列出，常用一般现在时；②叙述或总结研究结果的内容为关于过去的事实，通常采用过去时；③对研究结果进行说明或由其得出一般性推论时，多用现在时；④不同结果之间或实验数据与理论模型之间进行比较时，多采用一般现在时（这种比较关系多为不受时间影响的逻辑上的事实）。

（8）讨论。讨论（Discussion）部分涉及的内容主要包括回顾研究的主要目的或假设；解释表和图的含义，图表表现的规律；概述重要结果；对结果的分析，解释为什么研究工作重要和吸引人；研究的意义和使用前景；未解答的问题及今后的研究方向等。论文讨论部分的写作要求如下：

1）对结果的解释要重点突出，简洁、清楚。为有效地回答研究问题，可适当简要地回顾研究目的并概括主要结果，但不能简单地罗列结果，因为这种结果的概括是为讨论服务的。

2）推论要符合逻辑，避免实验数据不足以支持的观点和结论。根据结果进行推理时要适度，论证时一定要注意结论和推论的逻辑性。在探讨实验结果或观察事实的相互关系和科学意义时，无须得出试图去解释一切的巨大结论。如果把数据外推到一个更大的、不恰当的结论，不仅无益于提高作者的科学贡献，甚至现有数据所支持的结论也将受到质疑。

3）观点或结论的表述要清楚、明确。尽可能清楚地指出作者的观点或结论，并解释其支持还是反对早先的工作。结束讨论时，避免使用诸如 Future studies are needed.之类的苍白无力的句子。

4）对结果科学意义和实际应用效果的表达要实事求是，适当留有余地。避免使用 For the first time 等类似的优先权声明。在讨论中应选择适当的词汇来区分推测与事实。例如，可选用 prove、demonstrate 等表示作者坚信观点的真实性；选用 show、indicate、found 等表示作者对问题的答案有某些不确定性；选用 imply、suggest 等表示推测；或者选用情态动词 can、will、should、probably、may、could、possibly 等来表示论点的确定性程度。

5）时态的运用。①回顾研究目的时，通常使用过去时；②如果作者认为所概述结果的有效性只是针对本次特定的研究，需用过去时；相反，如果具有普遍的意义，则用现在时；③阐述由结果得出的推论时，通常使用现在时。使用现在时的理由是作者得出的是具有普遍有效的结论或推论（而不只是在讨论自己的研究结果），并且结果与结论或推论之间的逻辑关系为不受时间影响的事实。

（9）结论。结论（Conclusions）也叫结束语，是文章的总结，其主要内容是对研究的主要发现和成果进行概况总结，让读者对全文的重点有一个深刻的印象。需要简洁地指出如下几点：

1）由研究结果所揭示的原理及其普遍性。

2）研究中有无例外或本论文尚难以解决的问题。

3）与以前已经发表的论文的异同。

4）在理论与实践上的意义。

5）对研究的前景和后续工作的展望。

需要注意的是，撰写结论时不应涉及前文不曾指出的新事实，也不能在结论中重复论文中其他章节中的句子，或者叙述其他不重要或与自己研究没有密切联系的内容，或故意把结论拉长。同时，结论也不应是摘要简单的复述。

（10）致谢。论文作者可以在论文末尾处对他人给予自己的指导和帮助表示感谢，即致谢（Acknowledgements），一般置于结论之后，参考文献之前。其基本形式为，致谢者+被致谢原因。例如：XX. Lou is very grateful to the National Science Foundation of China (NNSFC) for the support.也可以是作者具体指出某人做了什么工作使研究工作得以完成，从而表示谢意。如果作者既要感谢某个机构、团体、企业或个人的经济资助，又要感谢他人的技术、设备的支持，则应按惯例先对经济资助表示感谢，再对技术、设备支持表示感谢。致谢的文字表达要朴素、简洁，以显示其严肃和诚意。

（11）参考文献。关于参考文献（References）的内容和格式，建议作者在把握参考文献著录基本原则的前提下，参阅所投刊物的"投稿须知"中对参考文献的要求，或同一刊物的其他论文参考文献的著录格式，使自己论文的文献列举和标注方法与所刊物相一致。这里只对基本规则做简单介绍。

《文献工作：科学技术报告的介绍》（ISO 5966—1982）中规定参考文献应包含以下三项内容：作者、题目、有关出版事项。其中，出版事项包括书刊名称、出版地点、出版单位、出版年份以及卷、期、页等。

参考文献的具体编排顺序有以下两种。

1）按作者姓氏字母顺序排列（Alphabetical List of References）。

2）按序号编排（Numbered List of References），即对各参考文献按引用的顺序编排序号，正文中引用时只要写明序号即可，无须列出作者姓名和出版年代。

目前常用的正文和参考文献的标注格式有以下三种。

1）MLA 参考文献格式：MLA 参考文献格式由美国现代语言协会制定，适合人文科学类论文，其基本格式为，在正文标注参考文献作者的姓和页码，文末列参考文献项，以 Works Cited 为标题。

2）APA 参考文献格式：APA 参考文献格式由美国心理学会制定，多适用于社会科学和自然科学类论文，其基本格式为，正文引用部分注明参考文献作者姓氏和出版时间，文末单列参考文献项，以 References 为标题。

3）Chicago 参考文献格式：该格式由芝加哥大学出版社制定，可用于人文科学类和自然科学类论文，其基本格式为，正文中按引用先后顺序连续编排序号，在该页底以脚注（Footnotes）或在文末以尾注（Endnotes）形式注明出处，或在文末单列参考文献项，以 Bibliography 为标题。

第16章 论文修改

科技论文的修改是写作过程中不可或缺的一环，它体现了科研工作的严谨性和追求卓越的精神，修改过程要求作者对论文的每一个细节进行仔细检查，包括语法、拼写、标点以及格式等，确保论文的专业性。在修改中还需确保论文的逻辑结构清晰，论点、论据和结论之间的联系紧密，避免出现逻辑上的跳跃或断裂。此外，修改时作者应客观地评估自己的研究成果，确保论文内容的客观性，增强论文的创新性和学术价值，遵循学术规范，对引用、参考文献等进行规范性处理，避免学术不端行为等。简单来说，科技论文修改是为了提升论文质量、增强说服力、避免错误、促进学术交流与个人成长。"千锤万凿出深山，烈火焚烧若等闲。"这句诗表达了经过反复锤炼和考验，才能成就非凡品质的意象，实际上科技论文在不断修改中精炼内容，提升品质，最终达到发表要求。

16.1 整体修改

16.1.1 修改要求说明

为达到论文的最佳状态，契合期刊发表的要求，一般需要根据论文审稿修改意见和科技论文写作规范，检查修改论文题目、署名、单位、中英文摘要、关键词、引言、正文、结论、参考文献、量与单位、图表设计、层次结构、语言规范等方面是否满足出版要求。

从科技论文写作规范上来看，需要重点检查论文结构的完整性，一篇完整的科技论文包括的多个相关部分，且每一部分的阐述均应满足科技论文撰写的要求。修改过程中，可采用内容呼应对照法，可检查出论文不统一、不对应、不规范、不正确、重复表达等问题。从摘要对照正文，题目对照正文标题，英文摘要对照中文摘要，图表对照正文，小标题对照题目下面内容，表名对照表内容，图名称对照图内容，公式变量对照变量解释，文内参考文献标注对照参考文献，作者姓名对照作者简介等方面，全面检查论文质量。

从论文审稿修改意见上来看，需要对照审稿专家提出的修改意见，逐条给出具体而合理的回复解释。同时，作者应针对编辑的修改意见认真仔细地修改，同时提交修改的说明文档。如果对修改建议有不同的看法，应有理有据地阐述理由，同样地，如果对某些反馈的问题有异议，则可与编辑沟通或请教相关专业人士解答，一定要对疑问给出具体而正确的答案，不能模棱两可、似是而非，形成良好的互动闭环为后期论文的录用、发表打下较好的基础。

16.1.2 修改实例

需要注意的是在实际论文修改中，第一，对全文做系统性修改，不要只修改疑问处。编辑给作者提供修改意见时，往往采用批注的形式，同一个问题可能只批注了一次，所以作者要对全文内容进行系统性地修改，对论文涉及的相关内容或编辑没有发现的遗漏和欠缺之处做全面修改，避免出现二次错误。否则可能会顾此失彼，需要作者花费时间再次修改。第二，修改处采用改变字体颜色或修订模式等方式标记。为方便编辑对照审核，检查作者是否对疑问处做了修改，请作者采用醒目的标记告知编辑，以节省时间。第三，修改完成后在打印稿上再次核对，不要只在计算机上浏览。作者用计算机撰写或修改论文时，易出现多字、少字、错字、缺字、上下角标不规范等问题，因此修改完成后，应打印一份纸质稿，再次通读全文，核实修改正确无误后，再返回给编辑部。第四，在编辑指定的论文版本中修改。作者投稿时的版本为原稿，专家审查后有审改稿，编辑加工后有编校稿，作者应在编辑要求的版本中修改

以《本科职业教育产教融合共同体模式构建研究》为例加以说明，该论文发表于 2022 年2 月《中国高校科技》产学研用栏目。该论文摘要如下：

本科职业教育产教融合共同体模式构建研究

摘要： 本科职业教育产教融合多由校企合作、工学结合等形态的高职教育产教结合演变而来，当前的本科职业教育产教融合更加注重技术技能、工艺设计等方面的高层次发展要素，涵盖内生、嵌入、协同与延伸等多种产教融合模式。借鉴活动理论的六要素框架，以我国本科职业教育产教融合实践为样本，分析提炼本科职业教育产教融合存在的活动资源、活动共同体、运转规则、活动工具等掣肘因素，构建政策层面、模式层面、技术层面及实现层面的产教融合共同体进阶体系，探索适合本科职业教育的产教融合共同体模式，旨在保障产学研资源的供给，促进本科职业教育产教融合的循环互动发展，为新时代职业教育产教融合发展提供借鉴。

关键词： 本科职业教育；产教融合；共同体模式；构建

正文结构如下：

一、引言

二、本科职业教育产教融合的主要模式

三、本科职业教育产教融合的发展困境

四、本科职业教育产教融合模式的突破路径

（一）本科职业教育产教融合模式的发展动力

（二）本科职业教育产教融合共同体模式构建

1. 政策层面：构建赋能发展的本科职业教育产教融合保障体系

2. 模式层面：建设共同体联动的产教融合组织协同体系

3. 技术层面：搭建虚实结合的本科职业教育产教融合平台体系

4. 实现层面：形塑共创生态的本科职业教育产教融合价值体系

论文整体的逻辑如图 16.1 所示。

审稿反馈的意见总体较好，认为相关研究具有较好的参考价值，建议刊发，如下为审稿意见：文章以 22 所升格为本科的职业大学的本科职业教育产教融合实践为样本，通过案例分析，总结了我国本科职业教育产教融合的主要模式与目前的发展困境。在此基础上，阐述了本科职业教育产教融合模式的发展动力，构建了政策层面、模式层面、技术层面及实现层面的产教融合共同体进阶体系，探索了适合本科职业教育的产教融合共同体模式。

同时也为论文修改提出了相关建议，根据审稿建议文章需作如下充实和调整。

意见 1：选题中的文献梳理（相关研究），确定重点（不雷同），以形成后续逻辑链，删去无关部分。

意见 2：22 所职大的名录、构成、经费、学科方向等相关信息内容（研究对象需清晰）。

意见 3："发展困境"中"4 个掣肘因素"在问题的解决中的实证分析不能缺失（案例、数据），其理论运用与此相融，而非割裂，由此证明持论的有效性.

意见 4：增设"结语"，明晰全文要点，提供新意之处。

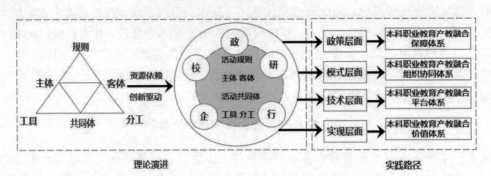

图 16.1　本科职业教育产教融合共同体模式构建研究

依照审稿专家和编辑老师反馈的意见，本着细致、认真、负责的态度，按要求在论文中逐一作出修改和答复，并附上修改意见与答复和修改内容。如下为对应回复的内容：

修改 1：按要求修改"三、本科职业教育产教融合的发展困境"中相关文献梳理，其中以产教融合共同体方面为重点，增加陈正江、周建松等专家学者对于产教融合共同体的研究梳理，并已删除本科职业教育实践与学者观点认同的不对等部分相关度不高的内容。整个逻辑为从产教融合到产教融合共同体，再引入活动理论，进入研究的主体。修改内容已标注。

修改 2：按要求在"一、引言"部分增加 22 所本科职业大学基本信息表，表中含大学名称、性质、所在省份、主要办学经费来源、主要专业或专业群方向、本科和专科专业数等信息，进一步明晰了研究对象相关信息。表中信息源于教育部公布的升格本科职业大学报道信息、高等职业教育质量年报、各本科职业大学官网信息等。其中，主要办学经费来源的指标（有四种选项，分别是省级、地市级、行业或企业、其他）源于高等职业教育质量年报。

修改 3：已在"实践路径"的"模式层面"增加面向四个方向掣肘因素在问题解决中的案例说明，主要从高等职业教育质量年报、报道案例中挖掘相关本科职业大学关于活动资源（山东海事职业大学）、发展共同体（南京工业职业大学）、运转规则（广西城市职业大学、山东海事职业大学）、活动工具（广东工商职业技术大学）等方面的案例举措说明，由此强化与理论的融合，增强持论的有效性。

修改 4：文中增加结语，说明产教融合的理想状态即共同体模式，有别于传统的产教融合往来关系，是一种新型的发展模式，并从政策、模式、技术、实现层面说明产教融合共同体进阶体系。

16.2　细节修改

16.2.1　修改要求说明

修改后的论文语言应简练，内容无差错。总体而言，一篇科技论文的字数应在 5000～8000字左右，与主题无关、表达烦琐的段落、图表、公式、语句应简化或删除，确保修改后的论文在思想性、知识性、科学性、技术性、语法、修辞、逻辑、文字、标点符号等方面无差错。关于图和公式，应注意以下两点。

第一，论文中所涉及的公式应利用 Word 中的公式编辑器进行输入和编辑。

第二，论文中的原图务必内容齐全，清晰准确，且与主题紧密相关。图中内容要表达规范，坐标等有说明、有单位，图形简洁易懂。得出的试验数据，要用专业的绘图软件绘制，借鉴他人的图形，要标明出处，插图要确保布局美观、大小适宜。

修改一般也有时间方面的要求，即有固定的处理周期和返回时间点，编辑要求作者修改论文时，作者应积极配合编辑修改论文，在指定的时间段内返回修改稿，避免出现修改拖延。同时也建议充分利用好这个时间段，不过于急躁地完成几个点的修改，应该在有针对性地完成若干点的修改建议后，再从宏观层面完整地审视论文，通盘考虑如何优化与调整。当然，如果确实在时间方面存在问题，应及时与编辑沟通，保证论文修改与出版工作的顺利进行。

16.2.2 修改实例

论文细节修改主要涉及遣词造句、打磨语句、修改参考文献与引用的标准格式等更为微观的内容。以《固态硬盘 RAID 阵列技术进展》为例加以说，该论文发表于《世界科技研究与发展》，被引 16 次。该论文摘要如下：

固态硬盘 RAID 阵列技术进展

摘要： 固态硬盘作为一种新型闪存设备，因高性能比、高可靠性、低功效等优点备受关注。然而，固态硬盘的存储可靠性与访问高效性在大数据时代面临越来越大的挑战。通过 RAID 控制器联接多个硬盘存储设备，形成固态硬盘 RAID 阵列，能够为用户提供大容量存储空间，保证高效的并行访问性能，同时提供不同程度的可靠性保证。本文通过阐述固态硬盘 RAID 阵列技术的研究现状，对不同 RAID 机制进行分类总结。在多个固态硬盘构成的 RAID 阵列方面，根据磁盘之间损耗机制的不同，对两种代表性研究情况概括；在固态硬盘内部的芯片级 RAID 方面，主要对延迟校验数据更新的 RAID 技术、高性能高可靠性的 RAID 技术、增强可靠性的 RAID 技术及嵌入式 RAID 技术的特点与不足进行阐述。最后，对固态硬盘 RAID 阵列技术进行总结分析，并提出今后该领域的研究重点和方向，主要包括：嵌入式 RAID 技术、可靠性分析等。

关键词： 固态硬盘；RAID；存储系统；闪存；磁盘

正文结构如下：

1.引言

2.RAID 阵列技术简介

3.固态硬盘 RAID 阵列技术的研究现状

  3.1 多个固态硬盘构成的 RAID 阵列

    3.1.1 磁盘之间损耗均匀的 RAID5

    3.1.2 磁盘之间损耗不均匀的 RAID5

  3.2 固态硬盘内部的芯片级 RAID 阵列

    3.2.1 延迟校验数据更新的 RAID 技术

    3.2.2 高性能高可靠性的 RAID 技术

3.3 增强可靠性的 RAID 技术

3.4 嵌入式 RAID 阵列技术

4.结束语

论文通过初审、外审，返回审稿专家和编辑老师的相关建议，如下为反馈的建议：

意见 1："2 RAID 阵列技术简介"部分提到"降低成本是该技术的最初期望"，该表述是否妥当？技术的期望还是人们对其的期望？

意见 2："3 固态硬盘 RAID 阵列技术的研究现状"，该标题要与题目形式保持一致，删除"的"。

意见 3："3.2 固态硬盘内部的芯片级 RAID 阵列"中提到"现有的固态硬盘 RAID 阵列技术把更新校验数据所带来的写操作适当减少，当作突破性能瓶颈方面研究的主要切入点"，该内容引用哪篇文献，请仔细核查标注。

意见 4："3.2.2 高性能高可靠性的 RAID 技术"中的"Im 和 Shin 等人指出 FRA 方案在可靠性方面的缺陷在于，如果延迟更新的校验数据对应的数据出现错误，将会导致数据无法恢复。Im 和 Shin 等人提出了用 PPP 来缓存校验数据，使其校验数据的更新延迟，以此构成高性能高可靠性的固态硬盘"，存在重复内容，请整合。

意见 5：增加近三年的文献，注意调整引文参考文献格式，作者姓名字母全部大写，姓在前面，名在后面，名用首字母缩写。英文作者姓名间不要用"."，用空格代替。

对照反馈的修改建议，逐条修改，如下为修改的具体内容：

修改 1：改为降低成本是 RAID 阵列最初的技术期望。

修改 2：改为固态硬盘 RAID 阵列技术的研究现状。

修改 3：增加参考文献并在文中加以标注，原文改为，现有的固态硬盘 RAID 阵列技术主要从适当减少更新校验数据所带来的写操作入手，找到性能瓶颈的突破口[25]。

修改 4：改为，Im 和 Shin 等[28]指出 FRA 方案在可靠性方面的缺陷在于，如果延迟更新的校验数据对应的数据出现错误，将会导致数据无法恢复，并提出了用 PPC（Partial Parity Cache）来缓存校验数据，使校验数据的更新延迟，以此构成高性能高可靠性的固态硬盘。

修改 5：按要求逐一修改参考文献。

此外对部分内容进行了修改，结束语修改前的内容如下：

Flash 存储器的 100%半导体兼容技术使得固态硬盘的性能和可靠性非常具有竞争力[37]。固态硬盘是由一个控制器 ASIC（应用具体集成电路）和一组 Flash 存储芯片组成的。目前，针对固态硬盘的 RAID 阵列技术主要有三类，其中固态硬盘和机械硬盘组合搭建的混合式 RAID 阵列互补了两者的特性。随着固态硬盘的性价比不断提高，促进了固态硬盘和固态硬盘组合，固态硬盘的闪存芯片与芯片组合的纯固态硬盘组合 RAID 阵列的研发。固态硬盘厂商通常使用固态硬盘内部的芯片级 RAID 机制来提升性能[38]。为了提升产品的性能和可靠性，分别在减少对磁盘更新检验数据的写操作以及形成新型的固态硬盘组织架构上进行了深入研究与富有价值的实践。

结束语部分修改后的内容如下：

Flash 存储器的 100%半导体兼容技术使得固态硬盘的性能和可靠性非常具有竞争力[37]。固态硬盘是由一个控制器 ASIC（应用具体集成电路）和一组 Flash 存储芯片组成的。目前，针对固态硬盘的 RAID 阵列技术主要有三类，其中固态硬盘和机械硬盘组合搭建的混合式

RAID 阵列实现了两者特性的互补。随着固态硬盘的性价比不断提高，推进了固态硬盘和固态硬盘组合形成的 RAID 阵列以及固态硬盘的闪存芯片与芯片组合形成的纯固态硬盘组合 RAID 阵列的研发进程。由于目前固态硬盘价格高于机械硬盘，固态硬盘与机械硬盘构成的混合式 RAID 阵列与其他纯固态硬盘 RAID 阵列相比，在成本控制方面有较大的优势。但在性能与可靠性方面，多个固态硬盘构成的 RAID 阵列要优于固态硬盘与机械硬盘构成的混合式 RAID 阵列，而目前大多数固态硬盘厂商都采用固态硬盘内部的芯片级 RAID 机制来进一步提升性能，降低功耗[38]。为了提升产品的性能和可靠性，研究人员分别在减少对磁盘更新检验数据的写操作以及形成新型的固态硬盘组织架构上进行了深入研究与富有价值的实践。

第 2 部分开头修改前内容如下：

如今 RAID 阵列技术被广泛运用于存储系统。追溯 RAID 的起源，RAID 这一术语最早由加利福尼亚大学的 Patterson、Gibson 和 Katz 提出定义为廉价磁盘的冗余阵列。Berkeley 在 1987 年指出了降低成本是 RAID 技术的最初期望。然而，实际上 RAID 却并未做到。此后，RAID 这个术语的核心含义从"廉价"转变成"独立"，它被定义为，一种将多个磁盘驱动器组合成一个逻辑单元，用于数据冗余和性能改进的技术。

第 2 部分开头修改后的内容如下：

如今 RAID 阵列技术被广泛应用于存储系统。降低成本是 RAID 阵列最初的技术期望，实际上却并未做到。因此，RAID 的核心含义从"廉价"转变成"独立"，被定义为，一种将多个磁盘驱动器组合成一个逻辑单元，用于数据冗余处理和性能改进的技术。

第五篇　科技论文投稿

　　论文写作是否成功，在某种程度上还与论文投稿情况密切相关，一方面完成写作并且修改到位的论文需要有一个展示平台，优秀的论文在国内外会议与期刊中获得认可，往往能促进学界的知识传播与研究成果交流；另一方面写作的成功与否还需要在会议投稿、期刊投稿过程中获得审稿专家进一步的筛选、评审，这一过程不仅是对研究成果的认定，也是对论文写作质量的评价。本篇从会议投稿和期刊投稿两方面阐述论文投稿的基本情况。

第17章 论 文 投 稿

科技论文投稿主要包括会议投稿和期刊投稿两类。论文投稿是学术成果与同行分享的第一步，它促进了知识的传播和学术思想的碰撞。在一定程度上，发表在知名期刊上的论文，有助于作者获得学术界的认可和尊重，对作者的职称评定和职业晋升也具有直接的影响。另一方面通过期刊的广泛传播，研究成果能够被更多研究者和实践者了解和应用，间接提升了作者和所在单位与机构的学术声誉。相对而言，期刊投稿作者更为熟悉常用，相较于按时连续出版的学术期刊，会议举办的时间、频率往往并不规律，需要作者持续关注业内会议动态，提前查找会议信息。稿件被会议录用之后，往往还有交流环节。"会当凌绝顶，一览众山小。"科研工作者在学术探索中不断追求卓越，努力将自己的研究成果发表在高水平的期刊上，以期获得更广泛的认可和影响，如同攀登山峰，论文投稿也是一个不断努力、克服困难的过程，最终达到目的，实现自我价值的提升和学术成果的广泛传播。

17.1 会 议 投 稿

17.1.1 国内外会议类型、特征与术语

随着全球学术界交流的深入，各个国家的学会、协会、研究机构及国际学术组织越来越多，为了加强科学家之间的信息交流，各学术组织每年都定期或不定期地召开学术会议。学术会议按其组织形式和规模区分，一般可分为以下五大类：国际性会议、地区性会议、全国性会议、学会或协会会议、同行业联合会议。

广义的会议文摘包括会议论文、会议期间的有关文件、讨论稿、报告、征求意见稿等，狭义的会议文摘仅指会议录上发表的文献。新的理论、新的解决方案和新发展的概念通常最早出现在科技会议上发表的论文中。

首先要了解会议文献的特征与常用术语。学术会议按组织规模可以分为国际学术会议和国内学术会议，按照举办形式可以分为线上学术会议和线下学术会议。

会议文献按出版顺序可以分为会前文献、会中文献和会后文献。会前文献包括会议日程、论文目录、摘要和会议论文预印本（由于经费等原因，有的会后就不再出版正式文献）。会中文献包括开幕词、讨论记录和闭幕词等。会后文献包括会议录、会议论文集、会议论文汇编、期刊特辑、图书以及有关会议的声像资料等。

1. 议论文的特征

会议文献一般具有以下 4 个特征。

（1）传递新产生的但未必成熟的科研信息，对学科领域中最新发现、新成果等重大事件的首次报道率最高，是人们及时了解有关学科领域发展状况的重要渠道。

（2）涉及的专业内容集中、针对性强，一般是围绕同一会议主题撰写相关的研究论文。

（3）内容新颖，即时性强，最能反映各个学科领域现阶段研究的新水平、新进展；数量庞大，出版不规则。

（4）出版形式多种多样，有会议录、期刊、科技报告、预印本等。

2. 会议文献的常用术语

检索会议文献应了解几个关于会议的常用术语。

（1）Conference（代表会议）：指针对某一研究领域中的一些重点问题，召集一些相关的代表而举办的学术会议。

（2）Symposium（专题会议）：指在某一研究领域中，针对某些专题（热点问题）而举办的学术会议。

（3）Seminar/Workshop（专题研讨会）：指在某一研究领域中，针对某些重要学术议题而举办的学术会议。

（4）Colloquium（讨论会）：指会议组织者就某些重要问题（跨领域的战略性计划、宏观政策等）而举办的学术讨论会议。

（5）Session/General assembly（团体定期会）：指学术团体定期组织的主要由学术团队成员参加的会议。

（6）School/Short Course/Study Day/Clinic/Insitute/Teach-in,etc.（讲习、短训班等）：指就某一学术专题或专业技术举办的讲习、短期研习等一类的培训班。

（7）Congress（代表大会）：指国际规模的全体会议或大会。

（8）Convention（大会）：指全国性大会。

（9）Meeting（会议）：较为通用的主题会议的说法。

（10）Group meeting/panel meeting（分组会议）：指分组讨论特定主题、作出决策或分享信息的会议。

（11）Proceedings（会议录）：指会议或研讨会的正式记录，包括会议议程、论文摘要、演讲内容以及讨论记录等。

17.1.2 查找国内外会议论文

国内会议论文主要通过学校图书馆提供的学术数据库进行检索获取（如中国知网会议论文数据库、万方会议论文数据库、NSTL 国家科技文献图书中心文献数据库等）。国际学术会议有其成员的国际化以及语言的国际化等特点，也就是说国际学术会议一般是由多个国际机构来组织，并由多个国家或地区代表参加的学术会议；一般情况下，国际会议交流的语言主要是英语，会议交流语言也可同时使用由大会指定的非英语语言。由于所有国际大型文摘数据库都有会议文献的检索，多数都收录和报道会议文献（如美国工程索引 EI、英国科学文摘 INSPEC 等），因此可以利用这些数据库，查找到专业领域的国外会议论文信息。下面举例说明查找国内外会议论文的几种途径

（1）通过 Web of Knowledge 查找会议论文。Web of Knowledge 是检索国际著名会议、座谈会、研讨会及其他各种会议录论文的综合性多学科的权威数据库，该库收录了全球一万两千余种主要的科学技术、社会科学和人文科学会议录的论文文摘。

（2）通过 IEEE Conference Proceedings 查找会议论文。IEEE 是一个国际性的电子技术与信息科学工程师的协会，也是目前全球最大的非营利性专业技术学会。IEEE Conference

Proceedings 收录了该领域内的会议论文。

（3）通过国家科技图书文献中心（NSTL）查找会议信息。国家科技图书文献中心网站的"文献浏览"页面设有子栏目"会议"，收录了五万余条会议相关信息。

（4）一些学科协会出版的数据库中或一些学科领域的专门数据库中也收录了会议论文信息。

1）IP Conference Proceedings（美国物理联合会会议录网络版），收录了美国物理联合会（AIP）自 2000 年以来出版的约五百多种会议录（全文）。

2）NSPEC（英国科学文摘），由英国电气工程师学会（IEE）出版的文摘数据库，收录物理学、电子工程、电子学、计算机科学及信息技术领域的一千五百余种会议记录。

3）SIS Previews（生物学文摘数据库），收录了与生命科学研究相关领域五千余种期刊文摘，一千五百多种会议录等非刊文献。

（5）向有关学会、主办方或作者直接索取。

（6）百度学术查找会议信息。打开百度学术网站，单击"高级搜索"按钮，在其中设置"出版物"选项为"会议"，并将其后的关键词设置为 computer，也即搜索 computer 相关的会议论文。图 17.1 为百度学术"搜索设置"页面。图 17.2 为百度学术"搜索结果"页面。其中，"搜索结果"页面的左侧为相关结果列表，右侧有相关热搜词，如 computer、internet 等。

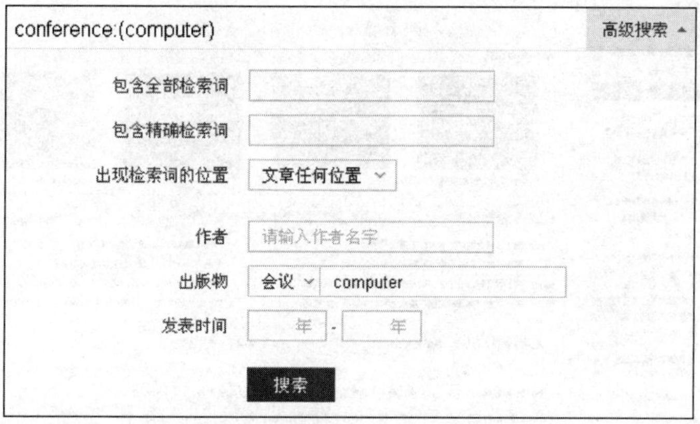

图 17.1 百度学术"搜索设置"页面

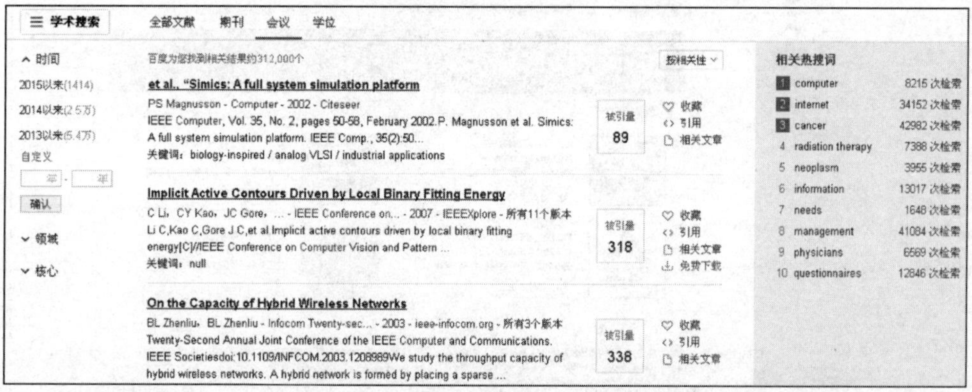

图 17.2 百度学术"搜索结果"页面

17.1.3　查找国内外会议信息

国内外会议的相关信息往往没有统一的平台和机构发布，科研工作者可以从以下几种渠道关注会议信息。

1. 学会网站

以 IEEE 为例，其学会网站收录了全球范围内所有被 IEEE 赞助的会议信息。

2. 中国学术会议在线

中国学术会议在线为用户提供会议信息预报、会议分类搜索、会议在线报名、会议论文征集、会议资料发布、会议视频点播、会议同步直播等服务。图 17.3 为中国学术会议在线网站页面。

图 17.3　中国学术会议在线网站

3. All Conferences.com

All Conferences.com 是一个查找国外会议的网站，它是提供各种会议信息的目录型网站，通过搜索目录来获得特定的会议信息。同时该网站提供在线注册、支付程序等服务。网站提供的会议范围包括人文与社会科学、商业、计算机和互联网、教育等各学科领域的学术会议。图 17.4 为 All Conferences.com 网站。

图 17.4　All Conferences.com 网站

4. 百度搜索

通常国内外期刊会在某期后面列出将要召开的会议信息，另外还可以利用百度搜索来查询将要召开的国内和国际会议。当然也可以向研究所或实验室相关研究方向的人打听他们一般投稿的会议，然后百度搜索这些会议。还可以从参考文献中查找相关会议。

17.1.4　国际会议投稿与注册

进行国际会议投稿前，首先要找到与专业领域相关的国际会议。科研人员可以通过中国学术会议在线、All Conferences.com、百度搜索、咨询相关研究人员等进行查询。找到合适的国际会议之后，就需要较为全面地了解会议的发表流程，会议论文与国内期刊发表流程不太一样，在投稿国际会议前务必全面了解会议网站的介绍说明，主要看稿件是否被收录，稿件能否再投到不属于合作出版社的期刊上等。国际会议投稿流程如下，首先要写好一篇中文论文（控制好字数和图表，免得篇幅过长，多缴版面费）。然后将中文论文翻译为英文论文，一般建议自行翻译后找英文水平较高的朋友把关审核，有些会议只要求先投英文摘要，这个摘要应比正常稿件的摘要稍微长些，会议审稿人会根据论文摘要再决定是否录取其稿件；如果是全文，投稿和期刊投稿差不多。审稿后也许还要求进行修改稿件，按照审稿意见进行逐条修改即可。在会议之后过段时间会再结集出版论文集（如 Proceedings）或者（部分）收录进期刊；接下来按照国际会议官方提供的下载论文格式模板，重新排版。最后按照国际会议网站的投稿要求，进行注册、投稿。

例如，EI 国际会议投稿，在投稿阶段，还需要进入网站的 paper submition 栏目，一般会议会提供用户一个地址，用于注册 easychair，按照流程逐步进行操作，其中注册 easychair 会让用户填写邮箱地址，完成后，邮箱会收到信息，单击邮箱里的地址，按照流程完成 easychair 注册。登录用户的 easychair 账户，然后选择 new submition，填写文章的相关信息，最后上传 PDF 格式的论文即可。上传完成后，作者的邮箱会收到会务组的回执信息和作者文章的 ID 号。随后等待会务组发送录用邮件即可（现在会议论文不会让用户登录查稿，而是给用户发一个录用邮件，邮件里包含电子版的录用通知书、注册表、用户文章各项的打分等信息）。随后按照邮件的要求，将资料全部准备好，然后缴纳注册费（即版面费），将银行回执单电子版、文章 Word 版本、PDF 版本、注册表等资料发送到会务组邮箱。发送完所有资料后，基本就结束了。但是最好偶尔登录邮箱看看，会议的会务组会定期发送一些通知信息。如果会议论文顺利录用了，一般正式的会议是必须要求作者之一现场参加会议的，如果不参加，一般不会将作者的论文结集出版或收录进期刊，有的会议甚至将作者的论文撤下。因此，如果不能如期参加会议，要和会议的会务组主动联系说明情况。同时，建议在投稿国际会议之前，要多方面考虑，如导师的态度、注册费如何交、能否参加会议、会议时间安排、签证、费用能否报销、如何准备 oral speech 或者 poster 等。

国际会议投稿录用实例如下：以 *International Conference on Mechanic Automation and Control Engineering*（MACE）录用通知为例，当论文被录用后，作者将会收到会议举办方的录用通知。

Acceptance Notification

April. ×××, ×××
Dear Author,
Congratulations! It is our great pleasure to inform you that your paper
Paper ID: M×××××
Author: ×× ×××××××,

Title: ×××××××××

has been accepted for presentation at The ××× International Conference on Mechanic Automation and Control Engineering (MACE ××××).

All accepted papers will be published by IEEE Computer Society's CPS, included in the IEEE explore and indexed by EI Compendex.

Please finish the registration procedures before April ××× ×××× by the registration information, otherwise your paper will be excluded in the proceedings.

Thank you for submitting to MACE ×××× and we look forward to meeting you at the conference. We also hope that you will contribute your excellent work to future MACE conferences.

For more information, please visit the conference website (http://www. ××××.org).

Best regards,

MACE Organizing Committee

按照国际会议的要求，一般国外的国际会议在通知作者稿件被录用之后，会要求作者交会议注册费，要求现场交注册费的为少数。如果注册费需要报销的，在交会议注册费之前，一定先要了解交注册费的流程，有些国外会议提供发票。交注册费一般有两种方式，一种是汇票，另一种是电汇，电汇是比较方便的一种。有的会议要求信用卡付费，这时作者可以要求对方提供银行账号。办理国际会议注册费的流程大致是：①取得院系领导的审批文件；②拿审批文件和会议录用通知或邀请函去会计核算中心外汇审核岗办理票汇或电汇手续；③办理暂借款；④填写电汇或票汇申请单；⑤在财务处约定时间领取银行汇票和人民币暂借款单回单；⑥办理核销手续。

17.1.5　会议交流

学会会议的交流主要有两种形式，它们分别是 Poster 和 Oral Speech，也即所谓的张贴和口头两种。

1. Poster

Poster 就是海报或展板的意思，要求简明扼要地展示自己或团队的工作情况，以供学术交流。图 17.5 为 Poster Presentation。

Poster 的制作软件是 PPT，可以用 PPT 制作好后合并，然后彩色打印放大。大体上和演讲的 PPT 差不多，尽量简洁，Poster 主要以图片配文字的方式展示，当然文字要稍微多些，但尽量不要全文照搬。在布局上，有多种方式，但都不能违背阅读的基本顺序：从上到下、由左及右，同时不建议直接套用 PPT 模板的版式，过多的雷同容易降低 Poster 的吸引力。国际会议的 Poster 尺寸一般是 80cm×60cm 或者 100cm×80cm，像海报那样，从现场看横版的 Poster 能容纳更多的内容，竖版的少一些。Poster 一般在茶歇期间让大家观看。

2. Oral Speech

做好学术会议报告的关键点主要有，复杂问题简单化；深入浅出，在有限的时间内传递足够信息给参会人员；视会议的专业领域大小决定报告的专业化程度；着重问题解决的内在逻辑性，推论环环紧扣。在大会上宣讲自己的论文，当然要提前好好准备，不仅要准备好 PPT，还要练习上台如何讲 PPT。一个好的 PPT 尽量要用图说话，文字能少则少，文字过多会让参会人员没有太多时间集中精力去看。如果照本宣科，只能给大家一个不够专业的感觉。在 PPT 制作上要图文结合，注意字体（宋体、黑体、Times New Roman、Arial 等）的选择，笔画（均匀）、大小（20～24Point）、粗细都要合适；颜色方面种类不宜过多，尽量用醒目的颜色；每张 PPT 页面内容要适中（演讲 1min 内）；多用图表、动画等。再者，还要熟练掌握论文内容，因为不是所有的内容都在 PPT 上显示。一般国际会议宣讲 PPT 的时间为 15～20min，当然主持人在时间快到的时候会进行提醒，这时要加快速度讲重点内容，如果超时比较多，要有礼貌的致歉。在宣讲时，不要总是对着计算机屏幕或者幻灯片屏幕，要偶尔关注下面的观众，这样显得比较自信，语速要适当，发音力图标准，语法一般并不注重，只要将意思表达清楚即可。

图 17.5　Poster Presentation

　　学术讨论会引发思维碰撞，产生新的想法。在作者宣讲 PPT 后，可能会有人提问，因此需要设想参会人员可能提出的问题，预先准备材料。在参会人员提问后，作者可以边复述参会人员的问题边思考如何解答，给人感觉最不好的是参会人员提问后，作者一言不发或者还在沉思该如何回答。在回答提问时，要直视提问者，回答正确最好，如果回答不出来，不要不懂装懂，可以说：这个问题我们还没有好好研究，不过我们下一步工作会解决这个问题的，或者说您的提问非常好，我们也在研究这个问题，但还没完全弄清楚，如果愿意，我们私下可以进一步交流等。会后的交流也比较重要，如果和专家或者同行交流，对以后的学习或工作会有所帮助。

17.1.6　会议论文的检索与收录

　　会议投稿和期刊投稿差别较大，会议论文投稿前，作者需要花费更多精力去寻找会议信息、确认会议论文的收录情况，以确保投出去的会议论文能够转化为被认可的成果。

　　投稿并被录用收录的会议论文一般会结集出版论文集。但是论文集（Proceedings）文章的检索或收录有多种情况，有的是部分文章被选出来出版在某个指定期刊，有的则是全部文章出版在指定期刊，对于这种情况，只要确定该期刊是否会被 SCI 或 EI 收录就可以。还有一些会议论文集直接被 SCI 或 EI 收录。

　　会议论文检索或收录是投稿作者较为关心的，一般都会在会议的网站上对会议论文是否被收录进行说明。也可以通过网站上 ISI Proceedings 和 EI Village2 的链接查看该会议往年的文章是否正常按期被检索或收录。一般情况下，IEEE/IEE 举行的会议会被 EI 检索，不被检索的较少。可以通过该会议前几届的检索情况进行判断。判断一个会议的影响力主要是从如下三个方面考察。①看会议的英文名称，确定会议是 conference，还是 workshop。一般来说，conference 的影响力要大于 workshop，但是如果 workshop 是封闭式小范围的会议讨论，则其质量会比 conference 高很多，而且基本是内定约稿的。②看参会的出版社和期刊社，是否和著名学术期刊出版社合作，是否有知名的期刊参加，从侧面反映了会议论文的档次。③看参加会议的邀请人和贵宾，这些学术邀请人和贵宾是会议层次的一个体现。

　　一般地，学校图书馆为校内外用户在基金申报、职称评定等方面提供机构或个人的论文收录引用检索服务，其主要查询的是 SCI、EI 等。由于现在国内外会议越来越多，相关院校、研究所对国内外会议论文的认可度大不如前，同时很多承诺能够检索的会议论文到最后因为各种原因都没有得到检索，会议论文（Conference article）的投稿相对之前呈现下降趋势，很多作者转向期刊论文（Journal article）投稿。在考虑投会议文章前，一定要咨询会议举办方关于是否会被 EI 或 SCI 收录。SCI、SSCI、ISTP、ISSHP 检索证明是通过 Web of Science 检索查询的，EI 检索证明是通过 Ei Compendex Web 检索的。以 IEEE 会议为例：先在网站 IEEE 数据库里找到 proceedings，然后找到要投的会议，查找往届会议的文章并下载，然后再去电子数据库 EI Village2 中查看下载的会议文章是否检索到并是否有 Accession number，Accession number 就是 EI 文章收录号。IEEE 举办的会议并不都是被 EI 收录的。

17.2　期　刊　投　稿

　　目前期刊投稿主要有三种方式，分别是在线投稿、E-mail 投稿和纸质投稿。国内外的期刊投稿方式主要以 E-mail 投稿和网上投稿为主。期刊要求纸质投稿的比较少。从当前趋势来看，随着信息管理系统的不断发展，E-mail 投稿也将逐渐被网上投稿所取代。

　　网上投稿则是通过期刊的在线投稿系统进行投稿，在线投稿已经成为当前学术期刊征集稿件的主流方式。在线投稿系统除了征集稿件之外，还具有专家审稿、编辑审稿、编辑交流、编辑信息发布、稿件信息统计等功能，将学术期刊投稿、审稿、录用等流程集中在一个系统内，提高了工作效率，降低了作者、编辑、审稿人的协作成本。

　　纸质投稿就是将论文稿件打印出来，邮寄到期刊编辑部（有的期刊还要求邮寄刻录论文的光盘）。纸质投稿是学术期刊最早的投稿方式，目前国内外已不多见。

17.2.1　选择投稿期刊

　　期刊投稿主要考虑以下四个方面：一是稿件内容和质量，二是找到适合的期刊，三是熟悉投稿要求和流程，四是经验的积累。稿件的内容自然和作者研究方向有关，但与稿件质量相关联的分为多种，比如研究方向冷与热、实验结果成与败、文章表达优与劣、图形处理好与坏，当中有些还是可有作为的。在投稿前，科研人员需要找到合适、对口的学术期刊，因此了解学术期刊评价指标就显得很有必要了。

1. 根据动态指标选期刊

学术界为了评价期刊的质量，以指科研人员选择领域内的高质量期刊，制定了一系列的期刊评价指标。这些指标随着时间的推移有所不同，具有很强的动态性，也即学术期刊具有动态评价指标。下面主要介绍总被引频次、年被引次数、影响因子、即年指标、被引半衰期、非自引指标等 6 个动态评价指标。

（1）总被引次数。总被引次数（Cites to Year）指自创刊以来所登载的全部论文直至统计当年被引用的总次数。这是一个非常客观实际的评价指标，可以显示该期刊被使用和受重视的程度，以及在科学交流中的作用和地位。

（2）年被引次数。年被引次数（Cites Per Year）指自创刊以来所登载的全部论文在统计当年被引用的总次数。年被引次数体现了该期刊在近期被使用和受重视的程度，一定程度上揭示了期刊在学术界地位的变化。

（3）影响因子。影响因子（Impact Factor）计算方法：某统计年 N 的影响因子=该刊 N-2 年和 N-1 年登载的论文在 N 年的总被引次数/该刊 N-2 年和 N-1 年登载的论文总数。影响因子是一个相对统计量，现已成为国际上通用的期刊评价指标，它不仅是一种测度期刊有用性和显示度的指标，而且也是测度期刊的学术水平，乃至论文质量的重要指标。

（4）即年指标。即年指标（Immediacy Index）计算方法：某统计年 N 的即年指数=该刊 N 年登载的论文在 N 年的总被引次数/该刊 N 年登载的论文总数。即年指标是一个表征期刊即时反应速率的指标，主要表述期刊发表的论文在当年被引用的情况。

（5）被引半衰期。被引半衰期（Cited Half-life）指某期刊在统计当年被引用的全部次数中，较新一半的引用数是在多长一段时间内累计达到的。即最新的文献比旧的文献更容易被其他论文引用，旧的文献的受重视程度就降低，显得"老化"。被引半衰期是测度期刊老化速度的一种指标，一般用来测度某个学科领域的期刊老化速度，半衰期越小，老化越快。

（6）非自引指标。非自引指标指上述总被引次数、年被引频次、影响因子、即年指数、被引半衰期等指标中引用的被引次数均以去除本刊论文引用的情况之后计算的指标值。非自引指标都比原指标要小一些，但差距不会太大。

2. 根据稿件与期刊特征选期刊

动态指标在一定程度上客观地揭示了期刊在学术界的地位，是科研人员选择期刊的"硬指标"。同时，科研人员也应考量期刊的"软指标"，根据论文内容、期刊特色、读者群等，选择对口的期刊，增加稿件录用几率。

（1）稿件的主题是否适合于期刊所规定的范围。为确认哪些期刊能够发表自己的论文，作者首先应进行初步判断，必要时可征询一下同行的意见；其次，要认真阅读准备投稿期刊的"作者须知"或"征稿简则"，尤其是注意其中有关刊载论文范围的说明；此外，还应仔细研读最近几期拟投稿期刊的目录和相关论文，以确认其是否与自己稿件的内容相适应。

由于不同学科期刊的影响因子存在很大差异，因此，选择拟投稿的期刊时应注意避免过于看重期刊影响因子的大小。有时尽管某期刊的影响因子很高，作者所投稿件的质量也比较高，但因为期刊与稿件的主题不匹配，使得稿件难以得到录用和发表。

（2）期刊的读者群和显示度如何。作者欲使自己的研究成果与同行进行最有效地交流，使论文达到被"目标"读者关注的目的，就需要考虑将论文发表在最合适的期刊中，最简单的途径是将论文投寄作者本人经常阅读和引用的期刊，因为这些期刊通常也可能最适合发表作者本人的论文。

确定读者群后，还应确定读者是否能够较容易地获取这份期刊，简单而有效的判断方法是检索一下期刊的网上信息是否丰富、期刊是否被主要检索系统收录等。在其他条件近似的情况下，应尽可能将稿件投向显示度相对较高的期刊。

（3）期刊的学术质量和影响力。作者可根据自己的科学交流经验判断期刊的学术质量和影响力。例如，作者所在研究领域的重要论文有哪些是在该期刊上发表的，该期刊的总被引频次和影响因子如何。期刊的总被引频次和影响因子越高，则表明期刊被读者阅读和使用的可能性越大。

（4）期刊的编辑技术和印刷质量。稿件自被接收至发表的时滞在选择期刊时也需要适当地考虑。通常可通过查询最新出版的拟投稿期刊中论文的收稿日期和接收日期及期刊的出版日期来推算。如果论文的首发时间与同行存在竞争关系，就更需要认真考虑出版时滞问题。

期刊中图片的印刷质量也十分重要，尤其是稿件中有精细的线条图或彩色图片时，就更需要考虑拟投稿的期刊能否保证其印刷质量。

期刊是否收取版面费或彩版制作费。有些期刊甚至还需要作者支付一定的审稿费或抽印本制作费。如果想在征收出版费的期刊上发表论文且不想支付这些费用，可以给编辑部发E-mail 或写信询问能否减免。

（5）期刊对不同国家或地区的来稿是否有区别对待的现象。尽管期刊大都不承认在稿件录用时对某些作者群存在倾向性，但实际上某些国际性期刊对不同国家或地区来稿的录用率存在数倍甚至数十倍的差别，尤其是少数欧、美期刊对于欠发达国家或非英语国家的来稿可能有一定程度低估的倾向性或歧视，对这些国家或地区来稿的录用率偏低。因此，在不能确定拟投稿期刊在稿件录用中是否具有倾向性时，最好查询并简略统计一下该期刊中论文作者的国家来源。如果该期刊在近一年来所发表的论文中基本没有非英语国家或中国作者的稿件，就最好不要尝试向该刊投稿。

3. 了解我国核心期刊遴选体系

我国科研院所在对科研人员的成果进行考核时，通常会以论文是否在核心期刊遴选体系内发表为标准。作者在向期刊投稿前，需对我国核心期刊遴选体系有一定的了解。

目前国内有七大核心期刊遴选体系，分别是中国科学院文献情报中心"中国科学引文数据库（CSCD）来源期刊"、南京大学"中文社会科学引文索引（CSSCI）来源期刊"、北京大学图书馆"中文核心期刊"、中国科学技术信息研究所"中国科技论文统计源期刊"（又称"中国科技核心期刊"）、中国社会科学院文献中心"中国人文社会科学核心期刊"、中国人文社会科学学报学会"中国人文社科学报核心期刊"和万方数据库股份有限公司"中国核心期刊遴选数据库"。

其中国内目前有三大学术界普遍认可的核心期刊体系，分别是南京大学"中文社会科学引文索引（CSSCI）来源期刊"、北京大学图书馆"中文核心期刊"和中国科学院文献情报中心"中国科学引文数据库（CSCD）来源期刊"。

（1）北大核心。北京大学图书馆"中文核心期刊"是北京大学图书馆联合众多学术界权威专家鉴定，国内几所大学的图书馆根据期刊的引文率、转载率、文摘率等指标确定的。北大核心期刊定量评价，采用了被索量、被摘量、被引量、他引量、被摘率、影响因子、获国家奖或被国内外重要检索工具收录、基金论文比、Web 下载量等 9 个评价指标，选作评价指标统计源的数据库及文摘刊物达 80 余种，统计文献量达 32400 余万篇次（2003—2005 年），涉及期刊 12400 余种。

（2）南大核心。南京大学"中文社会科学引文索引（CSSCI）来源期刊"是国家、教育部重点课题攻关项目。CSSCI 遵循文献计量学规律，采取定量与定性评价相结合的方法，从全国 2700 余种中文人文社会科学学术性期刊中精选出学术性强、编辑规范的期刊作为来源期刊。目前收录包括法学、管理学、经济学、历史学、政治学等在内的二十五大类的 500 多种学术期刊，现已开发 CSSCI（1998—2017 年）20 年的数据，来源文献 150 余万篇，引文文献 1000 余万篇。

（3）CSCD。中国科学院文献情报中心"中国科学引文数据库（CSCD）来源期刊"每两年遴选一次。每次遴选均采用定量与定性相结合的方法，定量数据来自中国科学引文数据库，定性评价则通过聘请国内专家定性评估对期刊进行评审。定量与定性综合评估结果构成了中国科学引文数据库来源期刊。中国科学引文数据库（CSCD）收录国内数学、物理、化学、天文学、地学、生物学、农林科学、医药卫生、工程技术和环境科学等领域出版的中英文科技核心期刊和优秀期刊千余种。

以上三种核心期刊体系收录的期刊普遍质量较高，在业界拥有良好的声誉和较大的影响力，是科研人员投稿时重要的目标期刊。这些核心期刊目录均有一定的更新周期，科研人员在投稿前应注意查看其最新版本的目录，避免误投、漏投。

17.2.2　遵守投稿规范

科研人员选定投稿期刊后、投稿之前，须对投稿规范进行查阅，以确保投稿符合期刊规定，减少麻烦。

几乎所有的期刊都有自己的"作者须知"或"投稿指南"，有些期刊每一期都会刊登简明的"作者须知"，有些则只登在每卷的第一期上。不同期刊"作者须知"的细节可能不尽相同，但目的都是为了给科研人员提供准备稿件的指南，从而使得稿件更容易、快捷和正确地发表。

作为期刊投稿须知的一般性了解，可阅读一些具有广泛代表性的投稿要求。即使拟投稿的期刊是作者经常阅读的，并且作者也熟知该期刊所包括的研究领域和论文类型，但还是必须在投稿前阅读该期刊的"作者须知"。编辑方针和具体措施是逐步形成的，因此必须查阅最新版本的"作者须知"。尽管有些期刊的某些部分可能过于详细，不能逐一细读，但还是应该浏览一遍。

1. 通过"作者须知"可以了解的信息

（1）刊物的宗旨和范围，不同栏目论文的长度，主要章节的顺序安排等。

（2）投稿要求，如是否必须在线投稿，采取何种体例格式（如论文的结构要求、文献标注与引用方式等），采用何种录排软件，图表如何准备和投寄等。

（3）如何履行同行评议。如果期刊采用的是双盲形式的同行评议，应如何避免在稿件中出现可识别作者身份的信息等。

（4）如果稿件中涉及对人或动物所做的实验，则需要清楚拟投稿期刊在伦理方面有哪些具体要求。有关人和其他动物研究的基本伦理原则是一致的，但是不同国家对于某些细节方面的规定不尽相同，因此，尽管作者的实验可能与本国的习惯做法相符，但是如果把描述这些实验的文章投向具有不同规定国家的期刊，就有可能被拒绝。

（5）采用国际计量单位制。对于某些特殊单位（如货币单位）或某些非 SI 的单位（如英制单位），如果对某些读者有帮助，也可在圆括号里附注相关单位所表示的数值。

（6）其他。如对于语言的要求（采用英国英语拼写还是美国英语拼写），所推荐的词典或文体指南，有关缩写和术语方面的规定等。

上述内容中大部分是作者在稿件准备和投寄时必须了解的，否则，稿件有可能被退回，理由是"不符合本刊的要求"。

2. 作者须知实例

下面以《计算机工程与科学》期刊投稿相关说明为例，对"投稿须知"进行解读。《计算机工程与科学》是由国防科技大学主管、国防科技大学计算机学院主办的中国计算机学会会刊，是国内外公开发行的计算机类综合性学术刊物。该刊已先后被列为中文核心期刊、中国科技核心期刊、中国科技论文统计分析源期刊、中国科学引文数据库（CSCD）扩展期刊、中国学术期刊（光盘版）全文入编期刊、中国学术期刊综合评价数据库来源期刊、中国期刊网全文入编期刊、万方数据库全文入编期刊、英国《科学文摘》（INSPEC）、美国《史蒂芬斯全文数据库》（EBSCO host）、美国《乌利希期刊指南（网络版）》、《日本科学技术振兴机构数据库（中国）》（JSTChina）。以下是《计算机工程与科学》在网站上登载的"投稿须知"。

1. 征稿范围

本刊刊登具有创新性、高水平、有重要意义的原始性研究学术论文以及反映学科最新发展状况的文献综述和信息性文章。来稿应观点明确，论据充分、数据可靠，层次分明，文理通顺。

2. 投稿要求和注意事项

（1）文题、作者姓名（一般不超过 3 人）、作者单位及所在城市和邮编、摘要、关键词均需中英文对照。论文如果获得有关研究基金或课题资助，需提供基金名称及编号，并提供第一作者的姓名、性别、民族（汉族不写）、出生年、职称、学位以及联系人姓名、职称、电话及 E-mail 地址。

（2）题目应简洁、准确，不宜使用缩略词；摘要（中文）字数一般在 200～300 字间，内容应包括论文的研究目的、方法及研究结果等；英文摘要字数在 300～400 个单词左右，要求与中文摘要内容基本一致。关键词的个数为 3～8 个。正文版面不得低于 6 页，不超过 10 页。

（3）文中量、单位及符号的使用应符合国际标准和国家标准。注意容易混淆的外文字母的文种、大小写、正斜体及上下角标的正确书写。文中外国人名、术语统一为英文，不宜采用中文译法。

（4）图、表和公式应通篇分别编号，图题、表题应有中英文对照。表格应采用三线表形式，内容以英文表述。

（5）稿件具体格式：正文请按照五号宋体、分栏式排版（具体请参考主页下载中心录用定稿示例 2020 版）。

3. 投稿约定

（1）原稿必须是在中外文正式刊物上未发表的论文。本刊严禁一稿多投、重复内容多次投稿、不同文种重复投稿。一旦发现上述情况，稿件将按退稿处理，并将通知作者单位及有关期刊。第一作者将被列入黑名单，本刊不再接受其投稿。

（2）稿件审查结果在三个月内通知作者，在此其间，作者不得将稿件投往他处。个别稿件可能送审时间较长。如果作者决定改投他刊或撤稿，请通知编辑部后，再进行处理。编辑部决定录用稿件后，将及时通知作者。

（3）学术研究必须真实，投稿必须合法，即不存在抄袭、剽窃、侵权等不良行为。如发现上述不良行为，本刊将据实通知作者所在单位的最高领导层，并不再接受第一作者的投稿。作者文责自负，本刊不承担连带责任。

（4）文责自负，编辑部有权对稿件做技术性、文字性修改，在征得作者同意后可以进行实质内容的修改。

（5）论文发表后，版权即属于编辑部所有（包括上网的版权）。

4. 稿件流程

（1）投稿：网络远程投稿，请登录本刊网站；投稿成功后 E-mail 回执。

（2）收稿：编辑收稿，为稿件分配稿号，并由 E-mail 发送稿号信息。

（3）初审：编辑初审，通过后送外审；否则直接退稿。

（4）外审：送 2 名专家进行外审。

（5）终审：主编终审，结合外审意见给出最终结果：录用，改后再审，退稿。

（6）编辑：对录用稿件进行编辑、加工、出版。

欲对投稿事宜进一步了解者，可向编辑部询问。

从《计算机工程与科学》的投稿须知可以看出，该刊对稿件的结构、格式、篇幅均有明确的要求，与作者就学术道德、审稿流程形成了清晰的约定，并对投稿流程进行了说明。作者在投稿前阅读投稿须知，再进一步确定是否向该刊投稿，有助于减少沟通成本，让投稿过程更简单、顺利。

17.2.3　投稿的注意事项

在按照投稿须知进行投稿的同时，作者还应在以下几个方面多加注意。

1. 投稿前需要检查的项目

（1）邮件中是否包括期刊所要求足够份数的原件和复印件（包括正文、表格和插图）。如果是在线或 E-mail 投稿，应尽可能遵从期刊的相关要求，如应使用的软件、正文和图表是作为同一个文件名存储还是分别存储等。

（2）题名页中是否注明了通讯作者详细的通信地址、E-mail 地址。

（3）论文题名的字数、摘要的格式等是否符合刊物的特定要求。

（4）表格单独打印（最好一页一张表），并按其在论文中出现的先后顺序连续编号；确认各表格的表题，使读者在不参阅正文的情况下能够理解表格的内容，检查正文中提及表格的地方，以保证每张表格都已提及，并符合表的内容；在表格出现的位置预留一定的空白并标注表序和简明的表题。

（5）插图是否按其论文中出现的先后顺序连续编号；每张插图至少在正文中提及一次，且正文中每一提及处都符合插图的内容;在插图出现的位置预留一定的空白并标注图序和简明的图题。

（6）表题和图题应是简短、准确的短语，最好不超过 10～15 个字，必要时可附表注或图注；图题和表题需另页打印。

（7）对照参考文献的原文检查参考文献目录中的各著录项，确保所有参考文献的著录项准确且完整无缺；参考文献的序号应正确、连续并且在正文中分别有引用标注；正文中的脚注（在期刊允许使用的前提下）是否在正文中都有提及。

（8）确保已满足期刊有关体例方面（编写格式和组织形式）的要求，如是否从标题页开始给论文连续编页码，打印稿的行距（通常是隔行打印）是否符合要求，各行的右端是否按要求对齐（通常不允许使用连词符来分隔单词换行），研究项目的资金资助信息是以首页脚注的形式还是以致谢的形式标注等。

（9）确保已满足期刊有关需要说明或声明的要求，如是否要注明正文的字数；是否要附寄所有作者签名的声明信，已声明各作者的责任、贡献，并说明已获得所有致谢人的书面同意；是否需要附寄所有引用的个人通信和未出版资料的书面同意函、出版商或版权人书面同意复制或改变的图表的函件等。

（10）一定要保留一份完整的原件，以防稿件在投寄过程中丢失。

2. 录入与排版的注意事项

认真、细致地录入与排版并不是为了锦上添花，而是稿件准备中必须认真做好的工作，大多数的期刊编辑部对所有新收到的稿件首先要进行体例格式方面的审查，如果所投稿件不能满足期刊的基本要求（通常在期刊"作者须知"中会有明确规定），就有可能在编辑部初审后直接退回，或通知作者修改并重新投稿后再送交同行评议。

稿件的录排与打印中应注意的问题主要有以下几点。

（1）尽量不要使用脚注。除非期刊为了某些目的而要求这样做。越来越多的期刊倾向于取消正文中的脚注，这是因为脚注明显地增加了排版的麻烦，并且，脚注对读者快速阅读和理解也有干扰。为方便排版和读者的阅读，有些期刊在每篇论文的最末设置"文献和注释"，以此来避免脚注。

（2）除非编辑部有专门的要求，否则就用 A4 纸（212mm×297mm），Times New Roman字体、12 号（Points）字（相当于小四号字）、单面、通栏、隔行排印文稿。

（3）稿件的每部分都以新的一页开始。论文题名、作者姓名、地址应放在第 1 页，摘要置于第 2 页，引言部分从第 3 页开始，其后的每一部分（材料和方法、结论等）都以新的一页开始。插图的文字说明集中放在单独的一页。表和插图（包括图例和文字说明）应集中起来放在稿件的最后，但在正文中要注明相关图标应该出现的位置。

（4）打印稿应留有足够的页边距（上、下、左、右的边距应不少于 25mm），页边距可供审稿人或编辑阅改时做注记，也可用于文字编辑和排版人员做标记用。

除主标题外，大多数期刊都允许使用次级标题。要参照相应期刊的最新版本来决定用什么体例的标题（黑体字或斜体字）。尽量使用名词性词组（避免使用完整的句子）作为主标题和次级标题。尽量避免使用三级标题，甚至四级标题，许多期刊也不允许用更多级次的标题。

（5）英文稿件中要注意美国英语和英国英语拼写方面的不同。投向美国期刊的稿件应使用美式拼法，投向英国等欧洲国家期刊的稿件则使用英式拼法。对于非英文字母的特殊符号及标点符号，一定要在录排软件的西文状态下录入。

（6）文字处理及图片制作软件应视期刊的要求选用，在期刊编辑部没有特定要求的情况下，最好使用 Microsoft Word 录入排版，但同时应备份一个纯文本格式的文件。目前有相当多的期刊要求作者使用 LaTeX 软件录入排版，这是作者在录排之初就需要注意的。

必须使用期刊指定的绘图软件来制作图片，在没有特定要求的情况下，最好将图片文件保存为两种或更多种不同的存储格式，以便出版商的读取和修改。打印的图片至少应有 600DPI 的分辨率，数字化的图片至少需要 1200DPI 的分辨率。

（7）页面设计和连字符的使用。期刊通常不要求稿件的正文两端对齐（即各行在垂向上左端对齐，右端可以参差不齐），作者如果希望稿件的各行在垂向上两端对齐，可通过文字处理软件自动增减单词间距来调整，除非期刊有专门的说明，否则绝对不要使用连字符来分割单词以达到右端对齐的目的。大多数期刊都不允许作者为达到右对齐的目的而使用连字符，以免这些连字符干扰期刊的排版。

（8）最后检查。作者一定要仔细阅读打印稿。有很多作者在打印完成后不经过校阅就直接投到期刊编辑部，这种稿件大多充满了打印错误，有时甚至连作者姓名和工作单位都会拼错。

不能过于依赖软件的语法和拼写自动检查功能。拼写检查器只能检查单词的拼写错误，不能识别出拼写正确但语境错误的单词，因此，作者一定要认真、细致地阅读打印稿来校改计算机录入错误。

此外，在投稿前应请一位或多位同事阅读稿件，检查一下稿件中是否还有拼写错误或表达不够清晰的地方。如有可能，请英语国家的合作者或朋友做一些文字方面的修改，这对于提高文字表达质量、增加论文被期刊发表的可能性是非常有帮助的。

3. 投稿的一般注意事项

（1）务必遵照期刊的要求将稿件投寄给指定的收稿人或收稿单位（期刊的编辑部、编委会、主编、执行编委或助理编辑）。

（2）仔细检查稿件内容并确保满足拟投稿期刊的全部投稿要求。

（3）随稿附上一封所有作者签署的投稿信，简要说明拟投稿的栏目、稿件的重要性，并声明未曾发表过，有些期刊甚至要求作者说明稿件的内容合乎伦理道德方面的规定、与他人（或机构）不存在利害冲突关系、各作者分别对稿件的贡献等。

（4）在收到作者的投稿后，期刊编辑部会给稿件编号并将相关信息记录在案，并大致检查稿件的内容，如果基本符合要求通常会给作者发一封收稿函。如果超过 20 天不曾收到任何回复，作者可以发 E-mail 或打电话询问有关事宜。

4. 谨防虚假投稿信息

随着学术期刊相继采用在线投稿的征稿方式，一些不法分子建立虚假网站，冒充期刊编辑部进行诈骗，不仅让作者蒙受经济损失，还大大增加了信息泄露和论文盗用的风险。作者在投稿前须仔细甄别投稿渠道是否真实可信，不妨尝试以下几种甄别方式：

（1）搜索识别法。有些搜索网站受竞价排名的影响，充斥着大量虚假甚至欺诈信息，一些虚假网站往往会在搜索结果中排在期刊官方网站的前面，排在搜索结果第一位的也许是"李鬼"。以《中国图书馆学报》为例，真正的官网右侧会显示一个蓝底白字的"官方"小标志，如图 17.6 所示。

图 17.6　百度搜索结果中的《中国图书馆学报》网站

作者在浏览百度搜索结果时要重点寻找带有"官方"认证的投稿网站，未经认证的网站，须谨慎采信。

（2）观察网站域名。搜索引擎显示搜索词条的时候，也会显示网站的域名。通常虚假网站和正规网站在域名上是有明显区别的。一般来说，虚假网站并不只是针对一本刊物或者一个行业，而是包含多行业多刊物，它们的域名通常有明显的二级域名特征，而期刊官网则有明显的唯一性。以《煤炭学报》为例，如图 17.7 所示，该刊官网域名为 www.mtxb.com.cn，而虚假网站的域名为 www.qikan58.net。

图 17.7　百度搜索结果中的《煤炭学报》网站

（3）观察网站页面。通常，期刊官网页面布局很规范，论文的展示会作为网站的重点；

官网一般也会有在线投稿系统和编辑部的联系方式（多为座机号码和邮箱）。而虚假网站通常比较粗糙，较少展示论文信息，联系方式多次出现，且弹出多种主动联系的对话框等。以《情报学报》为例，该刊的官网和虚假网站页面布局有着明显的区别。图 17.8 为《情报学报》官网网站页面。图 17.9 为《情报学报》虚假网站页面。

图 17.8   《情报学报》官网网站页面

图 17.9   《情报学报》虚假网站页面

此外，虚假网站的目的是获得不正当的经济利益。虚假网站在收到稿件后往往会要求作者缴纳审稿费或者版面费，且提供的账户名称与期刊名称和办刊单位不相符，作者被索要发表费用时，也应多加留心。

参 考 文 献

[1] 周晓兰. 科技信息检索与论文写作[M]. 北京：中国水利水电出版社，2019.

[2] 朱道义. 科技论文检索与写作[M]. 北京：中国石化出版社，2022.

[3] 王红军. 文献检索与科技论文写作入门[M]. 北京：机械工业出版社，2018.

[4] 周冰. 信息检索与科技论文写作[M]. 北京：机械工业出版社，2015.

[5] 韩占江，张晶. 文献检索与科技论文写作[M]. 成都：西南交通大学出版社，2022.

[6] 里红杰，陶学衡. 文献检索与科技论文写作[M]. 北京：中国计量出版社，2011.

[7] 王荣民，杨云霞，宋鹏飞. 科技信息检索与论文写作[M]. 北京：科学出版社，2020.

[8] 郝建华，王雅戈. 科技文献检索与论文写作[M]. 2版. 南京：南京大学出版社，2021.

[9] 王中华. 科技论文写作与文献检索指引[M]. 北京：中国石化出版社，2021.

[10] 孙平，伊雪峰. 科技写作与文献检索[M]. 2版. 北京：清华大学出版社，2016.

[11] 李振华. 文献检索与论文写作[M]. 2版. 北京：清华大学出版社，2022.

[12] 王细荣，郭培铭，张佳. 文献信息检索与论文写作[M]. 7版. 上海：上海交通大学出版社，2020.

[13] 王细荣，丁洁，苏丽丽. 文献信息检索与论文写作[M]. 6版. 上海：上海交通大学出版社，2017.

[14] 刑彦辰. 毕业论文写作与文献检索[M]. 2版. 北京：北京邮电大学出版社，2013.

[15] 赵鸣，丁燕. 科技论文写作[M]. 北京：科学出版社，2014.